• 学术经典导读丛书 •

一本书读懂
30部管理学经典

郭泽德　宋义平　关佳佳　编

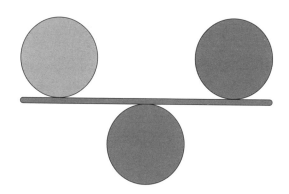

清华大学出版社

北　京

图书在版编目（CIP）数据

一本书读懂 30 部管理学经典 / 郭泽德，宋义平，关佳佳编 . —北京：清华大学出版社，2022.9

（学术经典导读丛书）

ISBN 978-7-302-61831-7

Ⅰ.①一… Ⅱ.①郭…②宋…③关… Ⅲ.①管理学－通俗读物 Ⅳ.① C93-49

中国版本图书馆 CIP 数据核字 (2022) 第 169293 号

责任编辑：顾　　强
装帧设计：方加青
责任校对：王荣静
责任印制：沈　　露

出版发行：清华大学出版社
　　　　网　　　址：http：//www.tup.com.cn，http：//www.wqbook.com
　　　　地　　　址：北京清华大学学研大厦 A 座　　　邮　　编：100084
　　　　社 总 机：010-83470000　　　　邮　　购：010-62786544
　　　　投稿与读者服务：010-62776969，c-service@tup.tsinghua.edu.cn
　　　　质 量 反 馈：010-62772015，zhiliang@tup.tsinghua.edu.cn
印 装 者：大厂回族自治县彩虹印刷有限公司
经　　销：全国新华书店
开　　本：148mm×210mm　　印　　张：10.5　　字　　数：242 千字
版　　次：2022 年 11 月第 1 版　　印　　次：2022 年 11 月第 1 次印刷
定　　价：68.00 元

产品编号：097996-01

前　言

管　理　向　善

一花一世界，一叶一菩提。

在浩荡的书海中选择阅读经典，是建立深度思维的必经之路。

学术志团队倾力打造的《一本书读懂 30 部管理学经典》，邀请知名教授与博导遴选书单，从上百种管理学经典中遴选了 30 种，希望为管理学研究者与爱好者带来经典学习的全新体验。

管理学的实践和思想几经承继与变迁，显示了日新月异的发展风貌与学科理念。管理是历史的，也是实践的，更是面向未来的。读管理学经典，能够帮助我们建立学科的思维框架与独特视角，获得管理学的想象力与洞察力。

经典虽好，读之不易，尤其在快节奏的当下，如何做到既不失精髓，又能够应对"吾生也有涯，而知也无涯"的时间荒，编写团队认真讨论了编写思路，邀请名校博士，将每一本经典缩编为 8000~10000 字的精华，使读者能够在短时间内了解经典著作的撰写背景、主要内容、理论观点与知识体系，进而引发进一步阅读全书的兴趣。

读者可以将本书视为阅读经典之前的前传和开胃小菜，既可以止步于此，作为对经典的一般化了解；也可探步向前，进一步阅读全书获得深度给养。

当前中国正处于百年未有之大变局，如何通过纷繁复杂的管理现象去洞悉管理的本质，去探讨组织、社会、个人、文化之间的关系，去探索未来管理理论与实践的发展趋势，读经典是最为重要的一步。

理论素养的提升、学识水平的改进非一日之功，站在巨人的肩膀上思考问题、看待事物，能够帮我们建立洞察世界本质的学术思维，本书是在此方向上的一种尝试。

鉴于解读人学科背景与学识水平的差异，解读经典需要极大的勇气与自信，也难免出现一定程度的偏颇与不足，编写团队对此文责自负，也欢迎广大学友一起讨论交流。

管理向善，践行未来！

宋义平

2022 年 10 月 25 日

目 录

管理的奥义是什么

提高管理效率的基本方法

如何做出有效的管理决策

应对企业危机的必然选择

后记

管理的奥
义是什么

01

《工业管理与一般管理》：揭开管理的起源，回溯最初的使命

管理理论之父——亨利·法约尔

亨利·法约尔（1841—1925），出生于法国一个富裕的小资产阶级家庭，管理实践家、管理学家，被后人尊称为"管理理论之父"，古典管理理论的主要代表人之一，管理过程学派的创始人。

亨利·法约尔

不同于其他著名的管理学家，法约尔一生并没有接受过系统的高等教育。他高中毕业后就加入了矿业公司，从工程师做起，最终成为公司的总经理。

在矿业公司工作的经历给了法约尔丰富的管理实践经验，1900 年他就在期刊上发表了管理方面的论文。1908 年提出了管理的一般原则，这使他名声大噪。1918 年他出版了《工业管理与一般管理》，奠定了他在管理学界的地位。此后他又在巴黎创办中央管理学院，主办、参加各类国际管理科学会议，终成一代管理学大师。

一、为什么要写这本书

在法约尔之前，人们普遍认为管理只是领导者需要关注的事，普通员工与管理没有关系，自然也不用学习管理学知识。法约尔在担任企业的总经理时发现，即使是被认为工作内容简单枯燥的一线煤矿工人，也会娴熟运用计划来安排自己每天的工作量，同时也会按照自己的状态来调整自己的工作方式。在法约尔眼中，这种计划的工作方式，控制工作量的行为模式在无形中反映出管理的本质。

随着法约尔工作经验的积累，他发现计划、组织、协调、控制、指挥是工作人员必备的技能和素质。于是法约尔把这五项技能总结概括为管理的本质。总的来说，法约尔认为管理的本质就是计划、组织、协调、控制、指挥。管理本质的界定极大地改变了管理的定义，管理从领导者的专有技能转变为企业员工需要学习的基础知识。

《工业管理与一般管理》的理论源于法约尔的企业工作经验，法约尔正是以其在企业中的大刀阔斧的改革为蓝本，总结归纳出管理的要素，提出管理的一般原则，为后续管理学的研究提供了基本概念和分析框架。

二、管理的重要性：管理能力与管理理论

我们应该如何理解管理的重要性呢？法约尔认为这个问题的答案可以分为两个方面。

一方面，对每位员工来说，管理能力是非常重要的。

法约尔通过他在企业任职的经历来说明这一点。法约尔既担任过一线的工程师，也担任过公司的高层领导。他从自己的经验出发，对不同职位的管理能力的重要性进行了评分。他发现，职位越低，管理能力的重要性就越低，如果总分是 100 分，那么基层员工只需要 10 分的管理能力就可以胜任他的工作；职位越高，管理能力的重要性就越高，按照 100 分来评价，高级人员至少需要 80 分的管理能力才能胜任自己的工作。

接着法约尔将自己的经历与同事的想法相印证。结果发现，越是高级的管理人员，掌握专业技术的水平就越低，掌握管理能力的水平就越高。换句话说，高级的管理人员可能不需要弄懂所有的专业问题，但是他们需要良好的管理能力来组织和控制企业。

另一方面，对管理者来说，管理理论的学习是非常重要的。

在法约尔所处的时代，没有成体系的管理理论，大量的管理人员没有接受过系统的理论学习，只能通过口口相传和耳提面命来传授经验，以维持管理的基本秩序。法约尔认为，在任何一个企业中，每位工作人员学习如何管理是非常重要的，但是没有系统的理论来指导他们如何学习计划、组织、协调。这种对管理理论的渴求，凸显了管理理论的重要性，也间接促使法约尔提出了自己的管理理论。

三、管理的一般原则：指挥层面、协调层面、控制层面和组织层面

早期的管理学大师总是希望自己的管理学内容面面俱到，于是他们的理论内容往往十分丰富，常常有十几条。法约尔也不例外，他提出了十四条管理的一般原则，分别是劳动分工、权力与责任、纪律、统一指挥、统一领导、个人利益服从整体利益、人员报酬、集中、等级链、秩序、公平、人员稳定、首创精神、团队精神。按照法约尔提出的管理的定义，这十四条原则可以概括为四个层面，分别是指挥层面、协调层面、控制层面、组织层面。

（一）指挥层面

指挥层面指的是管理者如何激励自己的下属，保证团队的高效运行。法约尔认为管理者要重视纪律和首创精神。

纪律就是指公司与员工之间规定的正式关系，外在表现为服从、勤勉、干练、行为和尊重。纪律应该约束所有员工的行为，要对高层领导和下属员工同等有效。

除重视纪律之外，还要重视员工的首创精神。首创精神就是员工自主提出计划并付诸实践。法约尔认为，首创精神可以弥补规则的空白地带，可鼓励员工和领导一起做出卓越的成果。管理者要鼓励员工的首创精神，帮助员工实现自我价值。

（二）协调层面

协调层面注重的是管理者如何理解员工的工作关系和工作内

容，关系到员工工作的基本准则。法约尔认为管理者要重视分工责任与人员稳定。

分工责任实际上是两个概念，一个是分工，另一个是责任。法约尔提出，劳动分工是自然规律，越是复杂的工作越需要分工。管理者应该积极主动地将工作分为不同的部分，并且按照不同的工作特点来安排人员。分工之后，便是责任。法约尔认为，每一位工作人员要在承担工作的时候明确自己的责任，管理者的义务就是帮助员工明确自己的责任并使员工履行责任。这一工作的重点在于设计精巧的奖惩制度，通过奖励和惩罚，引导员工明确自己的责任使命。当然，运用惩罚并不意味着随意开除员工。

法约尔认为人员稳定也是十分重要的。管理者要有耐心，要等待雇员适应并胜任新工作，同时也要注意维持老员工的忠诚度。法约尔认为，一时的工作失败不可怕，可怕的是工作不稳定造成员工与管理者之间的冲突。

（三）控制层面

管理者必须对组织具有一定的控制力，这种控制力可以通过正式的组织，也可以通过非正式的情感来实施。无论通过何种方式，法约尔认为管理者始终要维持一种相对稳定的控制，这种控制主要体现在统一指挥、统一领导、集中与等级链等方面。

所谓统一指挥、统一领导，就是说无论开展什么行动，一名员工只听从一名领导的指挥，无论领导指挥什么，员工都要为组织的共同目标而服务。当然，在设置统一指挥、统一控制的领导体系中，把握权力集中的程度是非常重要的，这就是法约尔强调的集中。

所谓等级链，就是从最高权力机构到最低级别人员之间的级别链。命令通常由最高权力机构发布，然后通过等级链向下传递。同样，基层的问题需要从最低级别的人员向上传递。这种等级链可以维持管理的基本秩序，但是也会带来弊端。比如一线工人发现用来开采煤矿的机器设计有问题，然后将这个问题逐级向上反映，从班组长到矿长，最终到总经理。总经理把这个问题反映给机器的生产制造公司，制造公司再通过等级链将问题发送给一线的设计人员。这一过程十分烦琐复杂，更不要说问题还可能在传递的过程中产生误差，最终答非所问。法约尔认为，管理者可以通过建立一线工作之间的联系来弱化等级链的负面影响。

（四）组织层面

组织层面关注的是组织中蕴含的基本特质，这些基本特质决定着组织的价值观和发展理念。法约尔认为组织层面需要关注秩序、公平、团队精神等方面的内容。

所谓秩序，就是每个人都处在他应该在的位置上。所谓公平，就是每个人的位置都能给他以公平、正当的待遇。秩序和公平是紧密相连的。法约尔认为，管理者的责任在于构建一种和谐、完备的位置体系，这一位置体系需要管理人员对工作人员的素质和需求有清晰明确的认知，设立好保障组织效率最大化的位置体系，选拔培养优秀的人才。团队精神，不仅强调个人利益服从整体利益，还强调团队中要形成有效的沟通，不能因为分工而使团队变成一盘散沙。

四、管理的要素：计划、组织、指挥、协调、控制

法约尔将管理的要素分为五个方面，分别是计划、组织、指挥、协调、控制。

（一）计划

所谓计划，就是对未来进行评估并做出准备，包含想要的结果、行动路线、经历的阶段和使用的方法。法约尔认为，计划的制订是每个企业最重要也是最困难的工作，因为计划不仅涉及企业所有的部门，也涉及准确评估企业可用的资源和任务的紧迫性问题。

那么怎样才能制订出一个好的计划呢？法约尔认为，这需要管理者具备管理艺术、保持管理人员的稳定和有管理专业能力。

首先，法约尔认为，在大企业中，大部分的部门领导都参与工作计划的制订，但是这项工作处于日常工作之外，属于日常工作的补充，所以需要管理者主动肩负起一定的责任，这就需要管理者不惧困难、不怕承担责任，主动热情。这种主动、不惧困难的品格就是管理艺术。

其次，一位新到任的管理者需要充分了解企业的经营活动、公司资源和发展空间，也需要相当长的时间来制订有效的计划。如果管理者的任期不够稳定或者任期过短，计划就会大打折扣，这就是法约尔强调的管理人员的稳定。

最后，管理者的专业能力也是非常重要的。法约尔认为，好的管理者必须了解一些专业知识，这样才能对工作量有准确的估

计和把握。没有专业知识基础的工作计划是空中楼阁，是不能切实有效地执行下去的。

（二）组织

法约尔提出，组织的过程就是为企业的运转配备一切有用要素的过程，要素包括原料、设备、资本和人才。只有配备了基本的要素，企业才能完成其他基本职能。随着企业规模的增加，企业的组织结构更加复杂，一个企业内部往往有很多部门。法约尔认为，面对管理人员众多的情况，构建一个良好的组织，关键在于培养良好的管理者，这就需要我们关注管理人员的素质和管理人员的培训。

一是管理人员的素质。健康和体力是管理人员开展工作的首要条件，管理人员需要精力充沛地投入到工作中去，不健康的身体势必影响管理的效率。同时，智慧和脑力也是必需的条件。管理人员需要有充沛的智慧来理解各种情况，吸收经验教训，做出合理的判断。当然，作为一个管理者，最重要的还是道德素质。法约尔认为管理者要上进、正直，要具有承担责任的勇气。而且越是高层的管理者，越强调道德素质的重要性。

二是管理人员的培训。法约尔旗帜鲜明地提出了管理人员培训的准则：注重实践教育，避免数学滥用。注重实践教育，指的是管理者必须懂得一些基本的技术知识，必须理解一线工作的任务内容，必须学会将复杂的技术要求同管理原则相结合。法约尔认为，一个不了解锅炉原理的管理者是无法凭自己的经验制订出合理的产量计划的，任何参与工业企业的管理者都要对工业生产有基本的常识。同时，法约尔也对数学教育提出了鲜明的批判。

他认为一般的管理者根本无须学习高等数学，高等数学在工业生产中毫无用处。他还指出，数学教育会让管理者过分强调数字的重要性，导致管理工作脱离实践，无法制订出符合实际需要的管理计划。

（三）指挥

组织一旦建立起来，就必须要行动，才能产生成果，这就是指挥的任务。这个任务被分配给企业的各级领导人，每个领导人负责特定的部分。

法约尔认为，要形成良好的指挥体系，管理者就要重视自己的行动判断能力和自己与员工之间的关系。

所谓行动判断能力，就是管理者能够在各种不同的环境中及时有效地做出富有成效的行动。比如及时淘汰无能的员工。如果一位员工身居高位，受人尊敬和爱戴，曾经做出很大的贡献，但是其工作能力逐渐变弱，变得不再能够胜任他的工作岗位，这时管理者就需要承担起自己的责任，他必须立即行动，维护集体的利益。虽然这种决策可能会让员工产生不安全感，但是管理者必须信念坚定。

管理者也要关注自己和员工之间的关系。管理者要充分理解员工和企业之间的契约关系，扮演好自己的双重角色。面对员工的时候，管理者要捍卫企业的利益；面对企业的时候，管理者要捍卫员工的正当要求。这就需要管理者公正廉洁、机智灵活，保护各方利益。

（四）协调

协调就是让企业所有的活动都和谐一致，让企业保持正常运行，以利于企业目标的实现。协调就是一种达成目标的工作方法，其关键在于使事物和行动保持合适的比例。

法约尔认为，良好协调的关键在于召开有效的会议。会议的目的应该是汇报公司的运行情况，明确各个部门之间应该如何相互帮助，将不同的管理者集中在一起讨论如何解决问题。比如法约尔所在的煤矿企业就每周召开一次例会，讨论各个部门领导提出的问题，对下周的工作做出安排。事实证明，周例会这种会议制度非常有效，时至今日，周例会已经成为很多企业的固定安排。

（五）控制

控制就是检查核实各项工作是否按照计划规定的统一标准运行，是否合乎原则。控制的目的在于指出工作中的错误和失误，以便能够及时纠正和避免问题再次发生。

法约尔提出，良好的控制既要采取合理的奖惩行为，也要避免过分的干涉。

管理者必须设计出一套有效的奖惩制度来对工作中的问题和成果进行控制，这套制度要关照到方方面面，既不能忽视员工的成果，也不能忽视发现的错误。

同时，管理者也不能盲目扩大控制权。法约尔认为，扩大控制权的最大恶果就是形成双重领导，员工不得不听命于监察的管理者和本身的管理者两个领导。

扫码获取附赠资料

02

《组织的概念》：
组织有效管理的基本理论与实践方法

20 世纪最具创见的组织行为学大师
——查尔斯·汉迪

查尔斯·汉迪（1932一），出生于爱尔兰，与现代管理学创始人德鲁克并称为"当代最知名的管理大师"。

汉迪在强化组织管理目标的基础上继续深入探究组织、人以及社会三者之间的关系，是 20 世纪最具创见的组织行为学大师。汉迪不仅具有严谨的逻辑思维能力，还具有非凡的想象力，同时对政治和社会学有深入的研究，是一名通识型学者，因此也被誉为"新秩序的预言家""管理哲学之父""艺术管理大师"。

查尔斯·汉迪

汉迪晚年的著述糅合了市场经济、企业文化与人本主义观点，关注组织内部员工的行为与心理，尊重个人的发展，因此他是管理大师，更是人道主义者。他的著作将管理理论带到了一个新的高度。汉迪以"组织与个人的关系""未来工作形态"的新观念闻名于世，同时对管理学界的贡献颇丰，提出了一系列概念，如自雇工作者、适当的自私、联邦制组织、三叶草组织、中国式契约等。

一、为什么要写这本书

《组织的概念》是汉迪于1976年出版的首部著作，勾勒出汉迪心目中西方经济的商业革命进程，描绘了组织中人与人之间的关系。

在组织的日常运行中，无论是管理者还是员工，常常会有这样的疑问：组织的基本模式将如何发展？工作生涯的未来会怎样？管理者的角色是否有必要存在？什么样的工作方式与生活方式最适合21世纪的社会？对于这些重要问题，汉迪给出了精辟的回答。他以开放的眼光重新审视组织的真正意义，关注的是人本身，侧重于面对组织时个人该怎么办的问题。

汉迪将理论与实践相结合，阐释了相关的概念、理论和范式。然而，组织理论无法提供实行管理的具体建议，汉迪也并非要寻找一种解释方法来明确组织的困境。他并不想提供一个面面俱到的手册，只是想提供一种思路，告诉大家如何将组织行为学的概念和理念落实为实际的组织行为。

二、员工：组织的人力资产

一个成功的组织离不开组织中的人，"人力"是组织中的重要资产。汉迪提出的组织发展总体方案，就是指通过改变组织的某些方面及其工作方式来提高组织的效率，以实现个人的目标和价值观与组织的目标和价值观的整合。同时，组织文化的改变会对组织中的个人产生影响。组织发展总体方案的最大价值在于，通过整合组织中的代表性问题，推动组织的整体性改变，避免因重复解决组织中的个人问题而带来低效率的管理。因此，组织中人力资产的管理，特别是评估体系、职业规划和薪酬制度中所涉及的一些方法尤为重要。

组织中的"人"虽在账目上属于成本，但实际是一种资产，是生产性的资源。资产是完全属于组织的，但就人力资产而言，组织中的个人是否有自我决定权呢？这种把人作为资产来管理的理念，虽然尚未获得财政学和心理学方面的论证，但对个人、组织甚至社会都有重大的意义。

众所周知，组织运行需要消耗一定的成本，而成本包含资本成本和维护成本。就常规组织而言，人力资产没有资本成本，因而不需要折旧。组织所派发的工资和奖金是"人"的维护成本，这种成本当然越低越好。但对某些组织来说，人力资产十分重要，这就需要高昂的维护成本。一些需要技术性人才支撑的组织也会提高人才的辞职成本。例如一些组织与员工签订服务期限协议，员工未满服务期辞职将赔偿高额的违约金，以此来阻止人才的流失。

资产具有一定的生命周期，就人力资产而言，培训和发展极为重要。汉迪提出了四种组织文化：角色文化、权力文化、任务文化及个体文化。

- 权力文化型组织存在着一个起控制作用的中央权力，这种组织缺乏员工的参与性。
- 角色文化型组织的工作由程序和规则来控制，这种组织一般也被称为官僚机构。

- 任务文化型组织的主导思想是实现目标，这种组织具有很强的灵活性和适应性。
- 个体文化型组织以个体为中心，组织的存在只是为了服务和支持其中的个体，这些个体以专业人士为主。

组织中个人发展的途径主要有三种，包括正式教育和培训、群体学习以及任务或有计划的体验，不同的培训方式适用于不同文化类型的组织。

- 正式教育和培训几乎存在于每个组织中，组织可以通过对新进人员开展"融入教育"把他们与组织绑在一起，使他们受到组织管理模式的影响，这种培训方式尤其适用于角色文化型组织。那些详细且明确的工作定义是系统化培训新人最有效的方案，使他们尽快适应角色文化型组织的秩序感与责任感。
- 群体学习强调一个人在学习过程中与其他人进行互动的能力。群体学习高度关注人际或互动技能的培养，是组织及个人常见的培训及学习方式。
- 任务或有计划的体验是指通过完成既定目标在实践中学习的培训方式，是员工发展中最常见的一种培训形式，也是潜在效果最好的一种培训方式。任务或有计划的体验十分强调个体的主观能动性，尤其是在任务文化型组织及权力文化型组织中，个人的知识主要通过经验或模仿获得，且通常由个人主动发起学习。员工要从经验中获得属于自己的知识，就要有对具体事件进行归纳概括的能力，要从现实情况中学习以及从他人或榜样身上学习。在这一情境下，学习速度最快的是那些对自己的目标和职业道路最清楚的人。

三、组织内部：组织结构与工作设计

组织不是机器，而是由人组成的社区，有着和其他社区一样的行为方式。与自然界一样，适者生存的规律同样适用于组织。在实际的组织管理中，运气会占很大一部分，但这并不能被视为组织的运行常态。对于组织理论的运用，我们不能生搬硬套，要在实践中不断推进组织理论的深度，正确解读组织中各个变量之间的相互作用关系。

（一）统一性是组织稳定状态的标志

统一性是组织稳定状态的标志，追求稳定的组织往往对组织的统一性有很高的要求，这在角色文化型组织中最为常见。统一性意味着标准化和中央集权式管理，且组织上下奉行通用的政策及程序。同时，组织对多样性也有要求，包括区域、市场、产品、技术以及目标等方面的多样性。再者，组织中的个体是被复杂性和简单性两种愿望交替推动的，因此丰富了的工作又会逐渐趋于简化，并最终归于单调。没有了统一性或中央控制的束缚，多样化的工作方式会让人心情愉悦，但过度的多样性会造成不必要的浪费，且会使组织充斥太多的协作机制，使组织缺乏有效性，人们在工作中也会更有挫折感。

实际上，统一性通常更受组织的偏爱，因为它的可预测性更强、效率也更高，但也会造成员工压力大、组织不灵活等问题。因此，组织既需要将统一性与多样性相结合，也需要确定多样性的适当程度和适当形式，包括调整文化以适应组织结构、确定管理平衡点和权力归属等问题。

（二）多样化是组织结构的特性

多样化是组织结构的特性，组织中的各类竞争便是组织多样化的突出表现。良性竞争是组织工作设计中的一个重要环节，只有理解良性竞争和破坏性冲突之间的区别，才能激发团队的创新活力，促成有用的变革。竞争有助于选拔，但也要看竞争是开放的还是封闭的。

如果把竞争的成果看作一块大蛋糕，那么封闭式竞争的蛋糕数量是一定的，竞争者往往为了争抢蛋糕而头破血流，即过于重视结果而忽视产生创造力的过程，容易造成组织内部混乱。开放式竞争没有蛋糕总量的限定，就像马拉松长跑，只要人们能跑到终点，都会获得奖赏，因而开放式竞争更能够激励组织中的员工，激发群体活力，带给群体一个共同的目标，使员工在工作中投入更多的精力，做出更多的努力。

（三）没有一个组织能够"独自成为一个岛屿"

汉迪认为，没有一个组织能够"独自成为一个岛屿"，每个组织都在由各个组织编织成的网中。因此，只讨论组织的内部结构是远远不够的，还应考虑外部多样性的管理。联盟是组织工作的一种方式，它将多样性转移到了组织之外。有学者将联盟比喻成"婚姻模式"，并做出了以下归类。

- 传统夫妻，一方在家，另一方出去工作，相当于两个公司各行其是，并以其业绩优势相互补充。
- 事业型夫妻，双方均出去工作，在工作领域可能相互竞争，但在家庭事务方面又相互合作，相当于两个公司在某些领域竞争的同时又在某些领域合作。

● 互补夫妻，双方性格相对但目的相同，相当于两个公司虽组织文化不同，但最终的产品目标相同。

● 好朋友，事业上的搭档，双方均无时间或意愿结婚并保持合理的情感边界，相当于公司设定严格的竞争界限，在一定范围内进行合作。

● 强制婚姻，因一方受到威胁而勉强结婚，类似于银行为免遭接管而着手合并。

通过这些联盟方式，组织能够借助外部力量强化自身的实力。

四、管理者：组织中忙碌的"全科医生"

组织中的个人对组织运行有着重要作用，而管理者可以说是组织中的特殊人群，因为他们负责组织的运转。优秀的管理者经常被称作组织的设计师。当然，并不是每个人都可以设计组织。同时，绝大部分的组织都不是设计出来的，而是逐渐成长起来的。

在组织实践中，一名管理者即使不参与整个组织结构的设计，至少也有责任为自己的下属设计工作。需要注意的是，管理者与组织中的员工并不是相互独立的，管理的过程其实就是管理者与手下员工良性互动的过程。因而，如何平衡管理者与员工之间的关系是一项管理的艺术。在组织工作设计过程中，工作扩大、参与、授权、自治工作群体是管理者常常要面对的四个主要问题。

● 工作扩大是指通过改变工作方式使工作丰富起来，制造工作的多样性，减少单调乏味的工作引起的厌倦、冷漠和挫败感。目前，很多不同类型的组织已经开始制订全公司范围的工作扩大计划，有些组织已开始尝试完全或部分地放弃装配线，以装配站取而代之，即让一名员工或一组员工装配整个产品或大部分的产品。

- 参与是指增加员工参与管理层决策的机会，在合理的条件下，参与能提高员工的贡献率，使员工有一种"主人翁"的责任感。参与有时也被认为是工作扩大的一种形式，有时则被认为是促使工人尽心尽力的一种方式。从心理学的角度来看，人们总是希望能够掌握自己的命运，能够掌控身边的事物。因此，在某种程度上，参与是民主领导规范的成果，甚至是一种文化信仰，这种管理方式被认为是人性化管理的典范，赢得了许多赞赏。

- 授权是指管理者将完成某项工作的决策权移转给部属的行为。有调查显示，许多管理者认为自己应该多下放一点职权，并希望自己的上司也是如此。然而，授权的关键问题在于解决"信任—控制"的困境。在任何一个管理情境中，信任和控制所耗费的时间和精力是恒定的，也就是说，监督、检查或控制下属的工作需要花费上司的时间，同时只要控制机制存在，下属就会有一种依赖倾向，即只在上司期望的范围内做事。而信任的成本相对低廉，但要冒风险，即使下属没有按照上司的方法去做，上级也必须对下属做的事负责。

- 自治工作群体是指让整个工作群体参与管理决策，同时实施自我约束的管理方式，这也是一种授权。其风险在于，自治工作群体所订立的规范和目标可能与组织的整体规范和目标不匹配。同时，对群体进行授权、放弃控制、依靠信任比对个人要难得多。

管理者是组织问题的第一经手人，就像一名全科医生，他必须辨别各种症状，诊断疾病或找到问题的原因，制定诊疗方案并开始治疗。管理者得到的报酬比工人多，因此也要面对无穷无尽的困境与压力。汉迪认为，只有深陷其中的管理者才能解决这些困境，因而他希望提供一些解决方案来引导思考。

其中，"创建稳定性地带"便是汉迪提出的一种减缓压力、补充精力的途径。"稳定性地带"可以是一个地点（如家庭是大部分人的稳定性地带），也可以是一段时间（如假期、周末、休假等）。然而，这些地点与时间常常不易获得。

- "创建常规"是创建稳定性地带的一个重要方法。创建常规是指在每天固定的时间段完成固定的任务，进而按照习惯做出一些决策来完成琐碎的事。由于不断进行决策会耗费人大量的精力，因此"创建常规"可以让我们把更多的精力留给更有用的事情。
- 此外，当局者迷，旁观者清，当遇到瓶颈时，外部人士的意见可以帮助管理者看清真相，这种意见是一种有效的"催化剂"，也是减少压力的一种途径。
- 困扰管理者的最大问题依旧是"时间"。除了管理者要思考合理的时间安排之外，组织也应提供相应的支持，比如设立供人沉思的藏书室、允许假期之外的偶然休假等。这些支持有助于管理者为组织将来的发展留出思考时间，可以避免其在压力之下做出"短视"的行为。

五、组织的未来：潮流中的不断更迭

时代在变化，诸多外部因素影响着组织的发展，在战争、人口结构、技术等因素的影响下，一些原有的关键假设即将失灵，新的范式将取代旧的范式。

汉迪认为，潮流对组织设计而言极为重要，甚至不亚于任何基本的行为理论。改变组织环境中与技术变革紧密相连的价值观，将影响组织理论的经典假设，也就是说，"专注 + 专业 = 效率"，组织中的等级制度是一种自然现象，劳动力是成本，组织是财产的一种形式。组织的变化是非连续性的，不能永远依据昨天的假设来管理明天的组织，因而我们需要觉察到，这些关于组织的旧有假设正在失去价值。

首先，"专注 + 专业 = 效率"这一等式会随着"知识工人"的出现而被打破，大脑已取代肌肉成为关键的增值要素，"劳动细分"可以让每一位知识工人选择一块小的领域进行深入发掘并实现专业化，组织也会因此变得灵活精干，降低了运行成本，每一个领域都可能出现全自动化的装配生产线。

其次，组织中的等级制度是一种自然现象，而在现代组织管理中，组织已朝着扁平化发展。这种扁平化管理模式是指通过减少管理层次，压缩部门机构与人员，缩减组织管理层级机构，使决策快速延伸至组织的操作层面，提升组织效率。尤其是互联网公司的出现，使公司的官僚制度体系不断衰减。

再次，劳动力不是成本，不应比照财务或资金的用法来使用劳动力。组织只有投入时间和金钱培养劳动力的技能，增强风险精神，才能为组织带来长远的回报。

最后，组织不再是一种财产，而是朝着社会团体发展。团体不属于任何人，而是人们属于团体，人们在团体中扮演着不同的角色并有着不同的利益关系，因此产品消费者同样有权因向更好或更便宜的产品投入资金而分得一部分剩余利润。

此外，引导组织未来的四条重要线索如下。

● 第一，通信革命使组织格局发生改变。现如今我们都已感受到网络的力量，未来信息技术的发展将继续引发组织产生翻天覆地的变化。

● 第二，个人和组织之间的契约关系将发生变化。越来越多的组织会为已完成的工作内容支付劳务费，而不再为人们的工作时间支付工资，大型企业或公司可以通过特许经营、专业分包、小组分包等方式实现专项任务。

● 第三，工具替代了机器。工具可以延伸人的能力，机器则需要人的维护，随着社会不断推广自助型服务，小型化与精密化机器不断发展，很多服务工作能够依靠个人轻松地完成全部工序，不再需要企业提供高成本服务。

● 第四，数量经济向质量经济转变。随着物质的极大丰富与发展，大部分的人所拥有的金钱已经能够满足生活所需，人们的非物质主义价值观将逐渐显现，工资不再是组织解决员工动机、关系、权威以及控制等问题的"万能药"。薪水很重要，但可自由支配的时间、陪伴家人、更好的工作条件等也同样重要。

由此可见，组织未来将不断面临新的挑战，那么该如何应对呢？在组织工作设计中，我们剖析了组织中的竞争与冲突，而面对组织的未来，需要用长远的眼光将竞争看成开放的。竞争者之间必须进行合作，而不是争斗。同时，优秀的组织总是在不断的学习和成长。有些人希望组织的发展是一种渐进而不是革命，然而，组织中的差异与变革是无法避免的，权力冲突常常迫使组织打破老旧僵化的结构，进而获得革新与发展。

因此，经过适当引导的竞争是变革的关键，而具有突破性的改革能够在某些组织发展的关键节点上激发组织的潜力。不仅是组织，组织中的个体也应学会热爱变革，永远前进。因为同技术、产品、观点一样，组织和组织内部的运行机制具有一定的生命周期，繁荣过后就会衰落。因此，组织的可持续发展需要允许旧方法消亡、新方法生长。

扫码获取附赠资料

03

《管理的实践》：
管理的真谛不在知，而在行

现代管理学之父——彼得·德鲁克

彼得·德鲁克（1909—2005），出生于奥匈帝国统治下的维也纳，祖籍荷兰，其父是哈布斯堡王朝的高级文官。1937年，德鲁克移居美国，曾在一些知名企业里担任管理顾问，于1943年加入美国籍。

彼得·德鲁克

德鲁克曾受聘于纽约大学研究生院，担任了20多年的管理学教授，是当代国际上享有盛名的管理学家，被称为"现代管理学之父"，在管理学领域里贡献卓越、影响深远。2002年，彼得·德鲁克成为"总统自由勋章"获得者，这是美国公民所享受的最高荣誉。

德鲁克一生著述丰厚，他曾是《华尔街日报》的专栏作家，在《哈佛商业评论》上发表了38篇文章，至今无人打破这项记录。德鲁克的著作更是多达50余部，其中1954年出版的《管理的实践》，奠定了其管理学大师的地位，也标志着管理学的诞生。

一、为什么要写这本书

在《管理的实践》中，德鲁克以全方位的视角，系统地从实践方面讲述了管理的真正意义，把"管理"这门学科分析得更加完整和透彻，《管理的实践》也因此成为管理学的开山鼻祖之作。

20世纪20年代末到30年代初，世界经济陷入前所未有的危机，由泰勒的科学管理理论、法约尔的管理过程理论、韦伯的古典行政组织理论构成的古典管理理论，确实在提高资本主义市场劳动生产率方面取得了显著的成绩，但是在执行过程中，过于标准化而显得刻板的生产模式、只追求高效生产和利润最大化而忽略工人本身需求的管理方法，激起了工人、特别是工会的反抗，这让资本主义国家的统治者意识到，古典管理理论已经不适用于当时的生产环境，管理理论亟待更新。

1943年，彼得·德鲁克受聘为当时世界最大的企业——美国通用汽车公司的顾问，负责研究美国通用汽车公司的内部管理结构和管理政策。艾尔弗雷德·斯隆是当时通用汽车公司的总裁，在他的领导下，通用汽车公司的绩效超过了福特汽车公司，成为全球最大的汽车制造企业。1964年，斯隆出版了《我在通用汽车的岁月》一书，德鲁克为其作序。在序中，德鲁克认为斯隆是首位在大型公司里设计出一套系统化的组织架构、规划和战略、评估体系及分权原则的人，而斯隆的这番作为，也为美国经济在第二次世界大战后40年处于世界经济的领导地位打下了基础。美国记者杰克·贝蒂强调："斯隆的正直、榜样管理以及对管理者自身的重视，深深影响了德鲁克此后的管理思想。"

1943—1945 年，德鲁克把全部的时间用来研究美国通用汽车公司的管理模式，并积累了丰富的管理经验，在此基础上形成了自己的理论。

1946 年，德鲁克完成了《公司的概念》并予以出版，该书讲述了"拥有不同技能和知识的人在一个大型组织里怎样分工合作"，并首次提出了"组织"这一概念，奠定了德鲁克在"组织理论"方面的历史地位。该书出版后，却被通用汽车公司的高管们摒弃，因为书中对通用汽车公司的内部政策提到了质疑，如劳资关系、总部员工的使用和作用，以及经销商关系等方面的政策是否合时宜，但这并不影响《公司的概念》在市场上的畅销。

继《公司的概念》之后，管理学界对于高层管理的职能和政策并没有什么创新性的理论。于是，德鲁克将在通用汽车公司调研时得到的启发进行升华，从全新的视角来审视管理，将经验和智慧再次集结成册，于 1954 年出版了第一本将管理视为一个整体的管理学著作——《管理的实践》。德鲁克从"企业作为一个机构、作为一个由人组成的社会'组织'、作为一个受公共利益影响的'社会机构'"三个方面来描绘企业，并提出了一个对后世深远影响，甚至可以说改变世界管理现象的概念——目标管理。

"目标管理"理论的提出，与当时的时代背景有着千丝万缕的联系。20 世纪 20 年代末到 30 年代初的"大萧条"是资本主义国家历史上破坏性最大的危机，管理学家也因此注意到除公司硬件设施以外的、造成企业效率下降的影响因素，以研究"个体和团体的需求与行为"为对象的行为科学理论和学派便应运而生。德鲁克受行为科学理论的启发，把行为科学理论与管理学相结合，开创了"目标管理"的先河。

根据"目标管理"理论，管理者需通过目标的分化，对下级实施管理，以激励的方式让员工参与到目标的制定、规划、实施过程中，根据各个分目标的完成情况对下级进行考核、评价和奖惩。这一管理模式推出时，正值第二次世界大战后西方经济由恢复转向发展的时期，各个企业争相转型以提高竞争力，于是目标管理理论被广泛应用开来，并很快推广到日本、西欧等国家与地区。20世纪80年代初目标管理理论传入中国，开始在中国企业中应用推广。中国企业采取的干部任期目标制、企业内部层层承包等，都是目标管理方法的具体运用。

二、研究视角：透过本质看管理

德鲁克强调，实践是管理学的灵魂，"管理学研究是实践行动的结果"。一切实践的问题，从根本上看都是思想的问题。直面实践的管理，需要我们对管理的本质有充分的认知，进而衍生出可实践的理论、方法、模式，从而指导实践。但纵观管理学界的理论论著，巴纳德的《经理的职能》、福利特的《动态管理》、泰勒的《科学管理》等都只是单一地探讨管理的某个方面，没有从整体的角度概括出管理的本质。德鲁克则时刻注重从各个问题的本质出发，帮助管理者认清根源、认清现实。

管理究竟是什么呢？德鲁克说："管理就是界定企业的使命，并激励和组织人力资源去实现这个使命。界定使命是企业家的任务，而激励和组织人力资源去实现这个使命是领导力的范畴，二者的结合就是管理。"德鲁克的这段话揭秘了管理的本质，并涉及三个因素，即管理者、企业组织和社会。协调好三者之间的关系，让组织的目标得以实现，让组织里的个人收获成就，让企业承担好社会责任并为社会做出贡献，就是管理者在实践中应该时刻关注的一系列问题。

管理层应该做什么呢？很多管理者认为，管理者只是指挥、命令他人去完成本职工作。德鲁克则提出，管理者应该具备三个职能，即管理企业、管理管理者、管理员工。

首先，管理企业在三项职能中居于首位。企业是一个机构，它的活动范围和发展潜力都是有限的，管理层必须主动采取行动，对外铲除经济环境的变动对企业的限制，对内促使企业生产产生效益。德鲁克认为："只有当管理者能以有意识、有方向的行动主宰经济环境、改变经济环境时，才算是真正的管理。"这也是目标管理的核心所在。

其次，管理管理者就是指调配企业中的人力和物资。德鲁克受行为科学理论的影响，提倡在管理中要尊重员工的意愿，要人尽其用，把人才摆在合适的位置，并通过激励的手段促使他们发挥主观能动性，从而创造价值。我们习惯上认为基层员工是听管理者命令行事的，其实这是一个误解，许多基层工作是带有管理性质的，如果将其改为管理性质的工作，会使员工发挥出更大的生产力。德鲁克认为"管理者是企业最昂贵的资源"，因此企业管理者必须充分利用这一资源。

最后，管理者要管理员工。工作必须由人来执行，而这个"人"包括了从基层技术人员、非技术人员到企业执行副总裁在内的所有人，这意味着要对所有的员工进行有效的组织，才能使其发挥出最大的生产力。

总之，管理具有综合性，在实践中每一项决策都会影响管理的三项职能，因此，管理者在做决策的时候，要将三项职能同时纳入考虑的范围。

此外，德鲁克还强调"企业在管理过程中必须把社会利益变成企业自身的利益"，在达成社会利益的同时，社会利益又影响企业的优良发展。企业也是一种社会组织，必须承担应有的社会责任，接受社会的监督，一旦违背社会的公共利益，将受到社会的抵制。

三、核心思想：让一群平凡的人，做出不平凡的事

第二次世界大战结束后，欧洲技术人员和管理人员曾到访美国，研究如何提升生产力的问题。访问团最先预测提升生产力和企业所采用的机器、工具或技术有直接关系，但是通过观察、探讨，他们发现这几种因素对生产力的提升作用不大，而人力资源，确切地说是管理者和员工的基本态度才是根本。由此验证了德鲁克的观点：员工的工作动机决定了员工的产出。

现在的管理状况是怎样的呢？德鲁克说的"普遍的、有害的经营恶习：靠'压力'和'危机'进行管理"一语道出了当今企业管理普遍存在的问题，即忽略个体的需求，用施压的方式，让员工产生恐惧感，从而被动完成手中的工作。但恐惧给人带来的负面影响，比如能力弱化、削弱团体的力量、让人变得腐化堕落、产生消极抵抗的心态等，都是不利于企业发展的。当代管理者需要懂得如何将施压变为激励，用正面的诱因取代消极的施压，如此一来，员工的工作动机自然就会得到提升，这是最困难，也是最紧要的任务。简言之，按照德鲁克的观点来看，"平凡的人"才是管理的核心。

如何去管理人呢？德鲁克认为，员工不仅是资源，也是"完整的人"，是"人"就会有自己的需求和意志，每个人对自己要

不要工作、如何工作有绝对的自主选择权，唯有让个人心甘情愿地发挥主观能动性，才能为企业、为自己创造出最大的价值。德鲁克主张在管理中正面评估人，负面评估事，在企业评价体系里发挥绩效考核的正向功能。管理者和员工只是责任上的区别，管理者的重要任务就是要将员工的目标导向组织的目标，依据客户导向营销理论，把握好工作重心，并与社会利益接轨，以更广阔和远大的视野确立企业的社会责任，联动企业和社会，共同发展。

随着新科技的发展，工厂的生产流程已得到整合，大多数生产流水线已经非常成熟了，工人已经从跟随机器的步调转变为决定机器的步调，员工已经从注重体力劳动慢慢转变为注重脑力劳动，而这也更能发挥出他们的主观能动性。人最擅长的工作，往往就是他最喜欢的工作，也是最能倾注自己的热情和创造力的工作。

所以，一方面管理者必须先了解员工的长处、性格、责任感和能力，把员工安排在最适合的岗位，充分利用员工的特长，鼓励并引导员工个人的发展；另一方面，员工在这个岗位上得到满足之后，就会激发出自我实现的需要（马斯洛需求层次理论认为，每个人都有五个与生俱来的需求，低层需求得到满足之后，才能慢慢满足高级需求。这五级需求分别是生理需求、安全需求、社交需求、尊重需求和自我实现的需求），主动去创造价值。

德鲁克以深邃、冷静的目光洞察管理核心，对后继管理者循循善诱，给人以启迪。使工作富有成效，使员工富有成就感，是管理者要面对的永恒的主题。因此，管理者要学会从个体出发去规划管理，把压力转化为动力，调动员工的主观能动性，为他们创造积极且有一定发展空间的工作环境，激发员工潜在的创造力，让员工和企业融为一体，而不能把眼光只局限在硬件设施和利润上面，舍本逐末。

扫码获取附赠资料

04

《管理思想的演变》：
管理思想的脱胎换骨

管理思想史方面的权威——丹尼尔·A.雷恩

丹尼尔·A.雷恩（1932—），美国管理思想史学家、梅里克基金奖、管理学会年度杰出教育家奖及俄克拉荷马大学工商管理学院杰出教授奖获得者，曾担任俄克拉荷马大学哈里·巴斯企业史文献收藏馆馆长及美国南方管理协会主席。

雷恩通过对管理史的研究，为管理科学的系统性发展做出了巨大的贡献，被视为管理思想方面的权威人物，他的代表作有《管理：过程、结构和行为》《流浪汉白领：怀特·威廉的旅行》《管理思想的演变》《早期管理思想》等。其中，

丹尼尔·A.雷恩

《管理思想的演变》是一部全面梳理西方管理思想演变历程的经典之作，奠定了雷恩在管理思想史上的权威地位，也为现代管理实践提供了重要的借鉴意义。

一、为什么要写这本书

雷恩写成《管理思想的演变》，与他的专业学习、管理方面的实践及其所处的时代密不可分。

从雷恩的生平可以看出，雷恩几十年来一直从事有关管理方面的工作，一直在学习管理相关知识。雷恩出生于美国密苏里州的一个零售企业之家。18岁时，雷恩考上了密苏里大学，主修工业管理与人事管理。大学毕业后，雷恩到家族企业中任职，同时修完了密苏里大学劳工关系与管理专业的硕士课程，于1960年获得管理专业硕士学位。随后，雷恩离开了家族企业，在密苏里州的一家公司任生产主管。任职不久，雷恩又毅然离开了这家公司，前往伊利诺伊大学攻读工商管理学博士，主修管理学、经济学和社会心理学，并于1963年获管理博士学位。同年，雷恩谋到了一份来自佛罗里达州立大学的助教职务，教授"管理思想史"课程。这门管理学入门课程的教学经历，为雷恩积累了大量的管理教学经验。

雷恩所处的20世纪60年代，各种管理理论层出不穷，形成了各种流派，包括管理过程学派、人际关系学派、群体行为学派、经验学派、社会协作系统学派、社会技术系统学派、系统学派、决策理论学派、数学学派、权变理论学派和经理角色学派。各种流派共同构成了管理理论的丛林，虽然理论丛林看起来很壮观，实际却因众说纷纭形成了莫衷一是的乱局。美国管理学家哈罗德·孔茨将形成这种理论乱局的成因，归纳为以下四个方面。

- 一是对"管理"的概念理解混乱。
- 二是各派学者对管理、管理学定义及范围看法不一致。
- 三是摒弃了前人对管理经验的概括和总结。
- 四是曲解了前人提出的管理原则。

对于这样的局面，雷恩指出，许多管理学界的前辈留下了珍贵的思想遗产，但人们却忽略了这些思想遗产，简单地认为，昨天解决问题的办法，对解决明天的问题不会有任何帮助。雷恩认为这种想法是错误的，前辈们致力于研究的有关人的行为和动机的哲学思想和理论，如今依然有借鉴意义。同时，雷恩也不赞成一些学者仅按时间顺序将整个管理史简单地分为几个阶段的做法，他认为这种做法过于粗糙。

为了理清管理思想发展的历史脉络，结束管理思想丛林长期以来鱼龙混杂的局面，雷恩从文化和历史的角度对管理思想学派进行了梳理，以期描绘出管理思想体系，供管理人士摸清管理思想演变的历史，以便鉴古知今，为今日管理者提供借鉴意义。基于这样的背景，雷恩写下了他的经典之作——《管理思想的演变》。他以时代变迁为经，以学派思想为纬，编织出管理思想发展演变的概貌。

二、研究视角：从文化角度解读管理思想演变史

雷恩认为，管理既是文化环境的一个过程，也是文化环境的产物。因此，研究管理思想要在文化范围内进行探讨。

雷恩认为，文化包含了经济、社会、政治以及科技等基本要

素。其中，文化的经济层面指的是人与资源的关系，社会层面指的是特定文化中人与人之间的关系，政治层面指的是个体与国家之间的关系，科技指的是制造工具和设备的艺术与应用科学。雷恩认为，经济、社会、政治及科技层面的互动，共同构成了文化，而管理是过去和现在的经济、社会和政治力量的一种产物。因此，文化是回顾管理思想演变的重要工具。雷恩从人类社会发展中的经济层面、社会层面、政治层面、科技层面进行综合考虑，确定了管理思想发展的文化背景，并以此为标准，把管理思想史分为早期管理思想时代、科学管理时代、社会人时代、当前时代四大部分。

第一部分，早期管理思想时代的文化环境

工业化之前，组织的主要形式是家庭、部落、教会、军队和政府，这些组织都存在着管理需求。比如家庭里对奴仆的管理、古罗马军队实行的"10人编队制"等，都可以被视为历史上管理实践的开端。

十字军东征为资本主义的萌芽提供了条件。经济上，市场鼓励创新和竞争，推动了规模经济的发展，拉开了工业化的序幕。政治上，财产制度为企业管理的发展提供了制度背景。社会、经济及政治形势的发展，加速了工业革命的到来。

18世纪中叶，英国爆发了第一次工业革命，以蒸汽机为代表的机器大工业生产开始出现，大批工厂随之产生。这时，企业家发现，仅凭他一个人是无法指挥和管理所有活动的。于是，这些企业家开始聘请一些管理人员，管理作为第四种要素便参与到生产中。

第二部分，科学管理时代发生的文化背景

19世纪六七十年代，第二次工业革命的发生使科学技术迅速用于生产，资本主义经济全面形成，美国工业出现了前所未有的资本积累和工业技术进步。但是，管理不当严重阻碍了生产效率的提高。此外，工人的权利无法得到满足，工人开始消极怠工，甚至罢工抗议，使得工人和资本家的关系严重恶化，劳资关系的对立严重影响了企业的生产效率。为解决工人及工厂的生产效率低下问题，科学管理思想应运而生。科学管理主要关心劳动生产率的问题，主张用科学的工作方法和刺激性工资制度实现现实的要求。

第三部分，"社会人时代"的文化背景

随着生产力的进一步发展，人们发现，单纯强调管理的科学性、理性化，并不能保证管理的持续成功以及生产率的持续提高。试验已经证明，生产率不仅取决于管理的科学化，更取决于员工的积极性和态度。因此，在管理中要突出人的重要性，要以人为本。至此（20 世纪 30 年代），科学管理思想进入社会人时代。

第四部分，"当前时代"的文化背景

第二次世界大战后，随着科技尤其是信息技术的突飞猛进，企业外部竞争愈加激烈，对企业的战略规划和科学经营的要求随之提高。此外，企业更注重基于人性化的柔性管理。于是，强调理性主义与人本主义的有效结合，把管理与经济、技术、社会及政治环境联系在一起的现代管理思想出现了。

简言之，经济、社会和政治的发展，推动着管理思想的演变，而管理思想的演变既是文化发展的一部分，也是文化的产物。当社会的基本结构和场景发生变化时，奠基在社会文化基础上的管理思想也必然发生改变。

三、核心思想：各个时期管理思想代表人物 及思想主张

雷恩认为，各个阶段的管理思想代表人物及思想主张为后世描绘出一幅完整的管理思想演变的历史画卷。

（一）早期管理思想时代

在早期管理思想时代即管理思想萌芽时代，苏格兰经济学家、自由主义经济学的奠基人亚当·斯密在《国富论》中指出，只有市场和竞争才是经济行为的调节因素。亚当·斯密在书中提出的劳动分工，对提高劳动生产率和增加国民财富具有巨大的作用。同时，亚当·斯密的分工思想直接导致管理学的诞生。

另外，亚当·斯密的"经济人假设"为管理学的发展做了理论铺垫。对于管理学来说，必须从人的本性和动机出发来构建相应的理论和方法体系，所以后期管理学理论的发展都以"经济人假设"为逻辑前提。可以说，亚当·斯密的"经济人假设"和分工理论，构成了管理学的理论前提和技术前提。

（二）科学管理时代

19世纪末20世纪初，产生了以美国"科学管理之父"弗雷德里克·W.泰勒、法国"管理理论之父"亨利·法约尔，以及德国"组织理论之父"马克斯·韦伯等为代表的古典管理思想大家。

1.泰勒的思想主张

1911年，泰勒在他的主要著作《科学管理原理》中阐述了科

学管理理论，这让人们认识到管理是一门建立在明确的法规、条文和原则之上的科学。泰勒认为，科学管理的根本目的是谋求最高劳动生产率，最高工作效率是雇主和雇员达到共同富裕的基础，要达到最高工作效率，重要手段就是用科学的、标准化的管理方法代替经验管理。泰勒的科学管理思想主要包括：雇主与雇员利益的一致性；建立科学的生产标准和制度；科学地挑选工人，并对他们进行培训和教育；与工人真诚地合作，保证一切工作都按已形成的原则去办；专业化的管理职责等。泰勒的科学管理思想主要有两大贡献：一是管理要走向科学，二是劳资双方的精神革命，即认为雇主和雇员双方利益一致。

2. 法约尔的思想主张

1916 年，法约尔的代表作《工业管理与一般管理》的发表，标志着一般管理理论的形成。法约尔将管理活动从企业经营活动中提炼出来，区分了经营和管理的不同。法约尔认为，管理能力可以通过教育的方式获得，并将管理活动分为计划、组织、指挥、协调和控制五大管理职能。此外，法约尔还制定了管理十四项原则，分别是劳动分工原则、权利与责任原则、纪律原则、统一指挥、统一领导、个人利益服从整体利益、人员报酬的原则、集中原则、等级链、秩序原则、公平原则、人员稳定原则、首创精神和团队精神。法约尔的一般管理理论为后世管理理论的发展做了理论铺垫，被誉为继泰勒的科学管理理论之后的"第二座丰碑"。

3. 韦伯的思想主张

韦伯在管理思想史上的最大贡献，就是提出了官僚组织结构理论（即行政组织理论）。官僚组织结构理论的核心，是组织活动要通过职务或职位而不是通过个人或世袭的形式来管理。韦伯认为，这种高度结构的、正式的、非人格化的理想行政组织体系，是人们进行强制控制的合理手段，是达到目标、提高效率的最有效的形式。韦伯对理想的官僚组织模式的描绘，为行政组织指明了一条制度化的组织准则。

（三）社会人时代

在这一阶段，大名鼎鼎的霍桑实验及美国管理学家埃尔顿·梅奥对霍桑实验的结果分析，使西方管理思想从早期管理理论及古典管理理论进入行为科学管理理论阶段。

1. 霍桑实验

霍桑实验揭示了工业生产中个体具有社会属性，生产率不但同物质实体条件有关，而且同工人的心理、态度、动机，以及群体中的人际关系、领导者与被领导集体的关系密切相关。简言之，实验结果表明，工人的工作动机和行为并不只为金钱收入等物质利益所驱使，他们不是"经济人"而是"社会人"，有社会性的需要。在此基础上，"社会人假设"被提出。梅奥也因此建立了人际关系理论，而人际关系理论是行为科学理论的前提。因此我们说，霍桑实验的研究结果，为人际关系学说及行为科学理论奠定了基础。人际关系学说的独特之处，就在于对人性的基本认识。基于此，人际关系学说认为，要调动员工的积极性，就应该使职工的社会和心理需求得到满足。

2. 行为科学管理理论

行为科学管理理论研究人行为的产生、发展和相互转化的规律，以便预测人的行为和控制人的行为。行为科学把以"事"为中心的管理转变成以"人"为中心的管理，由原来对"规章制度"的研究发展到对人的行为的研究，使专制型管理开始向民主型管理过渡。同时，行为科学管理理论的成功也改变了管理者的思想观念和行为方式。

（四）当前时代

随着科学技术、生产力和人类社会的进一步发展，各种管理理论和管理思想如雨后春笋般相继涌现，形成了百家争鸣之势。美国管理过程学派代表人物之一威廉·纽曼，对法约尔提出的管理职能进行了修订，形成了修订后的一般管理理论，以便适应现代组织的需要。此时，其他学科领域的知识开始渗入管理过程理论，如数学模型、行为科学的发现以及控制论。在这一时代，组织行为理论获得了重大发展。如美国组织行为学家戴维斯认为，现代人际关系包括两方面的内容：一方面与通过调查来理解、描述和确认人类行为的因果有关，另一方面是人际关系理论知识在具体环境中的运用。

此外，人们开始对战略问题加以关注，出现了以战略管理创始人伊戈尔·安索夫等为代表的战略派。安索夫首次提出公司战略概念、战略管理概念、战略规划的系统理论、企业竞争优势概念，以及把战略管理与混乱环境联系起来的权变理论。

扫码获取附赠资料

05

《管理：任务、责任和实践》：
管理学问的百科全书

现代管理学宗师——**彼得·德鲁克**

彼得·德鲁克（1909—2005），出生于奥匈帝国统治下的维也纳，祖籍荷兰，现代管理学界德高望重的一代宗师，被誉为"现代管理学之父"和"大师中的大师"，他使得"管理"成为一门可以学习和传授的学科，而他的著作则被公认为是管理学中最好的著作，他是"有史以来对管理理论贡献最多的大师"。

彼得·德鲁克

德鲁克一生致力于管理学的研究，共出版了30多部专著，数百篇论文，仅在《哈佛商业评论》上就发表36篇文章，其中7篇获得了"麦肯锡奖"，这些著作和论文被翻译成30多种语言，传播到世界各地，影响了几代追求创新和最佳管理实践的学者和企业家，各类商业管理课程也都深受德鲁克思想的影响。2002年6月，美国总统乔治·布什宣布德鲁克为当年的"总统自由勋章"获得者，这是美国公民所能获得的最高荣誉。

一、为什么要写这本书？

1950 年，德鲁克出任美国纽约大学管理学教授，是世界上接受此头衔并教授此课程的第一人。在德鲁克之前，虽然泰勒、法约尔、巴纳德、梅奥等管理学大师的管理思想已经出现并传播，但在大学的课堂上，却从未开设过"管理学"这门课。

在教学与研究过程中，德鲁克发现，大量有关管理的书是以管理技巧为中心、以条规为中心或者以职能为中心的，它们从内部来考察管理，并且只从某一个管理者的某一项管理任务去探讨，这些探讨都是作者自己特别关心或专长的领域，而不是客观的、非个人的管理任务。

在德鲁克看来，管理不仅是一种常识，也不仅是累积起来的经验，它至少蕴藏了一套系统化的知识。德鲁克写作《管理：任务、责任和实践》，主要目的不是告诉管理者如何做，也不是告诉管理者如何利用各种工具来做，而是将重点放在管理的成效上，从客观的、非个人的管理任务出发，为管理者提供一套系统化的知识和基本原理。通过学习这些系统化的管理原理，今后的管理者可以在工作上取得成效。

二、研究思路：以管理任务和管理人员为中心，以实践为落脚点

从这本书的书名我们就可以看出德鲁克道出的管理真谛："管理是任务，是责任，是实践。"从这个角度，我们也可以把"管理"诠释为：管理任务、承担责任、勇于实践。《管理：任务、责任和实践》一共有三大部分内容。

第一部分是"任务"。

德鲁克在这一部分从外部来考察管理，研究了管理任务的范围，以及管理任务各方面的必要条件，这一部分回答的问题是"管理的任务是什么"。

第二部分是"经营管理者：工作、职务、技能与组织"。

这部分重点讨论了要完成第一部分的管理任务，管理者需要承担的工作和职务，以及需要具备的组织管理技能。

第三部分是"高层管理：任务、组织、战略"。

这部分讨论了高层管理的任务、结构及战略，这一部分是在第一、第二部分的基础上，讨论"高层管理"的特殊性，包括它的特殊任务、特殊组织结构、特殊技能与挑战。

不难发现，第一部分"任务"是全书的重点，也是全书的出发点。但是，在德鲁克看来，管理是任务，管理当局也是人，管理的每一个成就都是管理人员的成就，每一次失败都是管理人员的失败。所以，德鲁克在《管理：任务、责任和实践》序言中指出，这本书不仅以"管理任务"为中心，还以"管理人员"为中心。显而易见，德鲁克在第一部分论述了管理"任务"，第二部分在第一部分的基础上论述了管理人员的"责任"，第三部分则是针对前两部分的特殊性来论述，也就是"高层管理"的任务和责任。

而这所有的内容都是从实践中产生，又都以实践为归宿。

德鲁克强调，"管理是一种实践，其本质不在于'知'而在于'行'。其验证不在于逻辑，而在于成果。其唯一的权威就是成就。"可以说，实践是这本书的落脚点。

三、核心思想："3项管理任务"和"5项基本责任"

我们可以用两个问题来说明《管理：任务、责任和实践》的核心思想内容：管理的任务是什么？为了圆满地完成这些任务，管理人员必须承担什么责任？

（一）3项管理任务

德鲁克认为，管理是机构的"器官"，而机构又是社会的"器官"。你可能会觉得这句话有些抽象，不妨想象一下人体的器官，如果没有了某个器官，人体就是不完整的，甚至是没有生命的。在德鲁克看来，对这些"器官"（管理、机构）提出的问题不应该是"它们是什么"，而应该是"它们应该做些什么""它们的任务是什么"。

德鲁克指出，管理必须完成3项同等重要而又极不相同的任务。

第一项任务：完成机构的特殊目的和使命。

德鲁克指出，任何一个企业都应该深入考虑这样一个问题："我们的企业是什么以及它应该是什么"。这个问题的答案就是企业的使命和宗旨。德鲁克认为，组织的使命和宗旨是组织各项活动的基本依据，它是组织存在的原因和目的，能够使组织在激流世界中不迷失方向。

在德鲁克看来，企业的目的只有一个，那就是：创造顾客，而不是利润。他认为，利润是对企业的一种报酬，利润的多少取决于满足和创造顾客的多少，也就是说"利润不是原因，而是结果"。

德鲁克指出，企业的目的必须超越企业本身。因为企业是社会的一部分，所以企业的目的也必须从社会中寻找。在企业家采取行动满足了顾客的需求之后，顾客才真的存在，市场也才真的诞生。所以，顾客的需求才是企业目的的本源，是顾客决定了企业是什么、企业生产什么以及企业是否会兴旺发达。满足顾客的需要，是企业生存和发展的必要条件。

德鲁克还指出，企业的目的可以通过两个基本职能来实现：市场推销和创新。他认为，市场推销是企业最基本的职能，是整个企业的中心。

举个例子：

IBM（国际商用机器公司）是计算机领域的一个后来者，既没有技术上的专长，又缺少科学知识。但是，计算机行业早期的技术领先公司，如通用电子计算机公司、通用电气公司和美国无线电公司，都是以产品或技术为中心的，而当时 IBM 的推销员却提出并仔细思考了这样一些问题：什么是顾客？顾客觉得有价值的是什么？顾客是怎样购买的？顾客需要些什么？

于是，IBM 从顾客的需要、实际和价值观出发，找出对顾客有意义的解决方案，采用了一系列市场推销策略，包括定义顾客、拜访顾客、广告、扮演顾客、向顾客示范、增值服务等，从而占有了大部分市场。

德鲁克又指出，企业只是提供任何一种产品或服务是不够的，它必须提供更好、更多的产品和服务，一个企业不一定要变得更大，但它必须变得更好。怎样才能变得更好呢？唯有创新。在他看来，最富有活力的创新是创造和以前不同的新的产品或服务，而不是对原有产品或服务的改进。

德鲁克认为，要完成管理的第一项任务，企业应解决一系列问题，这些问题包括：我们的企业是什么？谁是我们的顾客？顾客的价值是什么？我们的企业将会成为什么样子？顾客还有哪些需要尚未满足？我们的企业应该是什么？

第二项任务：使工作富有活力并让职工有成就感。

德鲁克认为，任何机构，包括工商企业，只有一项真正的资源，那就是"人"。人是机构最大的资产，机构通过富有活力的人来完成它的任务，而人通过完成工作来取得成就。

那么，怎么才能让职工有成就呢？那就是要让工作富于生产性。

什么样的工作才具有生产性呢？简单来说，凡是能直接帮助机构成长的工作都是有生产性的工作。

又该如何让工作有生产性呢？德鲁克提出了以下4个方面：

● 第一是工作分析，也就是对工作进行研究，了解工作所需的各项特殊操作、程序和要求；

● 第二是在工作分析的基础上进行综合，也就是把各项操作结合成一个生产程序；

● 第三是在工作过程中进行恰当的控制，包括对工作的方向、质量、数量、标准、效率等方面的控制；

● 第四是为工作提供合适的工具。

总之，生产性的工作让工作富有活力，能够让员工获得成就，从而促进机构的发展。

第三项任务：处理机构对社会的影响和责任。

德鲁克指出，作为社会的"器官"，每一个机构都是为社会而存在的。企业必须对它的社会影响和社会成果进行管理。也就是说，企业要承担它对社会的责任。德鲁克认为管理者应该仔细考虑"我们所做的事是不是社会和顾客要求我们做的"。

那么，企业又该如何处理它对社会的影响呢？在德鲁克看来，如果某项活动不在企业的宗旨和使命范围内，那就应该尽可能地取消这项活动，或者将其影响维持在尽可能低的程度。如果不能取消，就要预先考虑并拟定出解决办法，用最小的成本使企业和社会获得最大利益。当然，如果能把企业产生的不良社会影响转化为对企业有利的机会，那将是最理想的解决方法。

比如，杜邦公司在20世纪20年代就意识到它的许多产品有毒副作用，并着手消除这些有毒物质，其实就是在消除有毒物质产生的不良影响，而当时其他的化学公司都认为这种影响是理所当然的。后来杜邦公司决定把控制工业品有毒物质的业务发展为一家独立的企业，那就是杜邦工业毒物实验室，它不仅为杜邦公司服务，而且为各种各样的顾客开发无毒化合物、检验产品毒性等。就这样，杜邦公司把一种不良的社会影响转化为企业的有利机会。

德鲁克指出，这3项任务常常是在同一时间和同一管理行为中去执行的，都是同等重要的，不存在某一项任务地位更优先，或者要求更高。

（二）5项基本责任

为了完成管理的这3项任务，管理人员又该承担哪些责任呢？德鲁克认为，管理人员需要承担5项基本责任，分别是制定目标、组织管理、激励与信息交流、绩效衡量以及培养人才。

第一，每一位管理人员，上至老板，下至生产主管或办事员，都必须明确各自的目标，否则就会产生混乱。

这些目标应该始终以企业总目标为依据，同时还必须规定自己对实现企业总目标做出的贡献，并兼顾短期和长期目标。

那么，管理人员的目标应该如何制定？由谁制定呢？在德鲁克看来，每一个管理人员的目标就是他上一级应该为企业总目标所做出的贡献，制定自己的目标是管理人员的首要责任。每一位管理人员都必须仔细考虑本单位的目标是什么，并积极而负责地参与制定目标。只有下一级的管理人员参与制定目标，上一级的管理人员才能知道应该对他们提出什么要求，并提出恰如其分的要求。

第二，管理人员要进行组织管理工作。

德鲁克指出，管理人员要对工作进行分类，把工作划分为各项管理活动，再把这些管理活动划分为各项管理作业，然后把这些活动和作业组成一个组织结构，最后选拔人员来管理这些活动、执行这些作业。

他特别提到，如果组织中的中层管理人数过多，就会破坏员工士气，影响其成就感和满足感，最终影响到其工作成绩。在他看来，新的中层人员是专业的知识工作者，他们的行动和决定对企业有着直接而重大的影响。

第三，管理人员要进行激励与信息交流。

德鲁克指出，管理者能够把担任各项职务的人组织成一个团队，主要是通过日常的工作实践、员工关系、报酬、安置和晋升的人事决定、经常性的信息交流等。

他特别指出，"自上而下"的信息交流行不通，只有在成功地进行了"自下而上"的信息交流以后，才能实行自上而下的信息交流。

第四，管理人员要进行绩效衡量工作，也就是要进行绩效评估。

简单来说，管理者要建立达成绩效的衡量标准，因为衡量标准对整个组织的绩效和个人绩效至关重要。衡量标准不仅要关注组织的绩效，还要关注个人的绩效。这种标准能让员工对工作成就进行分析、评价和解释，同时管理者还要及时反馈绩效衡量结果。

第五，管理人员要培养人才，包括他自己。

德鲁克指出，管理者的资源是人，而人这种资源是独一无二的。用人就意味着要培养人，这一点不仅适用于被管理的人，而且适用于管理者自己。管理者能否按正确的方向来培养下属，能否帮助他们成长，将直接决定着管理者本人能否得到发展。

扫码获取附赠资料

提高管理
效率的基
本方法

06

《管理工作的本质》：
管理工作的底层逻辑与发展方向

管理领域伟大的离经叛道者——
亨利·明茨伯格

亨利·明茨伯格（1939—），出生于加拿大多伦多，
1961 年毕业于加拿大麦吉尔大学，后来在加拿大国家
铁路公司工作，1965 年到麻省理工学院攻读管理学，
1968 年取得博士学位后到麦吉尔大学任教。1978 年，
明茨伯格被任命为麦吉尔大学布朗夫管理学教授，又先
后在欧洲工商管理学院、卡内基梅隆大学、蒙特利尔高
等商学院等多个大学担任客座教授或访问学者，同时他
还担任《战略管理》《管理研究》等多个杂志的编委。

亨利·明茨伯格

明茨伯格是首位当选加拿大皇家社会学协会会员的管理学者，他曾四次在
《哈佛商业评论》上发表文章，其中两次获得麦肯锡奖。值得一提的是，明茨
伯格在担任战略管理协会主席之后，令人意想不到地提出了"战略管理已经开
始衰落"的观点，这为他赢得了"管理领域伟大的离经叛道者"的头衔。

明茨伯格是管理学大师，是经理角色学派的主要代表人物，管理学界普遍
认为他是具有原创性的管理学者。

一、为什么要写这本书

管理者是什么样的？这个问题听起来很好回答，因为在我们心中，管理者的形象总是非常具体的。比如一个管理者总是有着开不完的会、看不完的文件、打不完的电话，同时他还会不断地安排任务、对下属提出要求。但是，如果我们这样提问：管理者的本质是什么？这似乎又是一个完全不同的问题。因为开会、看文件、打电话等都是与管理者有关的具体现象，而不是管理者的本质。一个经常开会、看文件、打电话的人不一定是管理者，可能只是管理者的秘书。那么，管理者的本质到底是什么呢？是什么决定了管理者与其他人的区别？

1973 年，亨利·明茨伯格写下了《管理工作的本质》一书，深入探讨了管理工作的本质，揭示了管理者在工作中发挥作用的方法以及管理者所承担的角色，提出了促进管理变革、推动有效管理的方式。可以说，《管理工作的本质》一书揭示了管理工作的底层逻辑，预见了管理的发展方向。

《管理工作的本质》是明茨伯格的第一本著作，在出版的过程中却遭到了 15 家出版社的拒绝，因为这本书极大地挑战了当时管理学界的思潮和传统观点。明茨伯格认为，管理者的大多数时间都在应对危机，这一观点直到今天才为大多数管理学家所接受。时至今日，《管理工作的本质》已经在管理学界发挥重要作用，任何想要成为管理者的人都要将这本书作为自己学习和工作的基础指南。

二、管理工作的特点：内在特征、外部联系和工作定位

明茨伯格提出，管理工作主要有六个特点，分别是：工作量大且变动快、工作活动短暂且琐碎、现实活动优先、直接交流优先、重视下属和外部的联系、权力责任相结合。这六个特点主要关系到管理工作的三个方面，分别是：管理工作的内在特征、管理工作的外部联系和管理工作的定位。

（一）管理工作的内在特征

明茨伯格认为，管理工作的工作量非常大、工作变化速度非常快、工作事项非常琐碎，这些内容共同构成了管理工作的内在特征。这里明茨伯格举了一个例子来说明他的观点。

假设你是一家公司的老板，需要对公司的事项做出决定和规划，需要和其他管理人员商讨制定公司的发展战略，需要和下属及时推进工作计划，需要时时刻刻处在工作状态，因为你的所有事业就是公司，你的工作就是管理。这时候，"下班"这个概念在你的生活中几乎消失了，因为你的全部时间和工作精力都投入到管理之中。员工可以在完成交代好的任务之后下班，但是你不可以，因为你的工作没有明确的界限。由此不难看出，对管理者而言，工作要占去他们绝大部分的精力。

此外，管理工作的变化速度很快，工作事项还非常琐碎。明茨伯格在研究美国通用、宝洁等公司首席执行官的工作安排之后，

发现很多管理者几乎不能完全专注于一件事，他们每天要处理十几件事，而且这些事涉及很多方面，包括设备失火、公关危机、授予退休人员奖章、参与部门讨论会等。由此不难看出，这些工作中大事和琐事都杂糅在一起，管理者必须及时频繁的切换心态，调整处理方式和思考方式。但是明茨伯格也提到，管理者似乎已经适应了这种工作方式，他们往往能够及时调整自己的工作模式，换言之，只有适应了这种工作方式的管理者才能在激烈的竞争中幸存下来。

（二）管理工作的外部联系

顾名思义，管理工作的外部联系就是指在管理工作的过程中管理者十分重视与他人的交流，这种交流往往涉及下属和外部关系，而且在这种交流中，管理者更加喜欢口头的直接交流或者会议交流。

明茨伯格的研究显示，大企业的首席执行官平均84%的时间在与下属联系，16%的时间在和上级与外部联系。管理者往往处于组织内部和外部的关系网之间，就像一个沙漏中间的细颈一样。他们通过多种方式将下属和其他人员联系在一起，编织成一个复杂的关系网络。明茨伯格发现，管理者在这些联系中非常喜欢口头的直接沟通，包括电话、临时会议、实地考察等多种方式。明茨伯格进一步发现，中层管理者要用89%的时间来进行面对面的沟通。从某种程度上说，沟通就是管理者的工作，所以管理者往往更加喜欢高效、直接的沟通方式。

（三）管理工作的定位

管理工作的定位就是管理者可以对管理工作的优先程度做出

调整，他们可以安排工作的优先次序，决定自己享有的权力和应
该负有的责任。

明茨伯格发现，管理者往往会优先处理即时、具体的活动，
那些定期、程序化的活动往往被管理者忽视。管理者喜欢最新最
快的消息，并且往往在最新消息的基础上决定管理工作的内容。
据此，明茨伯格认为管理者并不是循规蹈矩、严密地遵循制定好
的行为规范和组织规章。

实际上，管理者对外界的刺激更加敏感，他们会针对外界的
刺激不断调整自己的工作习惯和工作方式。而且，管理者对自己
工作习惯和工作方式的调整关系到其对权力和责任的把握。管理
者通过自己的权力，将需要处理的事情控制在一个合理的限度内。
比如，审批可以反映管理者对组织决策的控制权；会议的安排能
看出管理者的组织能力；别人主动提供给管理者的信息则说明管
理者拥有建立有效沟通的能力。一个管理者可以决定要不要开始
一个新项目、招徕一个新员工，这一系列的决定影响着他后来的
工作安排，这种关键性的决策就是管理者权力的体现。管理者也
可以通过放权等手段控制自己必须参与的活动，比如委任副职分
管一部分工作、成立委员会分担一部分权力等，这种控制决定着
管理者的责任。明茨伯格认为，管理者需要决定自己的权力和责
任的边界，保障自己能从每个必须做的动作中把握机遇。

三、管理者的角色：人际关系、信息传递和
决策制定

明茨伯格认为，角色就是一个职务或者职位所表现出来的一
套有组织的行为。管理是与人有关的互动，在管理活动中每个人

都要扮演特定的角色。明茨伯格提出管理者有十大角色，分别是名义领袖、领导者、联络者、监控者、传播者、发言人、创业者、故障排除者、资源调配者和谈判者。实际上，这十个角色可以被划分为三大类，分别是人际关系角色、信息传递角色、决策制定角色。

（一）人际关系角色

明茨伯格认为，最初的管理者就是正式掌管组织的人，比如一个部落的酋长、一个国家的领袖。这时管理者往往有一些正式的权力，比如部落酋长可以决定猎物的分配，国家领袖可以宣布战争等。这种正式的权力和地位赋予管理者三种人际关系角色。

- 第一种也是最简单的一种，就是"名义领袖"。名义领袖就是管理者可以在各种正式场合代表他的组织，比如英国女王可以代表英国的国家形象。
- 当名义领袖与外部交流、承担一定的联络职能时，第二种角色也就自然而然的产生了，那就是"联络者"。管理者可以在对外交往的过程中与其他外部团体互动，并获取信息，以维护组织的安全和稳定。现代的外交官往往就是这种角色的体现。
- 当然，随着管理者逐渐在联络中掌握信息，再加上管理者具有的正式权力，第三种角色"领导者"也就出现了。

管理者在承担"名义领袖"和"联络者"角色的过程中，逐渐确定了他与下属之间的权力和支配关系，包括对下属的激励方式、下属人员的配置等多个方面。明茨伯格指出，人际关系角色将管理者置于获取信息的独特位置，管理者与外部的联系给他带来了特有的信息，同时作为"领导者"，他又是组织信息的焦点。从这个意义上说，管理者是组织中信息的中枢。

（二）信息传递角色

所谓信息传递角色，就是管理者在组织内部对信息传播的影响力。

首先，管理者是组织中的信息中枢，因此管理者往往承担着"监控者"的角色。管理者对于组织内的信息有着广泛而深刻的控制和了解，他本身也是信息的接收者和收集者。

其次，管理者可以在掌握信息的基础上把特定的信息传播到组织的不同部分中，这时管理者的角色是"传播者"。管理者掌握的信息往往会比较完整，他可以通过对组织内部的不同人员透露不同的信息来达成自己的目的，这种信息的单向垄断是管理者掌握权力的重要途径。

最后，管理者不仅要在组织内部传递信息，还要把组织内部的信息传播到外部环境中，这时管理者的角色就是"发言人"。管理者可以代表组织对某种事件或情况表达自己的态度，这也是管理者对外界环境的一种应对方式。比如新闻发言人，就是这种角色的现实反映。

明茨伯格认为，从本质上来说，管理者的信息传递角色是基于管理者在信息方面拥有得天独厚的优势，他的特殊地位和权力让他在组织的重大战略决策系统中处于中心位置。

（三）决策制定角色

明茨伯格认为，管理者在拥有了人际关系角色和信息传递角色以后，就能够自然地掌握组织决策的权力，影响组织决策的制定。换言之，决策制定者的角色是建立在管理者的人际关系角色和信息传递角色之上的。

首先，管理者往往是组织中的"资源调配者"，他掌握的权力可以影响组织内部资源的用途和使用范围，他既可以通过定向的资源投入来培育团队，也可以通过资源的控制来使某些团队逐渐萎缩甚至消失。

其次，管理者承担着"救火队员"的职能，也是一个"故障排除者"。也就是说，管理者要在组织受到威胁的时候临危受命，为组织解决问题。比如苹果公司创始人乔布斯在公司面临困境的时候积极创新，先后推出了苹果手机和苹果平板电脑等创新产品，助力苹果公司成为世界一流的科技企业。

再次，危险中往往蕴含着机遇，大量的管理者在捍卫组织的时候，往往也承担了"创业者"的角色。像乔布斯一样的管理者锐意创新，发起了公司变革，大刀阔斧地改变公司业务和公司架构，助力公司持续进步。

最后，管理者在组织内部发挥重要作用的同时，在组织外部也要在必要的时候代表组织进行谈判，这时管理者就承担着"谈判者"的角色。

四、如何促进有效管理：分享、角色变化和知识赋能

如何基于管理工作的特点和管理者的角色来推动管理的变革？如何促进有效的管理？明茨伯格给出了答案。

（一）分享

明茨伯格认为，管理者需要分享。这种分享包括权力的分享、信息的分享、责任的分享等多个方面。管理者可以通过权力的分享来促使更多的员工参与到管理工作中来，同时也可以把管理的理念贯穿到普通员工的工作中去。比如华为公司倡导的全员持股，本质就是将管理者的获益与所有员工分享，员工也就会更加积极地提升自己的工作效率，关心管理的变革和创新。

同时明茨伯格认为，人的精力的有限性决定了人必然会忽视某些信息，而这些信息可能对组织内部的某些员工非常重要，要避免出现这种问题的最好办法就是分享信息，及时、快速地和下属交流对某件事情的看法，获取具有创新意义的反馈。

（二）角色变化

在提出管理者的十大角色之后，明茨伯格还进一步指出，对于任何一个想要提高管理效率的管理者而言，在不同的情景承担不同的角色是非常重要的。换言之，管理者要根据环境和任务的不同来及时调整自己的角色定位。比如当乔布斯回归苹果公司的时候，他完全可以选择做一个"故障排除者"，只对当前的业务和市场提出意见，但是他敏锐地意识到了环境的变化，及时抓住了机会，选择了"创业者"的角色，推动了苹果公司业务的全面革新，推出了划时代的硬件产品。由此我们可以发现管理者角色变化的重要意义。

（三）知识赋能

明茨伯格通过研究发现，管理者很少有时间思考组织的发展方向、未来目标等宏大的战略议题。但是管理者可以寻求管理学家的帮助和建议，管理学家可以帮助管理者寻找机会、分析方案的成本收益、开发出更好的行动方案；可以为预见到的危机设计预案，针对管理者所面对的高压情况进行快速分析；可以监控管理者主抓的计划，制订一个明确而又灵活的战略计划，用知识为组织赋能。

扫码获取附赠资料

07

《现场改善》：
日本企业的独有智慧，改善管理的基本框架

改善管理思想之父——今井正明

今井正明（1930—），出生于日本东京，他从小就接受了良好的教育，最终从日本第一名校——东京大学毕业。此后他投身于管理实践，致力于从日本企业的发展中提炼出具有普遍性的管理方法和管理经验。他先后与世界著名质量管理专家爱德华·戴明、丰田汽车公司会长丰田章一郎共事，还曾作为日本代表出访欧美国家，交流日本的管理经验。

今井正明

经过多年的积累和研究，今井正明将日本的经验与欧美的管理系统相结合，研发出"改善管理系统"，旨在帮助全球企业打造高效的运营系统及生产管理体系。1985年，今井正明成立了全球改善咨询集团，这是全球最早实现专业服务的咨询公司。今井正明也因在改善管理方面的成就，被尊为"改善管理思想之父"。

一、为什么要写这本书

"冷战"时期，美国和苏联在载人航天方面展开了激烈的竞争，都先后把航天员送上了太空。但是当时的电子计算机技术尚不成熟，航天员无法在太空中使用电脑，因此需要用纸笔来辅助工作。那么问题来了：在地球上，地球重力可以让笔杆中的墨水顺利地流到笔尖上，但太空中没有重力，科学家们是如何解决这一问题的呢？

美国国家航空航天局想了很多办法，终于在花费了数百万美元以后，于 1965 年发明了一种能在太空环境下使用的圆珠笔。后来美苏关系缓和，美国和苏联的航天员能够在国际空间站中见面了。美国人急切地询问苏联是如何解决太空笔这一问题的，苏联人耸了耸肩，拿出了一支铅笔。一般认为这个故事反映的道理是：想得太多不一定是一件好事。但是如果我们去了解一下这个故事的背景，或许能看到它背后更加深刻的道理。

事实上，美国的航天发展是高度专业化的，航天飞机大量依赖自动化的操作，宇航员只负责完成相应的任务。所以开发航天飞机的专家和航天员之间很少沟通，航天专家总是按照自己的思路来设计相关的设备。苏联的开发模式则不同，常常需要苏联的航天员人为干预航天飞机的飞行，所以苏联的航天专家和航天员之间经常交流，而这种交流也使得航天员能够及时向专家反映自己的意见。以上两种不同的开发模式也许是苏联人更早想到使用铅笔的原因。

在今井正明看来，这两种管理方式的不同正体现了他所提倡的"现场改善"的重要性。那么，什么是"现场改善"？1996年，今井正明从日本公司成功的管理实践出发，将日本企业成功的经验总结为"现场改善"，并在《现场改善》一书中系统介绍了现场改善的基本逻辑和管理方法，并结合丰田等著名公司的管理实例，最终构造出现代日本管理理论的基石——现场改善，为管理学的发展贡献了日本企业的独有智慧。

《现场改善》是今井正明的经典著作之一。在内容上，这本书继承了今井正明"改善"管理的基本思想，并在此基础上结合了今井正明的现场管理经验。同时，这本书更强调行动性，为现实的管理者提供了一个简单的参考框架，可以用来解决实际问题。

二、什么是现场改善：改善的理念、现实的场景和现场的改善

什么是现场改善？要回答这个问题，就需要把"现场改善"这个概念切分开来进行解释。

（一）什么是现场

在日语中，现场往往指的是发生实际行动的场地。日本人在谈话中经常使用"现场"一词，比如记者在报道新闻的时候，就会说"从现场发回的报道"。如果从管理学意义上来讲，企业的行为就发生在"现场"中。

今井正明指出，从广义上来说，所有的企业都要从事与赚取

利润有关的三项活动，分别是开发、生产和销售，因此广义的"现场"指的就是企业从事这三项活动的场所。从狭义上来说，"现场"就是指制造产品或提供服务的地方。事实上，狭义的"现场"往往最容易被管理部门忽略，因为管理人员常常关注财务、营销、销售等领域，而忽略了工作场所，殊不知，"现场"才是真正为企业创造价值的地方。总之，现场就是企业生产产品与提供服务的地方。例如在服务业中，所谓的现场就是指与顾客直接接触的地方，如大厅、餐厅、客房、前台等。

（二）什么是改善

在日语中，改善指的是持续地改进。具体而言，改善有两个方面的特征。一方面，改善是持续的、不间断的、不会停止的过程。只要管理活动存在，改善就不会停止；另一方面，改善是微小的，且往往意味着阶梯式的累积，即一小步一小步逐渐前进。改善的目标并不是大刀阔斧地进行彻底的变革，而是持续的微小变化累积而成的重大成果。

今井正明认为，改善是一种低风险的管理方式，因为在改善的过程中管理者随时都可以回到原来的工作模式，而且不需要耗费过多的成本。进一步而言，改善就是一种"过程导向的思考模式"，强调关注组织中的计划、执行、检查、行动等环节，但也不是不关注结果。要改进结果，就必须先改进过程。如果预期的结果未能达成，那么产生这一结果的过程肯定是失败的。今井正明指出，改善代表了东方管理思想重视过程的一面，这与西方管理思想重视结果的一面形成了鲜明的对比。总之，改善就是全员参与的、持续的微小改进，目的在于推动企业提高绩效和持久变革。

（三）现场和改善是如何结合的

今井正明认为，现场与改善的结合，关键在于管理层对现场的认识和对顾客导向的追求。今井正明指出，很多欧美公司的管理层往往很少涉足具体的现场事务，甚至害怕到现场中去。他们要么把现场委托给老练的现场督导人员，要么就让工会完全控制现场，这导致管理层逐渐失去了对现场的控制力和影响力。在今井正明看来，现场才是组织中最重要的部分。因为这些现场的存在，直接关系到公司的业务好坏和生死存亡。因此，常规组织中的各个阶层，包括高级管理层、中级管理层和基层工作者，都应该为现场提供必要的支持。

今井正明指出，要将现场与改善相结合，首先就要树立现场至上的管理理念。今井正明认为，除了要重视现场之外，管理者还要追求顾客导向，因为任何现场业务的改进都在于为顾客提供满意的产品和服务，只有顾客满意了，组织才能生存发展下去。因此，管理者要设定各种策略或展开各种政策，让顾客满意。总之，今井正明认为，想将现场与改善相结合，就要重视现场和顾客导向。

三、如何进行现场改善：标准化、消除冗余、 环境维持

对于"如何在企业中推行现场改善"这个问题，今井正明将答案分为三个方面，分别是标准化、消除冗余、环境维持。

（一）标准化

标准化指的是组织通过建立和不断改进标准化流程的方式来

提升组织管理的效率。

1. 什么是标准

今井正明指出，所谓标准，就是指某种已经达成共识且写在纸面上的程序，企业的日常事务需要按照这种程序来运行。今井正明指出，一个良好的标准至少要具备以下三个特点。

第一，代表性。一个良好的标准应该能够代表最好、最容易、最安全的工作方法，因为标准应该是集合了员工多年的工作智慧和工作技巧。也就是说，标准应该是历经千锤百炼的、经得起时间考验的、最具代表性的操作手段和处理方式。比如，汽车行业的流水线就是一种具有代表性的工作标准。

第二，知识积累。一个良好的标准应该是某种最佳工作方法的知识成果，这种成果的分享可以极大地提高员工的工作效率，提升企业的顾客满意度。比如，华为公司鼓励员工在内部论坛中分享自己工作中的经验和方法，以此来帮助企业内部不断实现效率的提升。

第三，防止错误发生的手段。标准的设立为员工提供了一个参考标准和判断基础。通过在组织内部建立处理错误的方法，可以防止相同的问题再次发生。此外，标准的存在还可以帮助员工应对各种突发事件和危机。比如各种企业乃至政府部门普遍存在着各种各样的应急预案，这种预案就是各种处理标准的集合，目的在于指导职员如何行动。总的来说，标准应该是具有代表性的知识积累，目的是防止错误再次发生。

2. 什么是标准化

所谓标准化，就是指维持标准和改进标准，这不仅意味着企业要遵照现行技术上、管理上和工作中的标准，还要改进现行的流程，以达到更高的水准。今井正明在这里提出了一个"标准化—执行—检查—行动"的循环工作程序，以实现维持标准和改进标准的目的。

例如，某家旅馆的顾客想要在旅馆收发传真，恰巧旅馆内就有一台传真机，但是并不对外开放。这时这家旅馆的经理会怎么做呢？他可能会把传真机借给顾客。的确，只要把传真机借给顾客，问题就解决了。但答案真的如此简单吗？今井正明认为，这个例子不仅反映了顾客的需求，还说明旅馆自身缺乏满足顾客需要的标准化流程。顾客今天需要的是传真机，明天就可能需要针线包。旅馆不能每次在顾客提出需要的时候才去找可用的产品。

在今井正明看来，这家旅馆应该建立一个标准化的流程，将顾客的突发需求进行分类管理，将旅馆能够解决的简单需求罗列出来，比如提供针线包、购置传真机等，而面对比较复杂的租车、短途出游等需求，旅馆可以为顾客提供价格参考、路线选择等服务。这样一来，旅馆就通过建立一套标准化判断方式和流程，改进并提升了服务的质量和效益，并最大限度地避免了顾客的抱怨和投诉。同样，这个标准化流程也需要在执行的过程中不断接受实践的检验，在检验中发现问题并进行改进。我们也可以将对问题的处理措施细化为标准化流程，从而构成一个循环的工作程序。总之，标准化就是指组织进行各种内部的行动，来维持和改进组织内部的标准。

（二）消除冗余

这里的"冗余"是从日语里翻译过来的，原文是一个日语词汇 Muda，指的是无效的、多余的、不产生任何价值的工作、流程和方法。今井正明指出，这里的冗余至少包含着两层含义，即无稳和无理。

所谓无稳，就是指工作的不规律。无论何时，只要工作人员的工作被中断，或是机器生产被中断，就表示出现了无稳。例如，工人们在一条流水线上工作的时候，某个工人的工作出现了失误，降低了整个流水线的工作效率，拉长了工作时间，这时其他工人就必须做出调整来配合工作最慢的人，这就导致整体的工作节奏被打乱，于是无稳就出现了。

所谓无理，就是指员工工作的流程和机器的运行还没有达到最高的效率。比如，一个刚入职的员工没有接受充分的训练就投入到最难的工作中，这种困难不仅会给员工造成心理压力，还会导致工作失误和效率下降，此时无理就出现了。

我们应该如何消除冗余？今井正明指出，通过改革生产流程和关注员工两种方式消除可能出现的冗余问题。

第一，改革生产流程。今井正明指出，生产流程包含很多环节，而每个环节都有一定的改进空间，因而管理者需要细心观察这些环节并参与其中，只有这样才能消除生产流程中可能出现的冗余。比如，在裁缝厂中，员工常常需要先从右侧的箱子中拿出几块布料，然后交到左手，最后放到左侧的缝纫机下进行缝合。管理者完全可以调整一下布料摆放的位置，这样就能够显而易见地提升员工的工作效率。但是管理者需要参与到工作现场才能想出这样的改进措施，如果只是待在办公室里面对一堆报表，是无法想出办法来的，这也是今井正明强调现场重要性的原因所在。

第二，关注员工。今井正明认为，员工是现场中最重要的人力资源，也是企业里与工作最直接相关的人员。因此，员工往往能最先感受到工作上的不合理之处，也是最能够提出符合真实需要的改进方法的人。所以，管理者不应该躲在报表之后或办公室里，而是应该走出办公室，积极地和基层工作人员进行沟通，关注他们的需要和愿望，改善员工的工作条件和环境，从而提升企业产品与服务的质量和效益。

总的来看，消除冗余就是通过改革生产流程和关注员工需求的方式，来消除工作中的不规律、不合理之处。

（三）环境维持

环境维持是从制造业发展出来的一个概念，指的是维持一个安全、稳定的生产环境，后来这一概念扩散到服务业等领域，通常被用来泛指维持一个能够高效完成任务目标的工作流程和工作氛围。今井正明指出，环境维持需要五个步骤，分别是整理、整顿、清扫、清洁、素养。由于这五个词对应的日文单词都是以 S 开头，因此这五个步骤又被称为"5S"步骤。

第一，整理。整理就是指将现场中的生产资料进行归类整理，划定必需品的范围并设置好区域，将不需要的物品全部移出现场。今井正明认为，一般情况下，未来 30 天以内不需要的东西都可以被移出现场。通过这样的整理，一方面能够使原有的工作环境焕然一新，所有的生产必需品都能够触手可及，极大地提升生产效率；另一方面，可以让员工和管理者明白工作现场中充斥了多少无用的工具和废料，对原来低效的工作流程有一个具体的感性认识。

第二，整顿。整顿就是在整理的基础上，对工作现场进行进一步的精细化划分，对生产资料进行分类并做出标记，对产品进行严格的控制和划分。这样既能够让员工快速开展工作，也能够让管理者对现场的情况快速做出判断。比如，缺少了什么工具、什么产品的产量需要增加等。

第三，清扫。清扫就是将工作环境打扫干净。除了干净整洁的工作环境，清扫更大的作用在于能够关注到平时较少关注的死角和盲区。比如，可以通过清扫的方式来关注机器底部的漏油情况，从而对机器的状态做出判断。

第四，清洁。清洁指的是员工和管理者必须穿戴正式的工作服，保持个人的清洁，从而维持一个健康、干净的工作环境。除此之外，清洁更重要的目的在于让整理、整顿的工作每天都被执行好。可以说，清洁是对前两个步骤的重复和维持，其关注的是步骤的规律性和周期性。

第五，素养。如果说清洁关注的是制度层面，那么素养关注的就是员工的心理层面。如果一位员工能够在不被督促的条件下，每天自觉地完成整理、整顿、清扫等工作，那么这位员工就是一个有素养的员工。

一个化学公司的经理曾给今井正明讲过这样一个故事：原来企业里的工作人员总是懒懒散散的，对待工作也是漫不经心，因此他们在工作中总会出现很多低级错误。后来管理者对工作现场进行了整顿和清洁，结果最懒散的员工都改变了工作态度，变得认真、勤奋起来。今井正明认为，这个故事恰好说明"5S"步骤的巨大力量。"5S"步骤通过构建一种富有规律和秩序的工作环境，来影响员工的工作状态和工作心理，继而引导员工的行为和态度，提升了现场工作的效率。总的来看，环境维持就是通过整理、整顿、清扫、清洁、素养五个步骤，来构建一个充满活力和富有秩序的生产环境。

扫码获取附赠资料

08

《精益思想》：
精益生产管理的新飞跃

精益思想的奠基人——詹姆斯·P. 沃麦克

詹姆斯·P. 沃麦克，美国的精益大师、精益企业研究所的创始人、精益思想的奠基人，曾担任麻省理工学院资深教授，主持了许多有关全球生产实践的比较研究，其中"国际汽车计划——IMVP International Motor Vehicle Program"研究项目曾获得超过 500 万美元的投资。

詹姆斯·P. 沃麦克

应用精益流程导师——丹尼尔·T. 琼斯

丹尼尔·T. 琼斯，英国作家和研究员，新乡奖（被誉为"制造业的诺贝尔奖"）获得者，与沃麦克一起致力于汽车行业的研究，共同提出了"精益生产"概念，让"精益生产"一词广为人知。二人共同的代表作有《改变世界的机器》《精益思想》《精益服务解决方案》《汽车的未来》等。

丹尼尔·T. 琼斯

一、为什么要写这本书

20世纪中叶，美国的汽车工业发展处于鼎盛时期，此时美国汽车工业采用的是以美国福特公司为代表的大批量生产方式。这种生产方式的特点是通过大量的专用设备、专业化的大批量生产来降低成本、提高生产率。在当时，这是一种先进的管理思想与方法。这样的生产方式让美国福特公司一天的产量就超过了日本丰田汽车公司从成立到1950年十几年间的总产量，而汽车工业是日本经济倍增计划的重点发展产业。

所以，日本派出了大量的人员前往美国考察。其中，丰田汽车公司代表团在考察了美国几个大的汽车厂后，得出的结论是：大批量生产方式在缩减成本方面还有提升的空间。此外，丰田汽车公司面临需求不足、技术落后等严重困难，再加上战后的日本国内资金严重不足，难以有大量的资金投入来保证日本国内的汽车生产达到有竞争力的规模。

基于这样的背景，丰田的大野耐一等人在不断探索之后，终于找到了一套适合日本国情的全新的多品种、小批量、高效益和低消耗的生产方式。这种生产方式在1973年的石油危机中体现出了巨大的优越性，并成为20世纪80年代日本在汽车行业竞争中战胜美国的法宝。

于是，日本的这种生产方式开始让全世界瞩目，这也促使麻省理工学院沃麦克及琼斯教授发起了"国际车辆机动计划——

IMVP"汽车研究项目，组织了多个国家的专家，花费了 5 年时间，耗资超 500 万美元，广泛深入到全球汽车制造公司之中，对工厂车间直至决策管理层进行了深度研究，探索了大批量生产和日本丰田汽车公司生产方式的差别，最终将研究成果撰写成一本影响深远的经典管理著作，这就是《改变世界的机器》。在这本书中，沃麦克等人对日本丰田汽车公司的生产方式进行了理论化总结，并重新命名为"精益生产"。"精益生产"一词随着《改变世界的机器》一书的出版，快速传播到世界各地，引起了极大的反响。

精益生产这种生产方式引起了越来越多读者的兴趣，很多企业想尝试精益生产方式，却不知道该怎么做，并提出了很多问题，但在《改变世界的机器》中找不到想要的答案。因为这本书关注的是产品开发、销售和生产的全流程，而不是普遍的原则。这使沃麦克及琼斯等人认识到：应该准确地概括总结出"精益思想"，找出实现精益的通用方法，为管理者提供一种可靠的行动指南。此外，已经实行精益生产的企业要实现一个新的"飞跃"，就必须以一整套新思想来考虑企业的作用、职能和职务安排，实现从概念设想到投产、从订货到送货、从原材料到最终产品的价值流的通畅运行。最终，《精益思想》作为《改变世界的机器》的续曲诞生了。

二、分析对象："精益生产"与"精益思想"

精益思想是从理论的高度和精益生产实践中总结出的有关精益生产方式的全新管理思想。那么，什么是精益？什么是精益生产？什么是精益思想？

（一）什么是精益

"精益"为舶来语，英文是"lean"，意为"健壮的没有多余脂肪的瘦"。从字面上来看，"精益"的"精"体现在质量上，追求"尽善尽美""精益求精"；"益"体现在成本上，因为只有当成本低于行业平均成本时，企业才能获得收益、才能产出更多的经济效益。由此看出"精益"有两大目的：一要确保顾客满意；二要保证盈利，实现可持续发展。精益的概念源于丰田汽车公司的生产方式，后经沃麦克及琼斯的总结，最终命名为精益生产。

（二）什么是精益生产

精益生产能以越来越少的投入获取越来越多的产出。总的来看，精益生产有两大特征，分别是准时制生产和全员积极参与改善。

1. 准时制（Just In Time，JIT）生产

准时制生产又名拉动式生产，是一种全方位的系统管理工程，指的是在所需要的时刻，按所需要的数量，生产所需要的产品（或零部件）的一种生产模式，其目的是消除库存、优化生产物流、减少浪费，提高企业的生产效益。这种生产方式像一根无形的链条，调度并牵动着企业的各项工作能按计划顺利实施，并准时组织各个环节进行生产，既不超量，也不超前。

在准时制生产过程中，通过"看板"工具来运营这种系统，在各个作业之间传递信息。比如后道工序根据"看板"向前道工序取货。可以说，"看板"工具是准时制生产现场控制技术的核心。

准时制生产的最终目标是获取最大的利益，为了实现这一目标，准时制生产方式提倡遵循物流准时原则、管理准时原则、财务准时原则、销售准时原则以及准时生产原则。

总的来说，准时制生产以准时生产为出发点，在正确的时间，生产正确数量的产品或零件，做到及时生产，其目的是消除浪费，最终实现企业的最大经济效益。

2. 全员积极参与改善

员工是精益生产改善的创意源泉，员工参与公司的管理、运作，有利于企业最大化地创造价值。所以，上层管理者要努力营造一种积极的氛围，让一线员工愿意提出问题或改进意见，并自愿参与改善活动。比如，在丰田汽车公司，每年员工都会提出的改善提案超过百万条，并且每天会有几千个改善方案在实施，而这些方案也为企业创造了巨大的经济效益。实施全员参与改善的目的是把这种改善活动和理念融入企业文化和企业精神中，促进企业的健康发展。

推动全员参与改善有多种实施方式：建立精益推进小组、确定过程改善小组、质量功能展开法、防错法、成立改善工作团队、"记分卡"、成立准时生产促进办公室等。总的来说，全员积极参与改善是精益生产方式的重要特征，它能充分利用企业的人力资源，减少人员浪费，实现企业效益的最大化。

（三）什么是精益思想

实际上，精益思想是人、过程和技术的集成，其中包括精益生产、精益管理、精益设计和精益供应等一系列思想，是一种全新的生产哲学。这种生产哲学给企业提供了以越来越少的投入获取越来越多产出的办法，给客户提供了他真正需要的东西，追求成本与质量的最佳配置，追求产品、性能、价格的最优比。精益思想是一种以"生产靠近消费者，即以消费者为中心"为基本逻辑，以"消除浪费，创造价值"为核心目的的强有力的思想工具。这里的消除浪费，主要指消除精益生产中的七大浪费，包括等待的浪费、搬运的浪费、不良品的浪费、动作的浪费、加工的浪费、库存的浪费、制造过多（早）的浪费。

三、核心思想：精益五原则

沃麦克等人把生产理论简化到了一个新的理论高度，总结出精益五原则，分别是：定义价值、识别价值流、流动、拉动和尽善尽美。

第一条原则：定义价值

价值是精益思想的关键出发点，它是由生产者创造的。然而由于种种原因，生产者很难确切地定义价值。精益思想的价值观，强调以客户为中心来审视企业生产中每个环节的各种活动，以此来减少低价值的动作、消除无价值的动作，在提高客户满意度的同时，降低企业的生产成本，最终实现企业与客户的"双赢"。而产品（或服务）的价值是由客户确定的，生产者真正要做的就是站在客户的立场上重新思考价值。精确地定义价值是精益思想的第一步，第二步则是确定每件商品（或一系列产品）的全部价值流。

第二条原则：识别价值流

价值流是指企业在将原材料加工为成品的过程中，对产品赋予价值的全部活动，包括：①从概念产生到投入生产的产品开发过程；②从物料需求制定到供应商送货的信息过程；③从原材料到产品的加工转换过程。识别价值流要求从最终客户的立场来全面考察价值流，发现浪费并消除浪费，从而寻求生产过程的整体最佳。我们可以用"价值流分析"方法对企业价值流进行分析，区分价值流中的增值活动和非增值活动，并且对非增值活动进行持续改善，以达到消灭浪费的目的。识别价值流是精益思想的起点。在精确定义了价值、识别了价值流、消除了明显的浪费后，接下来就要让创造价值的各步骤流动起来。

第三条原则：流动

精益思想强调的是不间断的"流动"，要求整个生产过程中有价值的活动都要流动起来。但受限于传统部门分工和批量生产等传统观念和做法，企业的价值流动经常会被阻断。生产活动被阻断就会产生浪费，所以要组织全员使用持续改进、准时制生产（JIT）以及单件流等方法来创造价值的连续流动。要实现连续流动，就要确保生产的每个过程和每个产品都是正确的，保证环境、设备是完好的。让价值流动起来，才能为企业创造最大的价值。"流动"和"拉动"是精益思想实现价值的中坚力量。

第四条原则：拉动

"拉动"就是按客户的需求投入和产出，让用户在需要的时间得到需要的东西。"拉动"原则以客户为出发点，实现了需求和生产过程的对应，减少和消除了过早、过量的投入，大大压缩了生产周期，减少了库存浪费和过量生产浪费。拉动原则更深远的意义在于企业具备了用户一旦需要，就能立即进行设计、计划和制造出用户真正需要的产品的能力，最后直接按用户的实际需要进行生产。

由于以上四原则（定义价值、识别价值流、流动和拉动）的相互作用，价值流动的速度越来越快，这样就必须不断地用价值流分析方法找出更隐藏的浪费，做进一步的改进。这样的良性循环才日渐趋于尽善尽美。

第五条原则：尽善尽美

"尽善尽美"包含三层含义：用户满意、无差错生产和企业自身的持续改进。不过，"尽善尽美"永远只是一个目标，因为尽善尽美意味着完全消除浪费，而这是不可能的，但是持续地追求尽善尽美，会造就一个充满活力、不断进步的企业。

四、核心问题：如何做到精益

除了遵循以上五项原则之外，还有其他方法来实现精益生产。

第一步：确定变革代理人

这个变革代理人需要具有开拓进取的品质，具有启动精益生产的意识。在刚开始尝试精益生产方式时，变革代理人并不需要非常详尽的精益知识，但应具有获取精益知识的强烈意愿。所以，变革代理人需要花费大量的时间，并借助专业的精益人员的帮助来了解精益概念、学习精益知识。

变革代理人要尽快将精益思想变为他们的第二本能，要真正了解有关流动、拉动以及尽善尽美的各种技术，而要获得这些技术唯一的途径就是不断参与改善活动，坚持下去，直到达到可以把精益技术传授给别人的水平。然后变革代理人要抓住危机，或创造危机，以此来寻找一个变革杠杆。因为组织机构在遇到危机时，会愿意在短期内实行必要的步骤来全面采用精益思想，所以变革代理人要抓住这个宝贵的机遇，集中全部精力，用精益方法解决问题。在这种情况下，变革代理人需要在两个星期内绘制出价值流图，只有这样，才能达到立竿见影的效果。

第二步：创建一个组织机构，引导价值流

比如，创建一个精益促进机构，这个机构可以和质量保证部门合作，从源头上消除各种浪费，使价值顺利流动起来。

第三步：建立鼓励精益思想的业务系统

比如，首先使用年度策略部署发布法来使整个机构内的人员都熟知每年所要完成的精益任务；然后创建一个精益会计系统，按照价值流进行成本核算、分析和管理；接着，让每个人都能看到自己所要做的事情和如何改善这些事情；此外，向每个员工传授精益思想及技能；最后，把"工装"调整到适当规模，提供最合适的价值流。

第四步：完成转型

到这一步时，组织已经重整，且有了适当的业务体系，企业正顺利地朝着完全转型推进。这也是最后一步，这时需要弄清供应商和分销商是否和企业在同一条战线上，并按消费者的需要来创造价值，自动地自下而上推行精益思想。

以上便是实行精益生产的步骤（或方法）。

此外，掌握一些精益生产工具也有助于我们做到精益，比如价值流程图（Value Stream Mapping，VSM）、标准化作业（Standard Operation Procedure，SOP）、全员生产维护（Total Productive Maintenance，TPM）、精益质量管理（Excellent Quality Management，LQM）等。这些精益工具是实际生产过程中会用到的工具方法，有助于消除浪费，追求精益求精，尽善尽美。

09

《美国官僚体制》：
官僚背后的逻辑，体制变革的本质

美国公共行政领域的权威
——詹姆斯·Q.威尔逊

　　詹姆斯·Q.威尔逊（1931—2012），出生于美国，1952年毕业于雷德兰兹大学，后在芝加哥大学继续深造，1959年获得博士学位。从1961年开始，威尔逊的大部分时间都在大学任教，他先后在加州大学洛杉矶分校、哈佛大学等著名高校任职。2003年他被美国总统授予"总统自由勋章"。

詹姆斯·Q.威尔逊

　　威尔逊是美国杰出的政治科学家和公共行政领域的权威，他曾是总统外国情报咨询委员会成员，也是美国政治科学协会的前主席。他研究的领域十分广泛，从犯罪行为到社区治理，从美国体制到公民参与，他都有令人印象深刻的想法和观点。在预防犯罪领域，他首先提出了"破窗理论"。在公共行政领域，他提出了公共舆论会影响公共政策的观点。可以说，要研究美国的公共行政，威尔逊是我们绕不开的一个学者。

一、为什么要写这本书

在当前的生活中，排队是一件再平常不过的事情了。坐地铁要排队，在食堂吃饭要排队取号，去银行办事也要排队。但是在不同地方的排队体验可能会千差万别。说到这里，问题来了，为什么同样是排队，在不同地点的体验会如此不同？是什么导致这种差异的出现？在理解这些差异的基础上应该如何进一步提升公共服务的质量？

1989 年詹姆斯·Q. 威尔逊写下了这本《美国官僚体制》，威尔逊从自身在美国官僚体制内部的任职经历出发，为我们勾勒了一个真实的官僚制场景，并且从真实经验中提炼出具有普遍意义的结论和方法。

这本书的重点在于威尔逊直接以自己几十年从政、学术研究和教学生涯中积累的大量实例、数据和研究成果为基础，采取以点带面的方法，详细深入地描写了美国政府机构的运行状况，并且总结出一系列具有普遍意义的结论与观点。这本书的独特之处在于为公共机构的低效无能提供了新的解释，威尔逊认为是组织机制、组织文化、工作程序的共同作用导致公共机构的运行出现了问题，而不只是因为公共机构工作人员的素质低下。

二、美国官僚体制现状：四种组织、四种角色

美国官僚体制的现状是什么？在回答这个问题之前，威尔逊首先为我们厘清了一个概念：组织是什么？

毫无疑问，官僚体制是一种组织。威尔逊认为，人们把组织结构图、组织中的职位当作组织的观点是错误的。这种观点只关注到了组织的外在表现，而忽视了组织的内在本质。组织之所以是组织，是因为组织产生了协作行动，而不是产生了精巧的权力结构。威尔逊认为，组织应该是一个由两人或两人以上的力量体系组成的有意识的协作行动。组织关心的是中心任务而不是权力分配，中心任务的解决关系到组织的生死存亡。比如在商业竞争中，公司这一组织的中心任务就是持续盈利。同时组织要致力于在组织内部和外部获取对中心任务的广泛支持。

（一）四种组织

威尔逊认为，美国官僚体制中的组织可以被分为四种类型。

1. 生产型组织

所谓生产型组织，就是这一组织中的投入和产出都能够被清晰地观察到，同时管理人员有一个符合组织目标的活动体系来指导自己的行动，最终能够产生比较良好的成果。以美国邮政总局为例，它的投入就是投入的资金和人力，它的产出就是快递送达的速度和准确率等指标。威尔逊认为，这些能够被观察到的投入和成果指标简化了管理问题，降低了管理难度，能让组织快速提升效率、减少投入。

美国邮政总局的管理人员追求的目标就是更少的资金和人力投入，更多更快更准时的邮政服务。但问题也来了，生产型结构往往将大部分的注意力集中在容易测算的成果上，忽略了那些不容易测算的成果。美国邮政总局非常重视快递的准点到达率，他们强调某件快递要在几十个小时内到达某个城市。下属企业为了不超过快件到达某一城市的时限，只能尽快将大量的快递派送到当地的站点。但是当地的站点往往没有那么高的派送能力。于是出现了一个很奇怪的结果：从总公司看，快递都能准时、快速地的到达某一市，效率很高。从顾客来看，快递总是积压在当地的站点，顾客满意度下降。

2. 程序型组织

程序型组织就是组织内部的投入很明确，但是成果不是非常明显，其管理人员很少有一个明确的工作指导。

威尔逊指出，程序型组织的管理往往以手段为中心，充满着标准作业流程，并且程序型组织产生的结果是不明确或无法测量、无法预测的。换言之，在程序型组织中，工作人员如何做工作比做这些工作有没有产生预期效果更加重要。威尔逊认为，这种标准化流程往往会阻碍程序型组织的发展，使组织逐渐僵化落后。

3. 工艺型组织

工艺型组织比较特别，他们的投入和活动很难被观察到，但是他们的成果比较容易被测算。比如在战争中，每支军队都处于相对隔绝的陌生战场之中，在喧闹、混乱中作战。指挥官往往只知道军队的大致位置和物资情况，他们只能对军队下相对宏观的命令，无法对具体的行动做出干预。比如指挥官会命令部队攻占某个高地，但是不会对攻占高地的战术做出具体安排。

威尔逊认为，工艺型组织的突出特点就是工作成果很大程度上依赖工作人员的工作作风和工作的责任感与使命感。假如一支军队军心涣散，无心作战，他们完全可以选择性地执行指挥官的命令。他们可以说半路遇到了大量敌军的伏击，只能撤退。由于可能出现这种情况，威尔逊指出，工艺型组织的领导不仅要教会工作人员正确的技术，还要设法引导职员在组织的使命和责任上达成共识。

4. 应付型组织

在这种组织中，工作人员的付出和成果都无法被观察到。领导者很难对工作人员的行为进行干预。比如在学校，校长既不能监督教师上课的效果，也不能判断学生到底学了多少。虽然校长可以去听课，但是听课可能会让教师的行为暂时发生改变，公开课的课堂氛围和平时上课的课堂氛围总是不一样的，有时候公开课还要经过反复排练，所以实际上校长并不能完全掌握教师教学的效果。同样，考试可以测出学生知识的掌握程度，但是考试分不清学生的知识是通过老师教授学习到的，是通过自学学习到的。

威尔逊认为，在应付型组织中，由于领导者缺乏相应的控制手段，他们只能通过招聘最佳人员，创造优质气氛来促进组织发展。组织的管理者往往倾向于给下属许多行动的自由，支持下属做出创新的成果。

（二）四种角色

介绍完美国官僚体制的四种组织类型之后，威尔逊进一步论述了美国官僚体制中的四种角色。角色意味着官僚体制中工作人员的行为模式，其往往在不同的组织环境中发挥独特的作用。威尔逊把美国官僚体制的角色分为四种。

1. 辩护者

所谓辩护者，就是领导者在组织中充当本部门利益的代言人，他们不断地向上争取预算，维护本部门利益，与其他部门开展竞争。比如美国国防部部长温伯格在任的时候，他就设法说服总统大量而全面的扩张国防开支，研制昂贵的新型武器，提高军队的自主性，独立开展采购。有意思的是，在温伯格担任国防部部长之前，他曾经担任美国行政管理预算局的局长，他在国防部增加的预算正是他之前所反对增加的财政开支。这也许能够说明领导者在官僚体系中的位置变化会导致他们承担的角色发生改变。

2. 决策者

所谓决策者，就是在研究问题，收集情况之后果断做出决策并付诸实际行动的人。他们的目标是理性的分析、合理地做出判断。同样是美国国防部部长，麦克纳马拉和温伯格截然不同。麦克纳马拉上任以后，开始大刀阔斧地削减预算，他认为国防开支应该与实际的作战需要相匹配。他在任期间，轰炸机和导弹的预算比例下降了10%，空军和海军的战斗机合并使用，五角大楼的供给系统被重建以削减开支。威尔逊指出，成功的决策者能够将组织的发展前景和工作人员的激励结合起来，从而让组织为实现决策者的目标而有效运行。

3. 预算削减者

顾名思义，预算削减者就是削减机构开支或减少机构活动的领导者，他们可能会缺少组织内部的支持，但是他们能够得到上级授权给他们相对更加灵活的处置权力和互动空间，因为上级总是希望削减下级组织的开支和缩减规模。

在经历温伯格、麦克纳马拉之后，美国国防部迎来了莱尔德部长。他面临的任务更加艰巨，他必须大规模削减因战争而极速膨胀的国防开支。虽然美国国防部内部并不欢迎这种行为，但是莱尔德部长还是积极运用总统授予他的处置权力，圆满完成了这一任务。莱尔德花费大量的时间与工作人员进行交谈，与将军们建立了良好的私人关系，并且进一步放宽了预算限度内地自主权力，虽然他压缩了预算，但是国防部的工作人员可以更加自由地支配开支。结果就是，当莱尔德在国会就削减国防部预算出席听证会的时候，竟然有很多将军私下到国会为他的计划辩护。

4. 谈判者

承担谈判者角色的领导就像私人企业的总裁一样，他们经常与各种外部和内部支持者谈判，以应对一些关键问题，从而减少压力和不确定因素，提高组织的效率。

比如，职业安全健康署是美国劳工部的一个下属单位，负责拟定工商界和劳工界两方都能接受的法案。劳工界通常认为职业安全健康署太过保守，总是将劳工的合法权益"拱手让出"，降低了劳工的工作待遇。工商界则认为职业安全健康署太过激进，总是提出一些无法接受的额外条件，导致商业成本激增。不难看出，职业安全健康署是一个夹缝中求生存的部门。邓洛普是福特总统任命的职业安全健康署的领导人，他试图既满足劳工界的要求，又满足工商界的要求。他通过大量的会议来重新解释复杂的法规，同时批准不同背景的人进入职业安全健康署任职，以减少阻力。最终，在他数十年的努力之后，职业安全健康署的法案在国会获得了通过。

三、美国官僚制的困境：任务目标关系和组织文化

威尔逊认为，美国官僚制的困境具有普遍性，官僚制中的任务目标关系和组织文化是官僚制运行陷入困境的主要原因。

（一）官僚制中的任务目标关系

所谓任务，就是组织需要完成的主要任务，这一任务关系着组织的生死存亡。所谓目标，则是组织想要达到的境地和状况，往往需要组织付出额外的努力。任务与目标之间的关系非常清晰，我们可以很明确地区分二者，比如企业的任务就是营利，企业的目标就是更低的成本、更多的营利。一旦这种要求进入公共部门，就会产生诸多的问题。威尔逊认为，公共部门的目标往往非常模糊，这就导致他们的任务也十分模糊，最终使组织要么偏离最初目标，要么陷入困境。

比如，在美国法律中，美国国务院的职责是"促进美国的长期安全和富强"。这就是一个非常模糊的表述，什么叫作"安全和富强"？什么又叫做作"长期的"？多久算"长期"？国务院的官员要不要为他任期以后的事情做规划？这种模糊的表述导致美国国务院并没有确定一个核心的任务，也就导致国务院与诸多部门之间产生冲突与职责交叉。比如最初美国国务院主管国内的事务，包括发布、保管国内的法律法令，为国内行政部门的人事任命做公证，保管国会的各类书籍和文件等，后来随着部门之间的职责冲突加剧，国务院的工作中心才转向外交方面。威尔逊指出，正是公共部门的目标模糊导致无法产生核心任务的共识，组

织内部充满了不同意见的交锋，最终降低了公共部门做出决策的效率，降低了公共服务的质量。

（二）官僚制中的组织文化

组织文化就是一个组织特有的对待其任务和人际关系的思维方式。就像人类的文化，这种组织文化也是在一代一代的传播中缓慢变化的。威尔逊认为，在美国官僚体制中，组织文化发挥着极为重要的作用。初期的组织文化可以凝聚组织内部的不同力量，为组织建立共同的使命感，促进组织的团结与发展。但组织文化发展到今天，已经成为官僚制阻碍创新的主要原因，具体表现在两个方面。

1. 组织文化导致选择性执行任务

威尔逊认为，一个组织内部的固有文化会对组织的行动产生强大的指导作用，这可能导致组织有选择地执行上级交代的任务。比如在美国中央情报局建立之初，其目标是对其他国家的战略意图和战略能力进行分析评估，起到类似政策研究室的作用。但是美国中央情报局的员工都是从各种特工机构抽调而来的，结果组织内部就形成了一种重视秘密活动和秘密收集情报的文化与氛围，这种文化导致美国中央情报局的战略分析功能逐渐减弱，最终为体制外的兰德公司等战略研究智库所替代。

2. 组织文化导致组织拒绝接受新任务

与中央情报局的选择性执行相比，美国联邦调查局则是拒绝接受新任务的典型例子。美国联邦调查局的组织文化是光明正大、整齐雅观，不受任何党派的影响来开展调查。他们不喜欢那种需要潜伏卧底、参与不正常交易的秘密调查，比如卧底潜伏、打入犯罪集团等。

四、如何变革官僚制：自主权与合同承包

威尔逊针对如何变革官僚制给出了自己的观点，包括合理运用自主权、利用合同承包两方面的内容。

（一）合理运用自主权

威尔逊认为，自主权是官僚运用权力的范围和限度，从级别来看，可以划分为基层的自主权与领导层的自主权。

1. 合理运用基层的自主权

我们常常能听到这样一句话："在职场上要抛弃在学校中学习到的一切东西。"这句话虽然有些偏激，却深刻反映出基层工作与课本知识之间的差距。反过来说，由于有限的课本知识或是规章制度无法全面涵盖瞬息万变的基层工作情况，在规章制度下充分授予基层工作人员自主权就是一个必然的选择。如果不能充分授权，就会导致基层工作人员循规蹈矩、僵化呆板。

2. 合理运用领导的自主权

在公共部门所依据的法律法规中，经常存在很多模糊不清的边缘地带。在这些模糊不清的边缘地带，公共部门的领导者具有一定的自主权，他们可以依据自己的意愿行事。威尔逊认为，面对这种情况，要合理划分领导的自主权，不能够为领导者留下太大的自主空间，避免公共机构产生腐败。

（二）利用合同承包

威尔逊认为，政府可以通过合同承包来分担公共服务，从而提高公共服务的质量，减少提供公共服务的成本。比如在丹麦，几乎一半的消防服务都是由私人公司提供的。因为据学者测算，政府消防队的成本比私人消防队的成本高了三倍，丹麦政府转而大力推广私人公司的服务。在提高公共服务的效率之外，合同承包还能够明确责任。

政府是一个庞大复杂的部门集合体，一项公共服务的提供往往涉及多个不同部门，不同部门之间的责任划分往往会导致推诿扯皮，最终伤害的是接受公共服务的公民。但是合同承包可以明确公共服务的单一提供商，同时政府也从公共服务的提供者转变为公共服务质量的监督者，这种责任的划分可以更好地解决推诿扯皮的问题，减少部门之间的相互冲突。

扫码获取附赠资料

如何做出
有效的管
理决策

10

《管理行为》：
揭开管理的真实面纱

决策过程理论的奠基人——赫伯特·西蒙

赫伯特·西蒙（1916—2001），出生于美国威斯康星州的一个犹太家庭，1936年从芝加哥大学毕业，毕业后先后在加利福尼亚大学、卡内基－梅隆大学执教，主要开展组织行为和管理科学的研究。西蒙在计算机科学、经济学、哲学方面均有涉猎，1995年在国际人工智能会议上被授予终身成就奖，同年当选为中国科学院外籍院士。

赫伯特·西蒙

西蒙是20世纪罕见的全才型科学家，被后世誉为"心智计算的先驱""人工智能之父"。在管理学领域，他提出了"有限理性"和"满意度"假说，深刻影响了组织管理、公共行政等学科的发展，还被认为是决策过程理论的奠基人；在经济学领域，他在1978年获得诺贝尔经济学奖；在计算机科学领域，他于1975年获得图灵奖，这是计算机科学领域的最高奖项。

一、为什么要写这本书

《管理行为》是西蒙重要的著作之一。在这本书中，西蒙主要提出了"有限理性"和"满意度"假说，同时还提出了决策过程理论。西蒙写作这本书是为了精确地描述管理组织的面貌和运转状况，因为只有在此基础上才能完善或重建组织管理理论。

在生活中，"想要做什么"和"应该做什么"是有很大差别的，这就是人的现实和理性生活的冲突。无独有偶，西蒙也在管理学的研究中发现了这个问题，他认为传统管理学研究中所说的完全理性的管理者根本不存在，现实生活中的管理从来都不会遵循完全理性的规则去运作。那么现实生活中的管理是如何运作的呢？真实的管理者又会遵循什么样的行为逻辑呢？

1947年，赫伯特·西蒙写下了这本《管理行为》，从组织管理出发，强调了决策在管理过程中的重要性，还对管理者在决策中的理性展开了探索，为我们描述了一个真实的管理过程。可以说，这本书为我们揭开了真实管理的面纱，帮助我们进一步洞悉管理决策过程中的各种行为背后的逻辑。

二、组织管理理论：决策、价值因素和事实因素

组织管理的真正基础是什么？西蒙在回答这个问题之前，首

先对传统的管理学理论展开了批判。

西蒙认为，传统的管理学存在一个重大的缺陷，即存在着对立的管理原则。比如管理学家会告诉我们：一个良好的组织应该既集中统一又充满活力。但是我们都知道，这两点在实际管理中很难得到平衡，二者之间总是充满了矛盾和冲突。传统观点并没有说清楚到底哪个管理原则更适用于实际的管理。据此西蒙认为，传统的管理学理论只是描述和评价了组织的管理状况，而没有真正理解管理行为背后的原因，自然也就不可能提出用于指导管理行为的有效原则。

西蒙举了一个例子来说明他的观点。他说，我们能够在一些运行良好的组织中看到优秀的领导者经常发挥着重要的作用，于是我们总结出一条经验：优秀的领导者在组织中非常重要。但是反过来说，一个组织有了一个优秀的领导者就万事大吉了吗？当然不是，一个组织的成功还离不开团队的配合、成员的协调等多种因素，西蒙认为这种简单的推断无法帮助我们真正理解管理的本质。诚然，西蒙也承认"集中统一""优秀的领导者"这些内容都是组织在管理过程中应该关注的指标，但是这些指标并不能成为分析管理内容的准则。西蒙认为，在组织的管理过程中我们应该以总体的效率为指导，并在管理过程中注意衡量不同的利益和要求。

我们应该如何衡量总体的效率呢？西蒙认为有如下两点。

第一，我们要明确组织管理的核心。

西蒙认为，组织管理的核心是决策。所谓决策，就是行动者从所有的备选行动方案中，有意或无意地选择特定的行动方案的过程。在这个过程中，如果一个人选定了某种特定的行动方案，就势必放弃其他的行动方案。西蒙之所以认为决策是组织管理的核心，是因为在组织运行的过程中，对于组织中的任何一个人来说，任何时候都存在着大量可能的备选行动方案，每个人都会采取其中的某一种行动方案，不同人的选择最终构成了组织的集体行动。实际上，组织管理就是通过不断影响组织中的每个人，并促使他们做出符合组织希望的决策的过程。

接着，西蒙指出决策还具有相对性和层级性。

所谓相对性，就是指一切决策方案都带有某种程度上的折中，我们最终选择的方案或许不是最完美的行动方案，但一定是在当时的情况下可以选择的最佳行动方案。具体的决策环境必然会限制行动方案的数量和内容，同时也会影响决策目标的实现程度。西蒙还指出，由于多个决策目标的相对性的相互影响，我们不可能实现每一个目标，所以我们只能寻找一个共同的衡量尺度。

所谓层级性，就是指一个组织内部的决策是具有层级系统的，较高层级的目标的实现离不开低层级的工作，每一个组织中的决策都会受到组织的总目标的指导。但是这种层级性也并不是完全等级分明的，只要具体的决策行为有助于总目标的达成，这种决策行为就是有价值的。

第二，我们要明确组织管理过程中价值判断和事实判断的区别。

所谓价值判断，就是导向最终目标选择的决策；所谓事实判断，就是包含最终目标实现的决策。具体怎样理解这两个词组的含义呢？比如"我要好好学习"就是一个典型的价值判断，因为它并不包含具体的行动方案，而是一种导向性的决策行为。而为了达到"好好学习"的目标而制订的一系列计划或决策就是典型的事实判断，它们被包括在最终目标中。

西蒙认为，组织中的任何决策都包含着价值判断和事实判断两种因素。虽然组织中的大部分决策看起来是事实判断，但是任何决策中都包含着价值的因素。比如公司今天决定开发一种新的产品，虽然这只是公司决定怎么生产新的产品，但是实际上这种产品的开发往往包含着公司的价值观和理念。

同时，西蒙认为价值判断和事实判断之间也存在复杂的关系。一般来说，价值判断可以用来评价事实判断正确与否。同时，随着组织层级和目标分解的增多，越是高层，越是偏向于做出价值判断；越是底层，越是偏向于事实判断。这种价值判断和事实判断之间的此消彼长往往会带来很多问题，导致组织出现目标偏差的现象。

比如，公司总部决定，要勤俭节约，减少办公用品的浪费。下级公司就会发出通知，必须勤俭节约，公司办公用品数量减半。等到通知再发到基层公司，基层公司就会通知，严格勤俭节约，公司不再提供办公用品。这种政策执行在不同层级组织间的逐渐走样，就反映出价值判断和事实判断之间的复杂关系。

第二部分：管理决策内容——有限理性和满意解

西蒙认为，决策这一管理活动包括"有限理性"和"满意解"两方面的内容。

（一）有限理性的内容

所谓有限理性，就是指人们在决策过程中总会受到这样或那样的外在因素的影响，导致决策时无法达到完全理性，人们的理性总是有限度的。西蒙认为，决策是从多个备选方案中选出其中一个的过程，在这个过程中，不应该因为对人类理性层面的特别关注，就断言人类一般都是理性的。换句话说，他认为由于我们一直在追求完全理性的决策，导致我们经常忽视了非理性因素的存在。

　　西蒙认为，所谓理性就是根据评价行为结果的某些价值系统来选择偏好的行动方案。比如某人想要获得一份好工作，好工作的要求是高学历，那么他就会在考试的时候更加努力，希望能够取得更高的分数，从而获得上好大学的资格，这时他的行为就是理性的。但是西蒙认为这种简单的理性推断根本站不住脚。比如虽然这个人非常努力地准备考试，但是考试内容非常简单，即使不学习的人也能够拿到很高的分数，这个人的努力完全无法获得应有的回报，这时他好好学习的行为还是理性的吗？这时他的理性选择应该是花一部分时间去实习，获得更多的工作经验。

　　西蒙还指出，理性所遵循的价值观是不同的，不存在完全统一的价值观。比如某人认为好好学习是理性的，别人认为经常去实习才有助于成功，这时他们谁才是理性的呢？恐怕很难有一个统一的答案。西蒙认为，解决这种问题的唯一手段就是将理性与适当的限定词搭配使用。如果某项决策能在具体情况下实现价值的最大化，就可以称之为客观理性决策。但如果只是取得了决策者满意的效果，就可以称之为主观理性决策。如果决策关注的是个人目标，就是个人理性；如果决策关注的是群体目标，就是群体理性。总而言之，理性不是完全的，而是有限的。

（二）满意解的内容

　　所谓满意解，就是人们在面对问题寻求解决方案的时候，往往不是寻求最佳的解决方案，而是寻求能使自己满意的解决方案。西蒙认为这是由于有限理性的存在，人们无法寻找出所有的备选行动方案并做出选择，因而只能在现实条件的影响下力所能及地寻找自己满意的备选方案并做出选择。这种寻求满意解的决策难以实现的背后主要有三个原因。

第一，决策预期的难题。

西蒙认为决策的结果是无法预期的，虽然我们会尽可能地描述决策后出现的结果，来帮助我们做出选择，但实际上这种预期永远无法与真实的体验相比。就像我们经常参加模拟考试，但到实际考试，我们还是不免会紧张。同时西蒙指出，我们的偏好也会发生转移，这种转移可能导致我们对于最初的目标失去兴趣，从而影响评价的准确性和一致性。

第二，行为的可行性范围。

西蒙认为我们之所以只能想出有限的几个可能方案作为备选，是因为我们自身的行为是具有可行性限制的。比如现在有一堆一百多公斤的重物需要搬运，瘦小的人会想着从哪里找到工具来辅助，壮硕的人可能直接就自己开始搬了。这种自身能力的限制导致我们其实没有意识到，自己也是提出备选方案的潜在影响因素。同时，不同方案的独特结果也会对我们产生影响。比如虽然自己搬动重物的行为简便易行，但是可能会造成受伤的风险，因此虽然有些人自己搬得动，但是还会选择使用工具。

第三，个人行为的训练性和外在刺激。

训练性就是我们可以对自己的行为进行调整，以达到我们期望的目的。比如我们可以通过模仿来学习他人的技能。同样西蒙认为这种训练性可以用在决策之中，我们总会寻找一些过去的案例来帮助我们进行判断和估计，所以这种学习的过程实际上帮助我们剔除了一些过时和无效的方案，我们无须再探究出所有的解决方案，只要按照前人的路径前进即可。

外在刺激也会影响人们提出备选方案的过程。人们可能在关注到自己能够理解的情景要素的时候，就会做出具体的行动。比如在聚会中看到自己熟悉的面孔，我们就会直接向他走去，这时我们并没有关注到其他人。这种外部刺激会将人的注意力引向一些特定的要素之中，同样人也可以通过自我规劝来设定自己的注意力方向，进而影响自己的行动。

扫码获取附赠资料

11

《竞争大未来》：
企业发展的核心竞争法则

西方世界在战略领域最具影响力的思想家
——加里·哈梅尔

　　加里·哈梅尔（1954— ），出生于美国的密歇根州，从小就接受了良好的家庭教育，后获得密歇根大学的博士学位，主修国际商业。

加里·哈梅尔

　　此后，哈梅尔在伦敦商学院任教，主要教授工商管理硕士（MBA）课程。在学校教书的同时，哈梅尔意识到，管理学尤其是商业管理，不能局限于理论教学，更应该关注真实的企业竞争和管理实践。因此，和很多的管理学大师一样，哈梅尔毅然离开了学术界，投身到商业领域。

　　哈梅尔在学术方面也取得了不容小觑的成就，他与美国学者普拉哈拉德联手在《哈佛商业评论》上发表过多篇论文，并多次获得了麦肯锡奖，他也因此被《经济学人》杂志誉为"世界一流的战略大师"，被《财富》杂志评为"当今商界战略管理的领路人"，另一位管理学大师彼得·圣吉评价他是"西方世界在战略领域最具影响力的思想家"。

一、为什么要写这本书

1994 年，加里·哈梅尔敏锐地意识到企业的竞争不应该着眼于当下，而应该着眼于未来。于是他带着自己的观点访谈了很多公司的首席执政官，并在此基础上，把自己的学术研究和调研成果加以总结提炼，最终写出了这本《竞争大未来》。在这本书中，他详细论述了为什么企业应该关注未来的竞争、企业应该如何运用策略赢得竞争等问题，为未来的商业发展和企业研究提供了历久弥新的观点和理论支持。

这本书一经问世，就被众多商业刊物誉为"近十年来最具影响力的商业类书籍"。在这本书中，哈梅尔对企业把精力放在从对手那里赢取市场份额的做法进行了批判，他从各种角度论述了"企业为何应该关注未来的竞争而不是当下的得失"这一问题，认为企业应该把关注点放在自己的核心竞争力上，而不是放在对手的策略上。同时，哈梅尔在这本书中首次提出了"核心竞争力"这一概念。

二、企业竞争的新背景——未来

企业竞争的新背景是什么？哈梅尔认为，对这个问题的回答可以分为两个方面：一方面是过去的消失，即由于技术的进步和商业环境的变化，企业过去的经验开始变得不再重要了；另一方面是未来的特点，即未来的竞争在智力、发展途径、市场份额等方面产生了显著的变化。

（一）过去的消失

曾几何时，通用、标准石油、克莱斯勒这些耳熟能详的美国商业公司陪伴了一代又一代的美国人，但是不知道从什么时候开始，这些公司开始变得越来越专注年轻化了。他们不再同时为几代人服务，而只关注某一代人的需要，最明显的变化是，父母们对子女使用的产品、软件几乎一无所知。哈梅尔认为，这种趋势其实就是代表着商业竞争中的"过去"开始消失了，即公司的经验和管理模式已经不再适应时代和现实的需要了，因为它们已经开始变得落后和陈旧了。

1994 年，哈梅尔在美国的首席执行官群体中做了一次调查，其中近 80% 的人认为，直到 2000 年，产品质量仍是最重要的竞争优势。然而，日本的首席执行官群体中只有 42% 的人认为质量是一种重要的竞争优势，82% 的人认为创造全新产品的能力才是最重要的竞争优势。今天我们能够看出，日本首席执行官的选择是正确的。哈梅尔认为，美国的管理人员用过去的经验来指导未来的行为，这是美国企业在竞争中落败的主要原因。

哈梅尔指出，随着技术的日新月异和消费者偏好的快速变化，企业不应该再指望过去的经验能够为未来的发展提供借鉴，而应该当作过去的经营模式、消费者偏好都消失了，需要完全基于未来的特点制定企业的发展战略。

（二）未来的特点

哈梅尔认为，企业需要完全基于未来的特点制定发展战略。那么未来又是什么样的呢？未来具有什么样的特点呢？哈梅尔认为，未来应该是在竞争中更加强调智力领先，企业的发展路径更加多元，企业经营的市场份额更加精细。

1. 智力领先

所谓智力领先，就是指运用丰富的研究手段和各种智力资源，对未来的发展趋势做出预测和判断，力求获得比竞争对手更加深刻的认识。智力领先的目的在于预知未来的商机和模式，并运用这种判断开发领先的产品和服务，以求得完全的竞争优势。比如苹果公司就预见到智能手机的前景，最终成为智能手机时代的商业巨头。

2. 多元路径

这里的多元路径，指的是企业获得商业成功的路径会变得更加多元。一般来说，企业往往需要实验、开发、再试验、再开发等多个阶段才能推出顾客满意的商品，但是未来企业的产品可能并不需要尽善尽美，它们只要满足顾客的某一个方面的需要就能获得巨大的成功。比如美图秀秀可能不如一些专业的图像处理软件那样全能，但是它抓住了美颜这种单一的需求而获得了成功。

3. 市场份额

哈梅尔指出，未来的市场不再是增量竞争，而将是存量竞争。换言之，未来的企业不再过多地关注增加了多少客户，而是更多地关注如何为现有的客户提供精细化的服务。现在很多互联网公司都强调的"细分市场"，就是把市场按照不同的主体进行细分，比如针对学生投放课程广告、针对老年人投放健康广告等。

三、竞争的基本方针：发展预见能力、构建 战略框架、塑造核心竞争力

哈梅尔认为，如果企业想在未来的竞争中脱颖而出，那么就必须遵循三个基本方针，分别是发展预见能力、构建战略框架、塑造核心竞争力。

（一）发展预见能力

哈梅尔认为，在未来的竞争中，预见能力将对企业产生至关重要的影响，因为谁能够预见到未来的发展趋势，并且预先培养符合趋势的人才，谁就能在未来的竞争中处于不败之地。预见能力不是对未来的想象，而是基于企业对自身产业的深刻理解而进行的预测。比如苹果公司在20世纪70年代就预见到未来每个人都会拥有一台电脑，所以他们毅然投身于个人电脑的制造和生产之中。果然，他们制造的苹果2号电脑大获成功。哈梅尔认为，苹果公司出色的预见能力并不是因为管理人员的直觉，而是基于苹果公司对于电脑这一产品的深度理解和精准把握，他们正是看准了计算机的应用潜力，才预见到未来个人电脑的崛起。

那么企业应该如何培养预见能力呢？哈梅尔提出了两个策略：

● 第一，摆脱性价比的约束。一般来说，市场上总会有稳定的产品性能和价格的比值，也就是说，在一定的价位区间内，不同产品的性能和功能都大致类似，只有细节不同，

没有本质上的差异。哈梅尔认为，正是这种约定俗成的性价比束缚了公司人员开发新产品的想象力，管理人员应该跳出这种约定俗成的性价比框架来思考问题。

● 第二，超越顾客导向。顾客导向是商界长久不衰的一个概念。无数的管理者都告诫过他们的下属——"一切要从顾客出发"，但哈梅尔对此观点持怀疑态度。哈梅尔指出，一个企业想要在未来的竞争中取胜，就一定不能只关注顾客导向。道理非常简单，20世纪以来的伟大发明，如无线电话、复印机、影碟机、导航设备、网络购物等，都不是按照顾客的要求生产出来的。也许，超越顾客导向正是企业在未来竞争中处于领先地位的秘诀。

（二）构建战略框架

在强调了预见未来的重要性之后，哈梅尔又强调了建造未来的重要性。哈梅尔认为，建造未来的关键在于为企业构造一个未来的战略发展框架。从根本上说，战略发展框架，就是指关于组织资源的调配、组织核心竞争力的塑造、组织与客户的交互界面设计等一系列问题的发展蓝图。比如我国每五年就会制定一次国家发展规划，这就是一种典型的战略框架。

哈梅尔指出，要构建一个有效的战略框架，关键在于理解机遇、确定目标、坚定行动三个方面。

● 第一，理解机遇。哈梅尔指出，对于想要在未来的竞争中取胜的组织来说，理解机遇是一件非常重要的事。机遇不仅与当前组织的战略有关，更与组织未来的定位和发展方向有关。

- 第二，确定目标。在理解未来的发展机遇之后，企业下一步就应该确定自己的发展目标了。哈梅尔认为，制定发展目标不是泛泛而谈的空想，而是具体的规划和行动。确定目标时不仅应该关注到未来的机遇，也应该兼顾当前组织的资源水平和现实能力。

- 第三，坚定行动。在理解了机遇和确定了发展目标之后，剩下的就是坚定不移地执行计划了。商业环境是瞬息万变的，企业必须抵抗住短期利润的诱惑，着眼于长期的目标和机遇，在长期的尺度上获得成功。

（三）塑造核心竞争力

哈梅尔认为，核心竞争力就是指企业技能和技术的一种组合，这一组合必须有助于实现用户看重的价值、必须独树一帜、必须能够开发出一系列的产品或服务。比如苹果公司的核心竞争力是苹果手机（iPhone），苹果手机是苹果公司各种技术的集大成之作，它是用户最为看重的产品，也是苹果产品中销量最大的品类。围绕苹果手机，苹果公司开发了耳机、智能手表等一系列产品，这大大提升了用户的依赖性，也提升了苹果手机的销量。

那么我们应该如何塑造企业的核心竞争力呢？哈梅尔认为，企业应该从三个方面出发。

- 第一，辨别现有的核心竞争力。哈梅尔指出，如果一家公司的管理人员没有对自家公司的核心竞争力达成共识，那么就谈不上塑造核心竞争力。事实上，管理人员往往需要数月而不是几周的时间来达成核心竞争力的共识。哈梅尔认为，应该组建一个由不同部门的工作人员组成的工作组，来界定核心竞争力。工作组的成员构成范围要足够广泛，应该来自公司的不同职能部门、业务部门、地域与阶层，因为多角度的观点才能保证核心竞争力得到最合理的定义。进一步来讲，公司应该明确核心竞争力的关键要素，建立并掌握与这些关键要素有关的人才库。

- 第二，制订获取核心竞争力的计划。在确定了自己所具有的核心竞争力后，企业又该如何去获取那些尚未具备的核心竞争力呢？哈梅尔认为，企业应该关注组织的长远发展，制订组织内部的人才培养计划和资源发展战略，并及时对自己所具有的核心竞争力进行调整，避免过时的核心竞争力浪费资源。

- 第三，培养新的核心竞争力。哈梅尔指出，建立一项领先世界的核心竞争力需要五到十年的时间，这就需要企业做到持之以恒的投入。而要做到这一点，一是公司内部要对培养哪些核心竞争力达成共识，二是高层管理人员最好能保持相对稳定。

扫码获取附赠资料

12

《权力与影响力》：
哈佛商学院的智慧结晶

世界顶级企业领导与变革领域权威的代言人
——约翰·P.科特

约翰·P.科特（1947—　），哈佛商学院的"三大巨头"
之一，20世纪对世界经济发展最具影响力的50位大师
之一，世界顶级企业领导与变革领域权威的代言人，其
核心思想是领导与变革。

科特出生于圣地亚哥，早年先后就读于麻省理工学
院及哈佛大学，1972年开始执教于哈佛商学院，1980年，
年仅33岁的科特成为哈佛商学院的终身教授，是哈佛历

约翰·P.科特

史上此项殊荣最年轻的得主。科特出版了数部商业经管著作，包括《权力与
影响力》《总经理》《变革的力量》《企业文化与经营业绩》《新规则》《变
革之心》《变革》等。

一、为什么要写这本书

《权力与影响力》成书于20世纪80年代。企业国际化、政府监管、有组织的消费者团体和商业媒体的增长，以及员工队伍异质性上升、持续性的技术进步、员工受教育程度日益提高等趋势使管理和专业工作中的多样性和互赖性大大增强，进而使组织的工作性质发生了重大变化，这些变化主要体现在三个方面。

（一）社会环境的新特点——多样性和互赖性的增强

多样性是指人们在目标、价值观、利益关系、预期和理解等方面的差异。现代社会我们并不遵循单一、相同的目标，我们有多元的价值观，对同一事物有不同的理解，导致我们很难统一观点，共同围绕一个目标而努力。比如在完成某个项目时有人认为最大目标是利润最大化，有人认为最大目标是获得乙方的认可，形成长期的合作关系，这种观点的多元化会给工作的顺利推进带来阻碍。

互赖性是指两方面或者多方面由于在某种程度上相互依赖，从而对其他各方拥有一定控制权的情况。比如上司对下属有岗位附带的正式权力，但是工作的顺利推进也依赖于下属对工作目标的认可，对上司工作安排的配合，很多时候也依赖于平行部门的有效协作。原来上司布置任务，下属服从安排就可以完成的任务，变得需要依赖下属的配合、平行部门的协助，工作中互相依赖的情况增多。我们可以预想到，在多样性和互赖性增强的社会背景下，许多工作将变得更难开展。

（二）社会环境新特点给工作和管理带来的改变与挑战

员工的利益、价值观等方面的多样性，和实际工作开展中互相依赖的情形增多，会导致工作中产生冲突的可能性大大提升，企业也需要花费大量的精力来协调、降低、消除冲突。这种时代背景的新变化使许多管理性工作和个体性工作发生了重大变化，主要的变化有两点。

第一点变化：个体性工作和管理性工作变成了领导性工作，而且在新的领导性工作中，自身所拥有的权力远远不足以命令其他人为自己完成任务。

领导与管理有何差异呢？在科特看来，管理者的工作是计划与预算，组织及配置人员，控制并解决问题，其目的是建立秩序。而领导者的工作是确定方向，整合、激励和鼓舞员工，其目的是产生变革。因此开展领导性工作需要具备更综合、更强的能力。

在多样性和互赖性增强的复杂工作环境下，原本可以由任职者单独完成的个体性工作，变成了需要借助他人的帮助、相互合作才能完成的工作，推进工作的过程中需要统筹领导相关人员，但是任职者对相关人员没有控制权。管理性工作也面临类似的难题，传统的管理性工作比较简单，领导有较大的权力指派他人或关键人员完成工作，但是随着多样性和互赖性的增强，简单的管理性工作也变成需要相互配合才能完成的领导性工作，但是领导拥有的权力不足以命令相关人员为自己完成任务。

第二点变化：被领导的群体越来越多样化，导致领导性工作变得更加复杂。

传统的领导对下属有较大的权限，下属也容易管理，倾向于服从上级安排。但是在多样性和互赖性增强的时代，下属的目标、价值观、利益更加多元，领导要依赖下属的配合，因此领导性工作的难度也大幅提升。

（三）如何应对工作和管理中的新挑战

在多样性和互赖性增强的情况下，企业面临着组织工作性质发生重大变化的挑战，在权力与影响力方面的运用对完成工作、开展管理变得尤为重要。

如果能够较好地运用权力与影响力，能够进行富有成效和高度负责的领导，复杂的环境也可以产生高明的决策、创造性的解决方案和创新型的产品或服务。高度的多样性和互赖性并不一定带来广泛的冲突，阻碍工作的推进。因此在权力与影响力方面的运用对于将多样性和互赖性带来的挑战转变成为发展机遇，变得尤为重要。简而言之，在多样性和互赖性增强的背景下，工作性质正在发生重大变化，工作性质的变化要求我们熟练掌握领导力、权力和影响力之道，来解决领导工作中遇到的权力倒挂、不配合、冲突等问题。

《权力与影响力》的创作就是在上述社会背景下，历经 12 年，取材于哈佛商学院资助的一系列研究项目，而参与这些科研项目的有数十人，最终通过大家的智慧形成了这样一本对现代管理有着基础支撑作用的著作。并且，科特开展经管研究之余，还是一位经验丰富的实践者，曾经担任雅芳、花旗、可口可乐等国际知名公司的顾问。可以说，这本书的创作具有丰富的实践基础和实践指导意义。

二、对权力的新认识：哪些形式的权力可以作为正式权力的补充

科特对权力资源形式的阐述丰富多样，非常贴合工作实际。多种形式的权力，主要基于知识、信任、履历及声誉、必要的技能四个基础。

（一）基于知识的权力

领导工作需要的知识并非是书本或课堂上的知识，而是关于社会现实的详细信息。领导为了拥有足够的权力，需要了解所有的相关群体、利益相关者，了解他们的看法、价值观、需求，了解各种观点的重大分歧之处，了解每个群体是如何用何种权力来追求他们的利益的。我们可以联想一下生活实际，如果我们的领导了解我们的需求，对下属的观点与分歧非常清楚，也知道下属有什么样的方法和渠道来追求利益，是不是更能掌控全局，更能有效推进工作呢？这种对下属、对局势、对矛盾的深入把握赢得的下属的信服，就是基于知识产生的权力。

（二）基于信任的权力与影响力

为了得到开展工作必要的合作与配合，领导需要获得合作者的信任与支持，需要和上司、下属、同事、客户等建立合作关系，获得他们的信任与配合。基于尊重、佩服、需要、责任和友谊的

良好工作关系是做好领导工作的重要权力资源。生活中我们也会有这样的体验，开展工作不只依靠正式的等级、隶属关系，对彼此人品、能力等方面的信任会使我们更愿意配合开展工作，更积极地推进工作，这就是基于信任的权力与影响力。

（三）基于出色的工作履历和良好的个人声誉的权力

与上司、下属等建立信任与合作关系非常困难，我们要获得上司的认可，树立对下属的威信，积累多年的出色的工作履历，良好的个人声誉等有助于我们迅速建立和保持与他人的良好工作关系。联想一下，初次合作，或者新官上任，我们是不是也更愿意信服那些有光鲜业绩和良好声誉的合作者或上司呢？我们更愿意配合那些有光鲜履历和良好声誉的人，就是基于履历和声誉产生的权力和影响力。

（四）基于必要的技能

开发和利用知识、信任、声誉等资源也需要一定的技能，如准确判断谁真正拥有解决某问题的影响力的认知能力，与各种各样的人建立并维持良好工作关系的人际关系技能，知道在具体环境中如何巧妙地运用信息、关系、正式权力和其他权力资源去施展影响力的技巧等。

这些基于信息基础、合作关系、工作履历、必要的技能等产生的综合权力与影响力，能够对岗位赋予的权力起到有益的补充，帮助管理者在高度复杂的企业环境中应对多样性和互赖性带来的挑战，从而实现有效的领导。有了对权力与影响力的形式与基础的全面深入认识，我们就能更好地应对工作性质复杂化带来的新挑战。

三、如何应对管理和专业工作的新变化：有效运用权力与影响力

科特介绍了如何处理权力管辖范围之外的关系、下属关系与上司关系，并介绍了在职业生涯初期、中期和晚期应该如何运用和处理好权力与影响力。

（一）如何在不同类型的关系中有效运用权力与影响力

科特认为，对于权力管辖范围之外的横向关系，管理者要确认并评估横向关系，并通过多种方式减少或克服阻力，争取配合；对于下属关系，管理者要通过人际关系、充分的信息、出色的工作业绩等来补充正式岗位的权力，争取下属的信服与配合；对于上司关系，管理者要全面了解上司与自身，建立并维持满足双方需求和各自风格的上下级关系。

第一类关系：权力管辖范围之外的横向关系。

在管理工作中，我们除了要依赖上司和下属之外，还要依赖没有正式控制权的一些人，即权力管辖范围之外的横向关系。比如同部门的同事，或其他部门的同事，甚至其他单位的合作者。为了工作的顺利开展，我们要从四个步骤入手处理好横向关系。

- 第一步，要确认哪些是重要的横向关系，包括那些很微妙的、难以察觉的横向关系，也就是说我们要先认清开展工作需要哪些权力管辖范围之外的人的配合。
- 第二步，对这些人中谁有可能抵制合作，以及可能的原因和抵制的程度进行全面的评估。

- 第三步，尽可能地和这些人建立良好关系，在建立关系的
  过程中可以采取沟通、教育和谈判等方式来减少或克服大
  部分阻力。我们并不是总能处理好横向关系，获得所需横
  向关系的配合。
- 第四步，当我们无法很好地处理横向关系、争取关键人员
  的配合时，就要精心选择和采取更巧妙、更强有力的方法
  来对付横向关系中的抵制行为，减少他们对工作的干扰。

第二类关系：下属关系。

下属不仅要服从上级指令，上级工作的顺利开展通常也要仰
仗下属的配合，下属对上司也存在多种形式的影响力（如难以替
代的技能，专有信息或知识，良好的人际关系等），因此处理好
下属关系同样非常重要。为了做到有效的领导，争取下属的信服
与配合，管理者要从正式权力之外寻找其他方面的权力资源，从
而形成自己的影响力，如通过人际关系能力和技巧、良好的工作
关系、充分的信息、出色的工作业绩等来补充正式岗位的权力。

第三类关系：上司关系。

在实际开展工作的过程中，如果不能得到关键上司的支持和
帮助，也很难顺利推进工作。因此我们还要学会处理好与上司的
关系，从上司那里获得必要的信息、资源和帮助。为了顺利建立
和维持与上司的关系，我们需要做到以下几点。

- 首先，我们要全面了解上司的工作目标、工作方式，领导
  所承受的压力及优缺点。
- 其次，我们要对自身的工作需求、工作目标、个人风格及
  优缺点有较全面客观的判断。
- 再次，我们要综合了解各方面的信息，建立一种满足双方

需要和各自风格的上下级关系，建立一种明确、双赢的工作期望。

● 最后，在建立和上司的良好关系之后，还要努力维持这段关系，可以通过及时沟通信息，信任对方，保持诚信，有选择地占用上司的时间和其他资源等方式维持与上司的关系。

（二）职业生涯不同阶段的中肯建议

科特认为，在职业生涯的初期、中期和晚期，要建立、保持和让渡权力，从而保全个人和公司的发展。

1. 职业生涯初期：核心的是建立适当的权力基础

年轻人要发展人际关系，就要增长知识、提升技能，并积累出色的工作业绩，正确运用权力躲开超出自己能力范围的问题，逐步形成自己的成功特质，不断扩大自己的权力基础。

2. 职业生涯中期：要善用而不滥用权力

从事高级管理工作的人员关键的是要做出符合伦理道德的判断。真正伟大的领导要综合考虑所有受到公司决策和行为影响的人或团体，全方位地理解人们的利益所在，准确预测公司的决策会给这些人带来哪些影响，这些影响包含第一轮、第二轮甚至更多轮的影响。

3. 职业生涯晚期：要寻找并培养合适的继任者，并大方让权

负责任的领导在职业生涯晚期要实现权力平稳有效的过渡，要挑选优秀的继任者，对继任者进行培养，帮助继任者胜任管理工作，也可以制定一套好的继任制度。

扫码获取附赠资料

13

《管理决策新科学》：
技术管理的底层逻辑

决策过程理论的奠基人——赫伯特·西蒙

　　赫伯特·西蒙（1916—2001），出生于美国威斯康星州的一个犹太家庭，是 20 世纪罕见的全才型科学家，被后世誉为"心智计算的先驱"。

　　西蒙年轻时接受了良好的教育，并于 1936 年从芝加哥大学毕业，其后在加利福尼亚大学、卡内基梅隆大学执教，主要开展组织行为和管理科学的研究。1956 年，西蒙和其他学者在美国召开了计算机科学方面的会议，

赫伯特·西蒙

在会议上正式提出了"人工智能"的概念，西蒙也因此被称为"人工智能之父"。此后，西蒙在计算机科学、经济学、哲学方面均有涉猎，1995 年被国际人工智能会议授予终身成就奖，同年当选中国科学院外籍院士。

　　值得一提的是，西蒙终生致力于推动中美之间的交流和沟通，他先后来中国访问交流达 10 次之多。除了他的母国以外，西蒙在中国生活的时间最长。自 1980 年起，他一直是中美学术交流委员会成员，还先后担任中国科学院、北京大学等单位的名誉教授。

一、为什么要写这本书

提起硅谷"钢铁侠"埃隆·马斯克，可谓是无人不知。特斯拉汽车、可回收火箭、私人宇宙飞船这些高科技产物都由马斯克的公司研发，后来更是发布了脑机接口。通过脑机接口，人类可以直接使用意念操作设备。但就是这样一位高科技公司的CEO，却在很多场合多次强调人工智能这类新技术给人类带来的威胁，会比滥用核武器更大。

为什么马斯克会如此警惕人工智能这类新技术？人工智能这类新技术对于我们究竟意味着什么？它会对我们的未来产生多大影响？

1977年，赫伯特·西蒙写下《管理决策新科学》，从管理决策理论出发，分析了新技术对组织管理、组织结构、工作环境等多个方面的影响，同时还对新技术的未来展开了预测。

二、管理决策过程：4种管理活动、两大决策类型与新旧技术影响

西蒙在《管理决策新科学》中阐明了一种管理决策过程理论，以及计算机会对这种决策过程产生怎样的影响。

（一）4种管理活动

西蒙认为，管理决策过程可以被分为4个阶段：

- 第一阶段是情报活动，这一阶段的任务是探查环境，寻求决策条件；
- 第二阶段是设计活动，这一阶段主要包括创造和分析可能的行动方案；
- 第三阶段是抉择活动，这一阶段要从备选的方案中做出抉择；
- 第四阶段是审查活动，这一阶段主要是对过去的抉择进行评价。

举个例子：

你现在要请客人吃饭，首先你需要在网上搜集附近有什么好吃的饭馆，这个阶段实际上就是你在搜集有关美食的情报。然后，你会思考怎么到达饭馆，是坐车还是步行呢？这个阶段你就是在设计一个到达饭馆的行动方案。最后，你会将自己选择的交通方式告知客人，这时你就是在对行动方案进行抉择。当你见到客人以后，你肯定会问客人交通方式是否合理、路上有没有耽搁等问题，这些问题实际上就是在对行动方案进行评价。

所以管理决策过程不是什么神秘的科学，实际上它就存在于我们的日常生活中。这4个阶段加在一起，就是决策者所做的主要事情。

同时，西蒙还指出，管理决策过程的多个阶段之间相互交织，有可能在情报和设计活动中，决策者已经在不断地抉择，这就导致最终的选择实际上成为一种必然。

接着上面的例子：

假如你请客的时候发现好吃的饭馆很远，那么你肯定会推荐客人乘车前往。也就是说，虽然你现在处于搜集情报的阶段，但是其实你已经做出了最后的选择。

（二）两大决策类型

西蒙把决策分为两种类型：程序化决策和非程序化决策。

● 所谓程序化决策是指决策呈现出重复和例行的状态，可以发展出一套处理这些决策的固定程序，比如办公室的日常运行、财务、行政、管理办公物品这些工作。

● 所谓非程序化决策是指决策呈现出新颖和无结构的状态，具有不同寻常的影响。这类问题不能使用程序化的方式来处理，比如制定组织的发展战略、确定组织的发展方向、处理重大突发事件等工作。

这两种决策的划分并不意味着二者之间泾渭分明，其关系更像是光谱一样的连续统一体，一端是程序化决策，一端是非程序化的决策，这其中存在很多的灰色地带。要知道，现实生活中的决策往往处于灰色地带而不是两个极端。

（三）新旧技术影响

基于这种程序化决策和非程序化决策的划分，西蒙进一步论述了新旧技术对这两种决策的影响。

1. 新旧技术对程序化决策的影响

西蒙指出，程序化决策中旧技术最突出的表现就是习惯，组织成员通过习惯构建起共同记忆。在习惯之上就是操作规程，操作规程可以帮助组织教育新成员、提醒旧成员，维护组织的平稳运行。在操作规程上建立起了组织结构，组织结构规定了组织中不同成员的角色定位和行为预想。当然，这种传统技术也是在不断的革新当中，西蒙在《管理决策新科学》中讲道：最近的一次传统技术改革运动就是科学管理运动。

程序化决策的新技术最突出的表现，就是数学工具和电子计算机的引入。数学工具包括运筹学、统计学等多个学科门类。数学工具的使用让人类只需要通过建立特定条件、构建数学模型、设定基准函数这一系列行为，就能够求出行动方案，指导人类的活动。而电子计算机实际上加速了数学工具的应用，同时由于它的计算能力远远超过人类，电子计算机还能帮人类构建行为模型、预测未来结果。

2. 新旧技术对非程序化决策的影响

西蒙认为，非程序化决策的旧技术表现主要在于选拔人才。在西蒙看来，由于我们对制定非程序化决策的心理过程尚不了解，所以我们无法充分合理地干预和提升非程序化决策的效率。或者说，我们不知道通过什么样的途径，才能提升非程序化决策的效率。

所以，实际上大部分管理者只能退而求其次，尝试通过选拔或培训优秀的决策制定者间接地提升非程序化决策的效率。比如，董事会通常不会直接插手干预企业的发展方向或者经营理念，他们是通过培训或雇用职业经理人的方式来提升管理决策的效率，这个过程包括专业化培训、亲身体验、工作轮换等方式。但西蒙认为，这实际上是一种很不成熟的做法，因为其中存在太多的不确定性。

也就是说，旧技术其实不能有效地提升非程序化决策的效率。

3. 非程序化决策中新技术的作用

西蒙认为，人们在非程序化决策中经常使用直觉、判断等词汇，它们都带有一种神秘主义的色彩，这种神秘主义掩盖了思维过程的本质。而西蒙通过研究发现：人类的非程序化决策过程都包含着解决问题的过程。

西蒙在这里做了一个有趣的实验：

西蒙要求实验对象计算一道从来没有练习过的数学题，并且让实验对象在解题过程中必须把解题的思维过程口述出来，西蒙通过这样的方式研究人类的决策思维。

研究发现，人们在面对不熟悉的问题时，通常都是对现有的问题进行不断的细分，直到得出一个能够轻松解决的问题，然后从这个问题开始不断回溯，最终得出解决方案。西蒙认为，这种不断细分的逻辑就是非程序化决策的实质，人们最后的解决方案就是大量的基本元素之间相互作用的结果。

当理解了非程序化决策的逻辑，计算机就能够模拟人类这种思维过程。这样一来，计算机一方面能够帮助人类在非程序化的决策中提高效率，另一方面也能够指导人类开展非程序化决策的学习。

三、计算机新技术的影响：工作环境优化和 推动组织变革

西蒙指出，计算机自动化的发展不会导致员工的满意程度降

低，也不会导致工作走向僵化与刻板。此外，西蒙在分析管理决策结构的基础上，还进一步研究了计算机对管理决策的影响。

（一）计算机新技术可以优化工作环境

事实上，在计算机技术出现以后，人们普遍认为这种新技术会对管理人员和管理环境产生冲击，但事实上并非如此。人们认为，计算机自动化的负面影响主要是以下两个方面：

第一，计算机自动化可能导致工作单调乏味，使员工产生负面情绪。

然而，西蒙根据多个研究所和大学开展的调查指出，员工满意度的数据没有任何下降，幸福感指数也没有下降，不存在员工普遍不满的情况。

第二，计算机自动化可能导致管理者只注重效率，不考虑员工的感受，最终走向管理的非人道化。

但是，西蒙根据现有的技术条件提出，那些流水线工厂式的劳动方式在现有技术条件下已经不复存在，取而代之的是更加自由合理的劳动方式，员工既不会被束缚，也不会受到新技术的压迫，所以管理的非人道化并不存在。

那为什么会有"管理的非人道化"这种说法呢？这是因为人们对于工厂的印象还普遍停留在卓别林的电影《摩登时代》所描绘的工厂场景中，而实际上现在的工作方式已经和以前大不相同。

调查显示，新型自动化提供的工作环境比老式的工作环境更加轻松。比如，化学工业是当时计算机自动化程度最高的工业，但是其员工感受到的负面情绪远低于汽车组装、纺织等较老的机械化工厂。

所以，西蒙认为，计算机自动化不仅不会增加员工的负面情绪，反而会促使员工工作满意度的提高。

（二）计算机自动化对管理结构具有变革作用

西蒙认为，与计算机自动化相结合的管理结构应当具有以下4个基本性质。

第一个基本性质，信息丰富的环境。

西蒙指出，在信息爆炸的时代，关键性的任务不是去产生、储存和分配信息，而是对信息进行加工处理。稀有资源不是信息，而是处理信息的能力。毫无疑问，计算机自动化可以帮助人类处理信息。

西蒙指出，在可预见的未来，计算机可以把所有人类使用到的信息转化为计算机可以处理的信息。大规模、高速、廉价的计算机处理将会大大帮助人类提高决策能力，人类将无需花费精力在记忆、处理信息方面，只要专注于决策即可。

第二个基本性质，组织的等级结构。

西蒙认为，一个组织可以被分成3层：

● 最下层是基本工作过程，是指生产物质产品的过程；

● 中间一层是程序化决策制定过程，是指控制生产操作和分配的系统；

● 顶层是非程序化决策制定过程，是指对整个系统进行设计和再设计，为系统提供基本目标的过程。

举例来说：

● 像通用汽车这样的大型公司，最下层就是汽车工厂，它负责的是生产出汽车产品；

- 中层就是各个分公司的经理，他们负责的是不同工厂之间的协调整合；
- 顶层无疑就是董事会，他们决定着公司的发展方向和未来战略。

西蒙认为，这种分等级的复杂系统是符合规律的，无论是规模庞大的商业公司还是小本经营的小餐馆，其本质都是对目标任务进行不断的细分，然后完成细分任务，无数个小任务汇聚成为一个大目标。

计算机自动化也是如此，任何一个复杂的程序都是无数个简单的二进制计算组成的。如果把计算机自动化和企业运行放在一起比较，其结果如下：

- 二进制计算就像大型企业中的工作小组，只需要完成简单的工作任务；
- 电脑程序就像中层干部，需要对于工作进行调配、管理；
- 操作系统就像高层经理，控制着不同计算机程序的运行。

计算机自动化能够在各个层级帮助管理者做出决策，为基层人员优化生产过程，为中层管理者协调工作，为高层提供信息、辅助决策。

据此，西蒙认为，计算机自动化可以帮助企业稳定分层结构。

第三个基本性质，集权和分权。

西蒙认为，美国的大企业在引入计算机自动化技术之前更加倾向于放权给下属公司，让它们自己做出经营决策，而计算机自动化的引进改变了这一趋势。

计算机和自动化的引进让决策重新趋向集权化：

一方面，公司总部可以直接控制下属企业。比如，电子邮件等即时通信技术成熟以后，公司总部可以方便快速地了解下属公司的动向并做出指示，这一改变大大缩减了下属公司的规模，因为总部的管理决策部门实际上可以代替下属做出决定，下属公司只要执行命令即可。

另一方面，公司总部可以运用计算机自动化提升效率。比如，在一个工厂中，不同部门共同生产一种产品，但是各部门之间信息不通。为了保证工厂的持续运作，各部门都会有一定数量的库存，公司就必须付出一笔库存成本。但有了计算机的帮助，部门之间的库存数量可以实时调整，从而避免积压、降低成本。计算机自动化的引入，无疑加强了集权的决策效率和质量。

第四个基本性质，权限与职责。

在西蒙看来，组织的任何权限都需要与外部环境的限制和要求相适应。在原来的组织中，管理者的主要职责来自于内部和上级，而当计算机自动化出现以后，由于组织内部的事务性工作可以交给计算机处理，所以管理者的主要关注点应该在于外部环境而不是内部决策。

西蒙认为，计算机自动化的出现使日常决策所需要的人工干预越来越少，管理人员的主要职责是对决策系统进行维护和改进，对下属人员进行培训和激励。比如，现在很多单位都有上班打卡系统，有了打卡系统以后就不再需要专门人员承担考勤工作，管理者只需要关注打卡系统的正常运行即可，这样管理者的精力就能够从日常工作中解放出来，有更多精力进行决策。而中层管理者将会更多地转化为直属高层的参谋单位，比如企业中的研究院、高层决策的智囊团这样的角色，他们的主要职责是对决策系统和规划系统进行设计和维护。

四、面向未来的计算机自动化：技术进步重塑未来

西蒙对自动化的担忧做出了回应，并对新技术的未来做了展望，认为计算机自动化的新技术只会让未来生活更加美好。

（一）自动化和社会进步产生的效果

其实，在计算机自动化产生以后，一方面，人们担心新技术可能会导致大规模的人口失业；另一方面，人们认为新技术可能会导致资源枯竭和污染环境。针对这两点担忧，西蒙做出了如下回应：

首先，对于新技术导致失业的观点，西蒙认为这种担心根本没必要。

调查数据显示，在欧洲、美国、日本，一个世纪以来，随着技术的进步，每个工人提供的产品和每个工人所投入的资本量一直在增长。也就是说，新技术不仅没有导致工人失业，工人的实际工资还一直保持了持续稳定的增长。从更大规模的角度来看，科技进步促进了生产力的提高，增加了大多数人的实际收入，也间接地增加了人口规模。

西蒙进一步指出，通过他对于自动化的研究，他发现工作的技术要求并没有变化。比如，虽然我们大部分人不会编程，但这并不妨碍我们能够轻松使用计算机，因为计算机技术的发展让简单易用的操作系统满足了大多数人的需求。计算机就像一个黑箱，我们只要知道它能够生产出什么，不需要关注它的具体生产过程和原理。

基于以上观点，西蒙认为，"技术进步会导致普通工人失业"这样的说法是站不住脚的。

其次，对于新技术导致资源枯竭和环境污染的观点，西蒙认为这种观点误解了技术发展的本质含义。

传统的观点认为，技术发展必然意味着生产大量的物质和商品，这是工业革命以来的经验告诉我们的。但西蒙认为，技术发展的本质含义是：在给定的产出水平下，投入较少的资金和劳动。也就是说，如果我们想在保护环境和节约资源的条件下维持目前的生产水平，我们就需要不断的技术进步，这其中就包括计算机自动化。

（二）计算机自动化与管理的社会前景的展望

那么，西蒙是如何展望计算机自动化和人类自身认知、未来人口增长之间的关系的呢？

首先，西蒙认为技术重新塑造了人类的道德认知。

西蒙认为，新技术、新知识的出现，促使我们行为的后果清楚地呈现在我们眼前。比如，我们现在可以检测空气中的污染程度、食物中的农药残留等。同时，技术的发展不仅提供给我们产生新污染的知识，也提供了减少污染的知识。比如，我们现在不仅知道如何建造大型火力发电站，也知道如何有效地控制有害物质的排放。

在新技术的帮助下，人类开始重新认识自己对于自然环境的影响，也能够对不良后果加以改进。从这个意义上看，新技术、新知识帮助人类重新定位自己在自然中的角色，也帮助人类重新塑造对自己的认知。

其次，西蒙认为技术促进了人口不断地增长。

西蒙指出，由于技术的不断进步和发展，人口不断增多和环境资源有限之间的矛盾越来越突出。但是这并不意味着我们要倡导技术倒退，回到刀耕火种的农业时代。恰恰相反，正是新技术的不断发展才保证了现代人生活在一个舒适的环境中，高度的技术也意味着高度发达的福利。

所以，我们无须担忧人口爆炸会导致地球无法承载，因为新技术的发展将会不断产生资源有效利用的新方法。

扫码获取附赠资料

领导力提
升的诀窍

14

《卓有成效的管理者》：
一个有效管理者必须养成的习惯

现代管理学之父——**彼得·德鲁克**

彼得·德鲁克（1909—2005），被称为"现代管理学之父"，是当代著名的思想家，出生于奥匈帝国首都维也纳的一个贵族家庭，在维也纳度过童年后赴德国和英国一边工作一边学习，1943 年加入美国籍，曾在银行、保险公司和跨国公司任经济学家与管理顾问，并在贝宁顿学院任哲学教授和政治学教授，同时在纽约大学研究生院担任了 20 多年的管理学教授。

彼得·德鲁克

德鲁克的主要学术成就在于：提出了一个具有划时代意义的概念——目标管理。作为德鲁克提出的最重要、最具影响力的概念，目标管理已成为当代管理学的重要组成部分。他的代表作有《管理的实践》《卓有成效的管理者》《巨变时代的管理》等。

一、为什么要写这本书

20 世纪 60 年代，大多数领导学方面的研究者认为"有效的管理者"是天生的，并试图从管理者自身的素质角度出发，寻找"有效的管理者"所具有的不同于平常人的个人特质。与他们不同，德鲁克从自己的研究和咨询经历出发，认为没有一个"有效的管理者"是天生的，他们之所以能够做到管理有效，只是因为他们在实践中学会了一些有效的管理习惯而已。

德鲁克认为，组织中的管理者通常会遇到四种情况，而管理者自己基本无法控制。每种情况都会向管理者施加压力，将工作推向无效，使组织绩效不佳。

- 一是管理者的时间往往只属于别人，而不属于自己。
- 二是管理者往往被迫按照老一套的方法开展工作。
- 三是只有管理者的管理工作对其管理范围以外产生贡献时，才被称为有效的管理者。
- 四是管理者身处组织之内，要有效工作，必须努力认识组织以外的情况。

为应对这些情况，德鲁克从管理咨询的实践出发，进行了分析总结，发现了有效的管理者必须在思想上养成的习惯，并将自己的观点汇集成书，这部书就是《卓有成效的管理者》。德鲁克在书中阐述了管理者如何从做好自我管理出发，进而成为卓有成效的管理者的过程。他认为"卓有成效"是管理者可以通过努力学会的，也是管理者必须学会的。

二、研究内容：管理者"自我管理"的有效性

德鲁克认为，组织的命运系于成果，组织的成果源于外部的机会、组织的有效决策、人的长处的发现与发挥，以及组织对人"自我发展"的激励，最终这一切都源于管理者"自我管理"的有效性，而管理者"自我管理"的有效性作为一种习惯是可以学会的。沿着这个逻辑，我们就会明白，管理者工作的有效性决定着一个现代组织的命运。

（一）谁是管理者

传统观点认为企业、医院、政府机构、学校、工会等机构的主管拥有管理职位，他们的工作职责是对其他人进行管理，因此他们被称为管理者。德鲁克却对管理者重新进行界定，他认为在一个现代的组织里，如果一位知识工作者能凭借其职位和知识，对该组织负有做出贡献的责任，且能对该组织的经营能力及达成的成果产生实质性的影响，那么他就是一位管理者。

对于不同的组织，由于组织目标不同，管理者产生贡献和影响的具体方式也不同。比如企业的目标可能是推出一项产品或提高市场份额，医院的目标可能是对病人进行妥善而有效的医治。虽然这两者的组织目标不尽相同，但是其共同点在于管理者是有别于执行人员的，管理者需要尽可能正确地做出决策，并承担起做出贡献的责任。传统观点往往根据是否拥有正式的管理职位来

界定一个人是不是管理者。

与传统观点不同的是，德鲁克认为，绝大多数的经理人或行政主管都是管理者，同时许多非主管人员也逐渐成为管理者，也就是说，管理者不一定有正式的管理职位。因为在知识型组织中，除了经理人之外，能做出贡献的"专业人士"对于组织能否获得成功同样至关重要，他们不一定有管理职位，却需要承担决策的管理职权。比如，负责带几十人团队的人员，只是起到监工的作用，没有对团队做出贡献，那么他就不是一个管理者。而有的人可能只是一个刚进公司的实习生，但他能有效管理自己的时间，处理好与上司、同事的关系，能很好地整合资源来解决问题和完成工作，那么他就是一个很好的管理者。

（二）何谓"有效管理"

如何界定管理者的管理是有效的呢？对于组织而言，其绩效往往不是由组织本身决定的，而是由组织以外的实际环境决定的，只有为外部环境做出自己的贡献，才能算有所成就。比如，企业机构的成果是通过顾客产生的，企业付出的成本和努力必须通过顾客购买其产品或服务，才能转变为收入和利润。作为管理者，往往受到组织内部的局限，被内部的种种事务占据更多的时间、精力和能力，难以充分察觉外部环境，充分利用有限的资源，为外界提供有效的服务。

德鲁克认为，衡量有效性的一个重要标准是在不能增加资源供应量的条件下，设法增加资源的产出量。也就是通过管理使能力和知识资源产生更多、更好的成果。管理的有效性是管理者促使组织达成目标和绩效的关键点，应该受到高度的重视。其中，重视贡献是管理有效性的关键。所谓有效性，往往表现在以下三个方面。

- 一是自己的工作，包括工作内容、工作水准及其影响。
- 二是自己与他人的关系，包括对上司、对同事和对下属。
- 三是各项管理手段的运用，例如会议或报告等。

书中有这样一个例子，美国某一商业银行设有"代理部"，工作非常单调，负责一些日常业务，比如各大公司股票、债券的登记及交易业务，通知发送和股息发放。在新任经理上任前，整个部门从未考虑过"我们部门能做出什么贡献"这个问题。后来，新任经理发现代理部与各大公司的高级财务主管有着密切的联系，这意味着代理部拥有一项巨大的发展潜力：除本职工作以外，该部门还可以成为银行其他部门的"推销员"，从而为整个银行做出更大的贡献，从此以后，本来只是文件处理性质的部门，一下子变成了这个银行最成功的销售部门。这就是卓有成效的管理。新任经理通过管理使能力和知识资源产生了更多、更好的成果。

（三）如何才能做到卓有成效的管理

德鲁克认为，有效性并不是人类的一种天赋。因为如果像绘画和音乐天赋一样，有效性天赋只有少数人具备，那么就不会产生足够多的有效的管理者，现代社会的文明恐怕也就难以维持了。如果卓有成效是可以学会的，应该学习什么内容才能变得卓有成效呢？

德鲁克回顾了自己做管理顾问时的经历，他发现，他所认识的许多有效的管理者，虽然脾气、能力、做事方法各不相同，却有一项共同点，那就是人人都具有做好本职工作的能力。要具备这种能力，就必须在实践中经历一段时间的训练，从而将其慢慢转化为一种习惯，而这种习惯就是有效性。当然这种有效性不是像天才钢琴演奏家那样能炉火纯青地演奏，而是能够胜任，也就是能准确地演奏出音阶。

德鲁克总结道，要成为一个卓有成效的管理者，必须在思想上养成五个习惯。

- 第一，要有时间管理观念。对于管理者而言，时间是非常有限的不可再生资源，必须系统地工作，善用时间，清楚应该将时间用在什么地方。
- 第二，要重视对外界的贡献。由于组织的绩效由外部决定，所有的工作都应该围绕如何提高对外部贡献的程度展开。管理者不能为工作而工作，而是要为了成果而工作。
- 第三，要善于利用长处，包括自己、上司、同事、下属的长处。有限的人力作为组织重要的资源，只有发挥长处才能更好地为组织绩效服务。
- 第四，要集中精力在少数重要的领域，只要在这少数重要的领域中有优秀的绩效，就可以产生卓越的成果。所以，有效的管理者通常将所有工作按轻重缓急设定优先次序，并坚守优先次序。要事第一，有所取舍，避免多线作战导致的一事无成和资源浪费。
- 第五，要善于做有效的决策。因为有效的决策事关处理事务的条理和秩序，能够产生引导组织走向成功的正确的战略。

这些要点都是德鲁克基于他在咨询机构多年的工作经验以及积攒的实证案例分析得出的，具体可以分为三个方面的内容。

第一方面：时间管理。

对于管理者来说，时间是最稀缺的资源，而认识时间是掌握时间的前提。对于时间，我们需要回答两个问题：第一，自己的时间够用吗？第二，自己的时间用得高效吗？关于这两个问题，不能给出模糊的回答，需要给出精确的答案。

举个例子，德鲁克曾经采访过一位首席执行官。这位首席执行官自认为时间观念特别强，德鲁克就问他：你的时间都是如何利用的？首席执行官的答案是：1/3 的时间用于与公司高管研讨业务，1/3 的时间用于接待重要客户，剩余 1/3 的时间用于参加各种社会活动。但是，实际记录了 6 周之后，德鲁克发现这位首席执行官并没有在他所谓的三个方面花多少时间，这个比例只不过是他自己认为的而已，因为他的"记忆"告诉他已经将时间用在这三个方面了，实则不然。由此可见，记录要比记忆可靠多了。管理好自己的时间，首先要做到了解当前自己的时间实际上是怎么耗用的。我们也可以尝试记录自己的时间分配，看看自己想象的时间分配和实际的时间支出相差有多大。

我们知道，每一位管理者都面临着种种压力，迫使他们不得不花一些时间在非生产性事务上，比如各种应酬。想要获得时间上的有效性，管理者在大多数情况下都需要相当多的整块时间。比如一份报告可能需要 6 ～ 8 小时才能完成初稿，如果每次耗时 15 分钟，每天 2 次，这样花耗 2 个星期的时间恐怕都不如一整块的 7 小时效果来得好。所以管理者要想取得好的成果和绩效，必须着眼于整个组织的成果和绩效，将时间从繁杂、琐碎的工作转到成果上来。从这个意义上说，关于如何充分利用好自己的时间，德鲁克的答案是：记录时间支出，诊断时间利用，消除浪费时间的活动，统一安排可自由支配的时间。

诊断时间的第一步就是记录时间。在开展工作前，有意识地记住开始的时间和结束的时间，记录自己的时间支出，每天做一个小总结，每周做一个小复盘，这样一来，就可以比较清晰地看到自己的时间支出。人们对时间的感觉往往是不可靠的。任何一位管理者都可以通过自己记录或者助手记录的方式，将自己的时间消耗进行详细的记录。再对记录进行分析，找出来哪些事情根本不必做，哪些活动可以由别人代为参加而不影响效果，哪些活动是在浪费别人的时间，进而减少此类的活动。

大胆减少无效的工作绝对无损于有效性。第二次世界大战期间，罗斯福总统的机要顾问霍普金斯就是一个实例。他当时体衰力竭，每隔一天才能办公几个小时，迫使他不得不把一切繁杂事务都撇开，仅处理真正重要的工作。即便如此，他的工作成果在当年美国政府中无出其右者。

除了非生产性事务之外，管理者同样应该重视由于管理不善和机构缺陷产生的时间浪费。比如很多组织中都存在一个通病，就是会议太多。会议往往是组织缺陷的一种补救措施，而会议有可能衍生出其他会议，不断造成时间的浪费。此外，信息功能不健全或者信息表达方式不当，同样会造成时间的浪费。管理者需要改进这些方面以节约时间，进而提升工作效率。

在如何安排可以自由支配的时间的问题上，德鲁克提出的一个重要的方法就是，让自己的时间产生最高效率，即不要把自己的时间割裂得太碎片化，集中时间与精力去做一件事情。只有统一安排可以自由支配的时间，尽量安排整段时间，才能找到最适合自己的时间安排。

第二方面：贡献导向。

在做好时间管理的前提下，管理者需要时刻思考：我能贡献什么？往往是"你能贡献什么"决定"你能获得什么"。在自己的项目中，必须时刻有这样的贡献导向意识。这很好理解，只有产生成果，才能有话语权。有成果的人，准时下班是高效；没成果的人，都不好意思准时下班。

树立贡献导向意识后，如何发挥人的长处就成了有效管理的关键，这包括两个方面的内容。

● 第一充分发挥下属所长。管理者都希望找到一个完美的人来适应自己的工作。这当然是不可能的，因为没有绝对完美的人。管理者应尽力发挥下属的长处，正所谓"垃圾是放错了地方的资源"，对一个管理者而言，只有发挥别人的长处，尽量避免他的短处，才能促使他做出成果。如果管理者总是盯着下属的缺点，忽略了他的长处，会导致人力资源的浪费，直接影响组织的绩效。

● 第二发挥上司所长。这是向上管理的关键之处。如何做好向上管理？德鲁克的观点是，帮助上司晋升是下属成功的捷径。每个管理者都应该弄清楚：自己的上司究竟能做什么，有过什么成就，需要什么帮助，如何发挥他的长处？千万不要勉强上司做不擅长的事情，也不要企图改变上司，抱怨上司的短处。上司一定有过人之处，有自己的一套有效的方式、习惯和方法。下属必须据此改变或调整自己的方法，以协助上司，发挥上司的长处，从而使上下一致，为整体绩效做出贡献。向上管理要求管理者把数据、事实、知识、盘点、对策、智慧、直觉或经验，贡献给自己的上司，帮助上司做出正确的决策，使上司的决策能够有效地支持自己的工作，至少不会给自己添麻烦。

对于向上管理，德鲁克得出了四点认识：一是帮助上司成长，二是利用好上司资源推动自己的工作进程，三是主动和上司沟通，四是节约上司的时间。如果能按照这四点进行上级管理，往往会达到令人满意的效果。

除了要处理好与上下级的关系，处理事务同样要有序可循。这个序就是要事优先。对于事务处理的优先级有四个重要的原则，这些原则都与勇气有关，与分析无关：一是选择未来而不是过去；二是关注机会而不是问题；三是不能随波逐流，要有个性；四是要选择能带来变革的事而不是平淡无奇的事。要事优先很容易理解，但很难做到，要想做到要事优先，一个简单的方法就是，每天给自己列工作清单，严格按照清单的顺序执行工作。

第三方面：做好决策。

在工作的执行过程中，管理者需要进行有效的决策。那么，如何做出有效的决策呢？德鲁克认为要，从冲突中找到决策。好的决策，应以互相冲突的意见为基础，从不同的观点和不同的决断中选择。所以说，如果没有不同的见解，就不可能有好的决策，这是决策的第一原则。

冲突源于事实，做决策不能只靠"直觉"，要用事实来检验看法。反对一开始就先下结论，然后再寻找事实来支持这个结论的做法。正确的决策必须建立在各种不同的意见充分讨论的基础上。

要做正确的决策，最好的办法就是效仿法院的判案方法，让全部有关的事实都摆在法官的面前，从两方的辩论中去求取事实的真相。对于具体问题，到底做不做决策——做了决策，可能有什么收获和风险；不做决策，又可能有什么损失。至于如何比较，通常没有固定的公式，实际上只要遵循这样的原则就够了：如果利益大于成本及风险，就该行动；行动或不行动，切忌只做一半。

至此，德鲁克描绘出了一幅管理者的"有效性"地图。

● 一是重视目标和绩效；只做正确的事情。

- 二是一次只做一件事情，并只做最重要的事情；极为审慎地设定自己的优先顺序，随时进行必要的检讨，毅然决然地抛弃那些过时的任务，或推迟那些次要的任务；知道时间是最为珍贵的资源，必须极为仔细地使用时间。

- 三是作为一名知识工作者，知道自己所能做出的贡献在于：创造新思想、愿景和理念；以贡献为导向，为了达成整体目标，激励他人做出自己的贡献，提高整体绩效。

- 四是在选用高层管理者时，注重出色的绩效和正直的品格；关心一个人能做什么，而不是他不能做什么；致力于充分调动人员的知识和技能，利用这些优势达成组织的目标。

- 五是知道增进沟通的重要性，选择性地搜集所需要的信息；知道有些事物不能被量化，而过多的信息会导致混淆和混乱。

- 六是只做有效的决策。

这幅地图不仅帮助无数的管理者提升了管理效率，也为后来的管理学研究奠定了一定的基础。

扫码获取附赠资料

15

《管理学》：
管理的五大职能与理论内涵

管理过程学派代表人物——哈罗德·孔茨

哈罗德·孔茨（1908—1984），是美国著名的管理学家、西方管理思想发展史上管理过程学派的主要代表人物之一，是国际管理学界享有盛誉的管理理论大师，曾为美国管理学院和国际管理学院院士，并担任过美国管理学会会长、美国加利福尼亚管理研究院名誉教授，独自完成或合著了19本书和90多篇论文。

哈罗德·孔茨

获耶鲁大学博士学位后，孔茨在美国、荷兰、日本等国的大公司中担任咨询工作，并担任过企业和政府的高级管理人员、公司董事和董事长、管理顾问。哈罗德·孔茨是走在时代前面的人，他提出的管理学理论体系和系统方法堪称经典。他按照管理职能对管理知识分类这一方法不断加以推广，使其成为世界各地广为使用的一种理论框架。

SWOT 矩阵的创始人——**海因茨·韦里克**

海因茨·韦里克，现任旧金山大学管理学教授，在加州大学洛杉矶分校获得博士学位，曾入选国际管理研究院研究员。韦里克博士的研究领域为管理学、国际管理和行为科学，他是 SWOT（Strengths、Weaknesses、Opportunities、Threats、即优势、劣势、机会、威胁）矩阵的创始人，该方法现在被广泛应用于战略制定领域。除了在学术上卓有建树之外，

海因茨·韦里克

韦里克博士还涉足美国和许多国家的企业实践，为企业提供管理咨询、进行组织设计等，曾在柯达、奔驰、大众、通用汽车公司，以及美国休斯航空公司、瑞士 ABB 公司、中国能源有限公司等做过咨询和培训工作。

一、为什么要写这本书

管理是设计并保持一种良好环境，让人们在群体状态下高效率地完成既定目标的过程。《管理学》这部著作将管理的定义扩展为：管理者要完成计划、组织、人员、领导、控制五种管理职能。进而，孔茨依据这些职能将管理知识整合起来，并将管理的理念、原则、理论和方法贯穿在这五种职能之中，其所形成的理论框架体系为许多管理学教材所采用。

管理的原则是跨越国界的，但是管理理念的应用却因国家体制和社会文化而有所不同。这本书将西方成熟的企业管理理论与当前全球化的竞争环境相结合，通过阐述不同国家企业管理的方式，让读者感受全球化浪潮对于管理学的巨大影响。

《管理学》一书涵盖了不同国家大量的企业典型案例，让这

本理论性很强的管理学教材更具实用价值，其中尤其展示了管理理念和理论在亚洲环境中的应用。全书渗透了国际化管理的观点，阐述了不同国家和地区企业的管理做法，对中国企业有着很强的借鉴意义。

此外，《管理学》还奠定了孔茨在管理过程学派中的学术地位，在西方管理学界产生了很大的影响。管理过程学派又称管理职能学派，是由孔茨和西里尔·奥唐奈（美国加利福尼亚大学教授）共同创建的，而管理职能理论是在法国管理学家亨利·法约尔的一般管理理论基础上发展而来的。

二、计划：开始管理的第一步

计划是管理的第一步，它决定了完成使命和目标的行动方案，其前提条件是预测环境，包括对未来和已知条件的假设或预测。管理人员进一步对不同计划做出决策，为企业未来的发展选择合适的行动方案。

（一）计划的类型

计划的类型多种多样，大到总体目标规划，小到琐碎的行动计划，主要包括使命和宗旨、目标和目的、战略、政策、程序、规则、规划和预算等。其中，战略就是指确定企业的使命或宗旨以及企业的长期目标，进而制定行动方案并配置必要的资源，来实现这些目标；政策就是指在制定决策时对管理人员给予指导的一般性陈述或说明。需要说明的是，制定的战略和政策主要涉及企业的增长、财务、组织、人员、公共关系、产品或服务以及营销等。而战略和政策为计划提供了框架，指导了计划的实现。

（二）计划的核心

计划的核心是决策，也就是从备选方案中选择未来的行动步骤。然后，管理人员必须制订支持性计划以确定预算。决策是对企业的资源配置、发展方向和声誉做出承诺，包括程序化决策和非程序化决策。程序化决策适合规律性或常规性问题，这类决策通常由较低层的管理人员和非管理人员做出。非程序化决策用于解决那些无规律性和非常规性的问题，需要由高层管理人员来处理。由于决策过程中存在一定的风险，面对不确定的环境，管理人员应该十分清楚所选行动方案执行时所遇风险的程度和本质。

（三）计划的目的和性质

计划的目的和性质涉及四项原则。

- 第一，贡献原则，每个计划及其所有的辅助计划要有利于企业目标的完成。
- 第二，目标原则，计划所要实现的目标必须是清晰的、可实现的和可考核的。
- 第三，领先原则，计划是一切管理职能的前奏。
- 第四，效率原则，计划的效率性可以用计划在实现和完成目标的过程中所起到的作用，减去制订和实施计划所发生的费用，以及一些非预见性的结果来衡量。

在制订计划的过程中，计划结构也需要遵循两项原则。

- 第一，前提原则，也就是分管计划的人员能够充分了解和同意计划，并利用这种计划的一致性前提来促进企业计划的协调发展。
- 第二，战略和政策框架原则，如果战略和政策能够在实践中清晰地被员工理解并得到实施，就能够让企业的计划框架具有一致性和有效性。

这两项原则不仅把同一企业内部的不同计划紧密地联系在一起，更重要的是，能够让辅助计划服务于主要计划，同时确保一个部门的计划与另一个部门的计划相协调。

（四）促进计划实施的重要因素

在计划过程中，有四方面能够促进计划的良好实施。

- 第一，限制因素。在各种备选方案中，只有准确地认识和采用那些对期望目标的实现起到限制性或关键性的因素，才能更容易、准确地选择最有利的备选方案。
- 第二，预约性。一个合理的计划应当留出适当的时间，让管理人员能够预测未来的发展方向。
- 第三，灵活性。为计划留有一定的灵活性，会减少一些突发事件所造成的损失与风险。
- 第四，导向性变化。通过定期检查事件和预期，并在必要时重新制订计划以继续沿着既定目标前进。

值得注意的是，除非在计划中加入了灵活性，否则导向性变化将是非常复杂或代价高昂的，而计划的灵活性往往也是企业成功的重要因素。

三、组织：一种有效的管理手段

组织是管理工作的一部分，旨在建立一个精心策划的、适合企业内部员工配置的角色结构。这里的角色，指的是人们做事的明确目标，并知道自己的工作目标如何与群体的目标相一致，同时拥有必要的职权、手段和信息去完成任务。

（一）组织的具体内涵

要了解组织的具体内涵，首先要构建组织结构的目的，就是创造一个促使员工完成任务的环境，它本身是一种管理手段，而不是结果。明白了组织这一重要内涵后，我们就要了解，要使一个组织角色能够存在并有实际的意义，在组织过程中需要完成以下工作。

- 第一，明确所需要的活动并加以分类。
- 第二，对那些为实现目标所需要的活动进行分组。
- 第三，每个小组安排有监督职权的管理人员来领导（授权）。
- 第四，为组织结构中的横向协调（按组织的同级或类似层级）和纵向协调（如公司的总部、事业部、部门）制定有关的规定。

同时，组织结构的设计应该明确谁去做什么，谁要对什么结果负责，并且消除由于分工不清而造成的工作障碍，还要提供能反映和支持企业目标的决策和沟通网络，从而保证组织内部各项活动协调一致，让人们在群体中工作高效且有益。

（二）组织工作的实质与步骤

组织工作的实质是构建一个确保有效绩效的职务角色结构和一个决策与沟通网络，以实现群体目标和企业目标。为了让组织正常工作，管理人员需要了解组织结构并将组织原则付诸管理过程。需要指明的是，正式组织是有意形成的角色结构，而非正式组织是自发形成的人际和社会关系网络。管理人员常常能通过非正式组织获取更多的信息，以此来保证组织内部信息沟通的顺畅，从而改善组织的有效性，创建和培育适宜的组织文化。

此外，组织工作的步骤包括制定主要目标和支持性的目标、政策以及实现目标的计划，确定各种活动并将其归类，按活动划分部门、授予权力，并协调权力和信息之间的关系。其实，最适合的组织发展方式取决于特定环境下的各种因素，比如所要完成工作的类型、完成任务的方式、参加的人员、采用的技术、服务的对象及其他内外因素。因此，有效的组织应保持其灵活性，并根据环境的变化做出调整。管理者应当选取适宜的组织发展方式，以便能够有效且高效率地完成组织目标和个人目标。

（三）组织存在的目的及组织设计原则

组织存在的目的是帮助企业得以实现目标，为提高组织效率做出贡献，而组织设计需遵循以下三项原则。

- 第一，目标统一性。如果一个组织结构能够让每个人都去为了同一个企业目标而努力，那么这个组织结构就是有效的。
- 第二，组织效率性。如果组织结构有助于企业目标的实现，那么组织目标所产生的结果是非预见性事件的发生率或成本就会最低，这个组织也就是有效率的。
- 第三，管理幅度原则。在每一个管理职位上，一名管理人员能有效管理的人数是有限的，具体人数取决于不同组织内部相关变量的影响。所以，组织内部需要管理幅度适宜、整体组织结构层级分明。

（四）组织职权的有效使用与分配原则

职权是组织内管理人员运用其自主权创建发挥个人绩效环境的工具，而有效使用职权，也能够促进组织内部部门之间的协调。职权分配需要遵循以下原则。

- 第一，等级原则。组织中从最高管理职位到各个下级职位的职权界限越清楚，制定决策的责任就越明了，组织内的沟通也就越有效。

- 第二，根据预期结果职权委任原则。上层领导委任给各个管理人员的职权要有足够的力度，以确保他们能完成预期的结果。

- 第三，责任绝对性原则。绩效是下属对上级应该承担的绝对责任，上级绝不能为其下属的组织活动推卸责任。

- 第四，职权和责任对等原则。对行动所负的责任不应该超越其所接受委托的职权，也不应该小于这个职权。

- 第五，统一指挥原则。明确的上下级隶属关系能够降低由工作指令所引发的矛盾，让下属基于结果的责任感更强烈。

- 第六，职权级别原则。维持预期的委任，要求每个管理人员在其职权范围内做出决策。

同时，在组织运转的过程中，职权使用还需要注意以下三点原则。

- 第一，平衡性原则。也就是保证效率与其所带来的利益相平衡。

- 第二，灵活性原则。要求预测和应对变革的手段和方法，应预置在每个组织结构之中，在不断变化的内部和外部环境中向目标推进。

● 第三，促进领导力原则。组织结构应该能够构建一个让管理人员发挥最大作用的环境，这将有助于提高管理人员的领导力。

四、人员：企业最重要的资本

人是公司有效运转中不可或缺的因素，管理人员的责任就是要采取措施，让员工个人对集体的目标做出最大的贡献。所以，人员是企业最重要的资本，人员管理也是企业管理的核心要素。

（一）人员管理的职能

人员管理的职能，说的是组织结构中职位的填补和不断充实，包括明确工作人员必须具备的条件，储备后备人员，招聘、选拔、安置、晋升和评价员工，制定员工职业生涯规划和工资报酬，培训人员，或用其他方式提高后备人员和在职人员的素质，使其能够高效益和高效率地完成任务，以此来保证组织结构中人员的稳定。同时，人员管理必须与组织管理紧密相连，也就是有目的地确立角色和职位结构。

（二）人员管理的目的

人员管理的目的主要包括管理人员的目标与人员配备。其中，管理人员的目标就是要确保整个组织中的工作角色由合格的人员来担任，而这些员工要有能力并愿意从事这些工作。同时，人员配备要求组织中工作角色和相关人力资源需求的定义明晰，管理人员考评和培训所用的方法适宜，从而提升人员素质，更有效和高效率地开发企业员工的潜能。

（三）人员管理的方法

在人员管理过程中，主要涉及三种有效的人员管理方法。

- 第一，岗位职责。根据不同的需要来安置不同岗位的工作人员，而这些工作角色必须具有足以诱导人员尽职的因素，如工资、地位、权力、自主权、工作满意度等。
- 第二，管理考评。考评是有效管理的关键环节，应该衡量目标和计划实施过程中的绩效以及考评管理人员的绩效。并且，可考核的目标和所要求的管理活动应能够明确地加以界定，绩效的衡量应该基于可考核的目标和管理人员绩效标准。
- 第三，公开竞争原则。通过鼓励所有管理职位候选人的公开竞争，为有能力的人提供发展的机会，同时也提高企业的整体管理水平。

同时，在一个快速变革和充满竞争的环境里，企业必须通过管理培训和管理开发，设立清晰的培训目标，必须促进管理人员不断更新管理知识，通过反复评价所设置的管理方法，不断提高管理技能和绩效。这里的管理培训说的是为了促进学习而实施的计划，通常是短期性的活动，旨在让管理人员更好地做工作。这里的管理开发是指长期性的、面向未来的计划以及个人在学习管理的过程中所取得的进步，包括各种各样的企业内部和外部培训项目。

相应地，组织发展是一个系统的、完整的、有计划的流程，用以提高群体、整个组织或组织内部主要部门的有效性。在这一过程中，管理者运用不同的方法来识别和解决组织所存在的问题。所以，组织发展主要针对整个组织（或其中一个主要部门）而言，管理开发则针对个人。组织的发展与员工的发展应该相辅相成，通过二者的结合提高企业管理人员的素质和企业的有效性。

五、领导：管理艺术性的体现

领导工作是指如何影响下属，并让下属能够为组织和群体的目标做出贡献的过程。领导工作主要涉及管理工作中的人际关系方面，这是管理中的一个重要方面，有效进行领导是一名有效管理者的必要条件之一。

领导意味着服从，而人们往往会跟随那些能满足大家需求、愿望和想法的领导人，所以领导过程涉及激励、领导作风和方法以及沟通。孔茨和韦里克把领导定义为影响力，即影响人们心甘情愿和满怀热情地为实现群体的目标而努力的艺术或过程。所以，领导职能是管理艺术性的集中体现。

（一）领导的激励职能

在领导职能中，最重要的一项工作便是激励。激励涉及各种驱动因素：欲望、需要、愿望以及其他影响力。孔茨和韦里克提出了关于激励的几个重要理论。

- 一是激励期望理论，说的是如果人们认为这个目标值得付出努力，而且他们能够看到所做的工作有助于目标的实现，他们就可以为实现目标而努力。
- 二是公平理论，说的是人们基于别人的报酬，而对自己所取得的报酬与付出的公平性进行比较的主观判断。人们都期望得到公平的待遇，如果自己的薪酬低于相似的其他人，就会产生怨恨、嫉妒等负面情绪，还会出现消极怠工、通过其他方式自我弥补、主动离职等行为。

- 三是强化理论，说的是对好的行为给予赞扬会激励人们奋进，那些可获得的、可考核的以及被人们理解和接受的目标可以产生激励作用。激励的方式不仅是金钱和报酬的奖励，还包括积极采取措施让员工的工作更具挑战性，以调动员工的积极性。

（二）领导的沟通职能

另一项行使领导职能的重要工作就是沟通。有效且迅速的沟通能够确保组织内部的正常运行和组织与外部环境的良性互动，特别是对于领导层级较多的部门来说，多次的信息传递难免会造成信息失真，甚至可能使管理职能失灵。因此，精准有效的信息传达，能够使员工更快接受命令，提高管理效率。同时，管理人员也要关注那些"干扰"顺利沟通的噪声，正确运用非正式组织的沟通渠道，包括员工形成的私人团体等，有效补充正式组织沟通渠道信息的不足。

要知道，信息无论对错，都会在非正式组织里快速传播。所以，管理人员应该利用这种现实，纠正误传信息，并提供那些通过正式沟通系统不能有效发送或正确接收的信息。此外，管理人员还应及时做好沟通反馈工作，有效使用电子媒介进行高效沟通，保持信息交换渠道的通畅，避免组织沟通中出现障碍。

六、控制：保障计划的实现

　　管理的控制职能是评价和纠正员工行为和组织绩效的手段，以此来确保工作进展符合计划要求，或及时修正计划的不足之处，通过控制整个工作流程来保障管理计划的完成。

　　实质上，"控制"与"计划"有重要的联系。控制职能的重点在于衡量工作绩效，进而让管理人员检查并确定工作结果是否与计划相吻合。常见的控制手段包括费用预算、检查工作记录等。管理人员运用这些控制手段来衡量计划是否顺利实施，如果计划实施过程中不断存在偏差，管理人员就应及时采取措施加以纠正，进而控制员工的工作流程。

　　要想控制的效率实现最大化，需要坚持以下三项原则。

- 第一，控制的责任。控制的主要责任由实施管理计划的管理人员来承担，在组织结构没有改变的情况下，管理人员不能推卸或擅自取消负的责任。

- 第二，控制的效率。有效的控制技术和方法可以做到最低的成本和最少的非预期后果，并能及时发现和分析出计划偏差的性质及原因。不过，如果管理人员把太多的精力放在控制上，便可能增加控制过程的成本与复杂性，而造成无效控制。

- 第三，预防性控制。管理系统中高素质的管理人员往往较少采用直接控制，而是能够及时地发现脱离计划的偏差，并迅速采取行动纠正偏差。

在控制过程中，也应遵循以下原则。

- 第一，标准原则。有效的控制需要客观的、准确的和合适的标准，应有一个简单的、具体的、可考核的方法来衡量一项计划是否圆满得到完成。

- 第二，关键点控制原则。管理人员如果按照计划的每一个细节去实施往往会浪费大量的时间，所以要辨别重要节点，也就是那些重要的、能指明偏离计划的、影响工作绩效的突出因素。

- 第三，例外原则。管理人员还应把注意力放在与预期绩效例外情况的控制上，关心控制过程中这些关键点上偏离的程度。

- 第四，灵活性原则。控制不能僵化地与计划捆绑在一起，以防整个计划失败或者计划突然发生变化。

- 第五，行动原则。及时采取行动，通过重新修订计划或是增加新计划来纠正那些已经被发现或实际偏离计划的行为。

扫码获取附赠资料

16

《领袖论》：
领袖的养成之路，领导的科学奥秘

美国政治领导学研究的先驱
——詹姆斯·麦格雷戈·伯恩斯

詹姆斯·麦格雷戈·伯恩斯，1918年出生在美国马萨诸塞州，从小接受了良好的教育，先后就读于哈佛大学和伦敦政治经济学院。1947年，伯恩斯加入了威廉姆斯学院并在那里任教近40年。

在学术方面，伯恩斯曾是美国政治科学协会和国际政治心理学会的成员，还获得过美国新闻界的最高奖项——普利策奖；在政治方面，伯恩斯是美国民主党全国代表大会的代表，还参选过国会议员，

詹姆斯·麦格雷戈·伯恩斯

同时他还先后为肯尼迪、罗斯福等美国总统写过传记；在军事方面，伯恩斯积极参与美国陆军的战斗，并被授予青铜勋章。他在学术、政治、军事等方面的经验，使他认识到一个杰出领袖的重要性。

一、为什么要写这本书

伯恩斯从世界上多位领袖的人生经历出发，以一个历史学家和政治学家的视角，对全世界的政治进程和权力进行了观察和总结，深入探讨了领袖的起源、类型、行为等方面，比如他们是如何与民众进行互动的，他们又是如何在决策和斗争中施展自己的权力而不断赢得胜利等。这本书融合了伯恩斯独特的视角和非凡的人生经历，为后续领导科学的研究打下了坚实的基础。

二、领袖的真实含义：权力、价值与关系

领袖的真实含义是什么？传统论断认为，领袖与权力密不可分，领袖的本质在于驾驭权力，只要掌握权力，就能够成为领袖。伯恩斯却指出，虽然权力最能够体现出领袖的地位和实力，但权力绝不是领袖的全部。因为权力是有限度的，无限的使用权力只会招来反抗和争议，任何领袖都必须认识到这一点。伯恩斯进一步指出，领袖所包含的内容不限于权力，还包括价值、关系等方面。

（一）权力

任何论述领袖的文字都离不开"权力"这个字眼，因为权力最直接地体现出领袖的地位和能力。凭借权力，领袖可以顺畅地

执行自己的意志、快速地调整自己的部署，使整个组织按照自己的意志来进行动员和分配。可以说，有权力的人不一定是领袖，但没有权力的人一定不是领袖。但是伯恩斯没有止步于此，他进一步探讨了领袖的权力来源。

伯恩斯认为，领袖离不开权力，而权力离不开动机和资源。动机就是指我们做某件事的目的是什么，资源就是指我们做某件事的现实条件是什么。比如我们想要减肥，那么我们的动机就是变得健康，资源就是我们能实现减肥的物质条件，比如跑步机。伯恩斯认为，权力是建立在动机和资源之上的，如果二者缺其一，那么权力就会崩溃。比如，春秋战国时代的群雄逐鹿，各个霸主都在争夺地盘和人口，这就是在争夺资源。争夺到的资源越多，霸主的军队就会越多，权力也就会越大。

但是光有资源还是不够的，还要讲究"名正言顺"，所以他们每次打仗都要找一个正义的理由，而这种理由就是动机的体现。因此，伯恩斯认为，没有合理的动机，权力是无法顺利行使的。再比如刘备的"匡扶汉室"，曹操的"挟天子以令诸侯"，都体现出了动机的重要性。

总而言之，伯恩斯认为，权力的基础是资源和动机，这二者决定了领袖权力的大小和运行是否顺畅。

（二）价值

在掌握了权力之后，领袖是否可以高枕无忧了呢？伯恩斯认为完全不是。领袖还需要在变动的环境中，证明他自身的价值。这里的价值，指的是领袖存在的必要性和统治的合理性。比如，古希腊哲学家柏拉图在《理想国》中指出，哲学家之所以能成为城邦的领袖，关键就在于他有完全的智慧和完备的思维，是智力上的王者。但是这种观点受到了伯恩斯的质疑，因为哲学家既没有专业的技能，也没有充分的证据来证明其智慧超乎常人。在这种情况下，哲学家被视为领袖的合理性就会受到质疑。

伯恩斯指出，领导者必须构建出一种合理的价值，而这种价值正是领袖统治的根基。比如三国时期的刘备，他就为自己树立了所谓"汉朝正统"的价值，这种价值昭示着刘备自身的合法性，就是说只有刘备才是这个天下合法合理的统治者，其他人的统治都无凭无据。而在现代，一些国家的总统竞选就是双方不断构建起自身价值的过程。在竞选过程中，双方不断攻击对方的理念、制度和方法，削弱对方存在的合理性，加强自身存在的合理性，从而最终夺取领袖地位。

总之，伯恩斯认为，价值是领袖存在的重要基础，没有价值，领袖的统治就名不正言不顺，难以长久地持续下去。

（三）关系

所谓关系，就是指领袖与追随者之间的关系。伯恩斯认为，领袖之所以能成为领袖，就是因为领袖有一群追随者，并且这些追随者能够矢志不渝地执行领袖的意志、拥护领袖的领导。如果没有追随者，领袖将不复存在。伯恩斯指出，领袖与追随者之间的关系，其本质是具有不同动机和权力的人，进行相互的影响，以寻求实现一个共同的目标。并且，伯恩斯旗帜鲜明地反对一种观点，就是把追随者看作被动的接受者。

伯恩斯指出，任何想要建立稳固领导的领袖，都必须重视自己与追随者之间的关系，并且这种关系的发展和建立依赖于自己与追随者之间的互动和联系。因此，领袖必须千方百计地满足追随者的需要，不断地将自己的动机与追随者的动机相结合，并最大限度地开发不同的资源，以满足目标实现的需要。

三、领袖的类型：交易型领袖与变革型领袖

伯恩斯认为，虽然领袖的具体形态多种多样，但究其本质，领袖可以划分为两种类型：交易型领袖与变革型领袖。

（一）交易型领袖

所谓交易型领袖，就是领袖积极运用自己手中已有的资源和权力与外界进行交易，以此获取更多的资源，谋取更大的权力。伯恩斯指出，这种交易不仅发生在领袖之间，还广泛地存在于领袖与追随者之间。具体来说，交易型领袖有三种筹码可以进行交易，分别是舆论、群体和机构。

第一个筹码——舆论交易

伯恩斯认为，在现代民主国家中，舆论已经成了一种重要的权力。谁能够掌控舆论，谁就能够运用舆论带来的权力，并且这种权力来自追随者，所以领袖需要不断地动员、联合追随者，以及制造一定的舆论环境和舆论氛围。更加重要的是，领袖需要运用这种舆论来获得更加实际的好处，比如引导追随者在选举中为自己投票。此时，领袖实际上是在用自己拥有的舆论资源与政治系统做交易，因为谁能够领导舆论，谁就能够获得一定的权力和地位。比如，掌握着众多电视台和广播电台的传媒大亨默多克，就是众多政客的座上宾，他的地位就是他用掌握的舆论资源交易得来的。

第二个筹码——群体交易

人是社会性的动物，任何人都处在一定的社会关系中，并且这种社会关系最终会通过群体的形式表现出来，而领袖就是某个群体的掌控者。从某种程度上说，领袖掌控的群体也是领袖权力的一部分。同样，这种群体的存在可以被当作交易的筹码，领袖可以运用这些群体去交易更大的权力和更高的地位。

第三个筹码——机构交易

除了传统的、原始的领袖之外，现代社会中还存在着大量的制度和规则，这种制度和规则会赋予某些人领袖的地位。而这种领袖就可以凭借自己所掌握的机构和制度来进行交易，以谋取更大的利益，这种交易就是伯恩斯所说的"机构交易"。机构交易往往发生在领袖之间，一般与追随者无关。机构交易往往牵扯到制度和组织的变化，所以机构交易常常以政策、立法的形式表现出来。

伯恩斯认为，英国的"光荣革命"就是一次典型的机构交易。"光荣革命"是1688年英国资产阶级发动的一次革命，在革命的推动下，出台了限制王权的法律，建立了英国王室统而不治的基础，奠基了英国政体。在光荣革命中，资产阶级和封建贵族之间的冲突和斗争，是在一定的制度框架内展开的。二者在议会上争夺席位，在讨论中提出自己的主张，最终通过民主投票的方式通过了有利于资产阶级的法案，极大地提升了资产阶级的权力地位。这种交易是通过争夺议会席位的形式来展开的，实质上就是资产阶级把它所掌握的多数议会席位作为一种筹码，来与封建贵族讨价还价。

总之，舆论、群体、机构都是交易的筹码，交易型领袖的特点是善于运用各种筹码进行交易，谋取更大的利益。伯恩斯还认为，在交易型领袖的眼中，交易的筹码不限于舆论、群体和机构，其他的一切也都可以被作为交易的筹码。总之，交易型领导的特点就在于善于分析自身现有的条件，不断与外界进行交易，最终提升自己的实力和地位。

（二）变革型领袖

顾名思义，变革型领袖指的是引导变革的领袖，领袖的领导地位和领导力完全来自他引导的变革。不同于交易型领袖，变革型领袖往往与动荡的革命、激烈的改革密切相关。具体来说，变革型领袖主要用三个方法来维持自己的领袖地位。

第一个方法——知识

古往今来，反映客观规律的知识始终是一种极为稀缺的资源，谁能够掌握更多的知识，谁就能够掌握一定的解释权，谁就拥有更多的权力。反过来说，一旦掌握权力之后，知识也会成为维护权力的必要成分。比如，中国古代的科举制度就是这种逻辑的典型体现。知识更加完备、技艺更加精湛的学生，能够通过科举进入政治体系来谋取官职，从而获取权力。同样，皇帝也能够通过科举制度不断吸收人才，达到天下英才为我所用的目的，从而巩固和加强自己的统治。

第二个方法——改革

掌握了丰富的知识以后，变革型领袖自然就拥有了远见卓识，而这关系到改革的问题。所谓改革，就是指变革型领袖在一定的环境中领导组织开展变革，并在变革的过程中赢得更多的追随者，扩大自己的领导范围。对于变革型领袖来说，改革是一种巩固领导地位的手段。

第三个方法——革命

如果说改革关系到的是和平时期的领导问题，那么革命关系到的就是动荡时期的领导问题。不同于改革，革命的手段更加激烈、结果更加残酷。在这一时期，领袖面对的往往是你死我活的斗争。在革命中历练出来的变革型领袖，往往能够掌握极大的权力，享有空前的声望。同时，变革型领袖不能仅依靠革命来维持自己的领导和权威，还要综合知识、改革等多个方面来进行有效的领导。因为革命是一种破坏力惊人的行动，存在着不可持续的风险。变革型领袖想要构建一个稳定的、可持续的统治秩序，就需要考虑如何综合知识、改革和革命这三个方面。

四、领袖的起源：心理与社会

领袖是如何产生的？一个普通人是如何成为领袖的？伯恩斯认为，领袖的起源并不神秘，而是有原因的，包括独特的心理和社会两个方面。那些把领袖看作天生的、不可捉摸的观点是错误的，并且这些错误的观点不仅不能更好地理解领袖，还会给领袖涂上神秘的色彩，造成更大的灾难。

（一）领袖产生的第一个原因——心理

伯恩斯指出，每个领袖的成长都或多或少地受到心理因素的影响，这种影响主要指的是领袖的性格和人格特质。比如甘地身上的忍耐、坚毅等特质，在他进行政治活动的时候发挥了很大作用。这些人格特质使甘地赢得了民众的信赖和支持，最终民众成为其坚定的追随者，甘地也因此成了印度最杰出的领袖之一。这种心理因素又是受什么影响的呢？

伯恩斯认为，领袖小时候的家庭情况和生活环境，可能是决定领袖心理发展的重要因素。比如一些领袖的童年经历，都有着惊人的相似性，他们都与父亲关系紧张，与母亲关系融洽。与母亲关系亲密可能更容易使人拥有同理心，从而使领袖能更加深刻地理解追随者的所思所想，帮助领袖赢得民众的爱戴和支持。也就是说，领袖的生活环境和家庭情况决定了领袖独特的心理特质，比如同理心、坚忍不拔的性格、百折不挠的毅力等，而这些心理特质能够更好地帮助领袖在成长的过程中取得胜利。但是伯恩斯也提出，并非所有与父亲关系紧张的孩子最终都成了领袖，这里只是指出成功的领袖都具有类似的特征而已。

（二）领袖产生的第二个原因——社会

除心理因素之外，伯恩斯还非常强调社会因素。社会因素就是指围绕领袖成长所形成的一系列社会结构，包括社会等级、社会秩序、社会分层等。换句话说，社会因素就是生长的社会环境。领袖生活在一定的社会之中，而社会反过来又影响了领袖的认知和决策。比如一个人生活在以总统为最高领袖的社会之中，就决定这个人如果想要当领袖，他一定会选择去竞选总统。如果一个人在德国想要当领袖，他一定会选择去竞选德国总理的职位，而不是竞选总统。因为不同的社会有着不同的共识，而这些共识共同影响了领袖的成长。

扫码获取附赠资料

17

《成为领导者》：
卓越领导力的培养路径

沃伦·本尼斯（1925—2014），是美国当代杰出的组织理论与领导理论大师，他担任过四任美国总统及多家《财富》500强企业的顾问，被称为"领导学大师们的院长"，被《金融时报》赞誉为"使领导成为一门学科，为领导学建立学术规则的大师"。

本尼斯在教育、写作、管理顾问等领域做出了巨大的贡献，且著作颇丰，曾两度获得麦肯锡奖。

沃伦·本尼斯

他的代表作有《领导者》《成为领导者》《七个天才团队的故事》《经营梦想》等。其中，《成为领导者》是本尼斯最有影响力的一部著作。

一、为什么要写这本书

1943—1947 年，本尼斯在美国陆军部队服役，服役的这四年可以说是本尼斯人生的转折点。1944 年，也就是服役的第二年，年仅 19 岁的本尼斯成了欧洲战场上最年轻的步兵指挥官，这让他的领导力得到了锻炼。也是从那时起，他开始对领导力进行思考和研究。他认为，只有研究好领导力，才能好好地度过那个动荡的年代。1947 年退役后，本尼斯去了安蒂奥克学院和麻省理工学院学习经济学、心理学和商学，并在 1995 年获得麻省理工学院的博士学位，随后留校任教了 12 年。

在麻省理工学院任教期间，他对领导力进行了深入的研究。他预言：未来的组织等级会更少、更民主。实际上，在本尼斯看来，光有理论是不够的，一定要将理论付诸实践。于是他辞掉了麻省理工学院的教职，到纽约州立大学布法罗分校担任了四年的教务长，之后又在 1971—1978 年间担任了辛辛那提大学的校长。1979 年以后，他去了南加州大学，担任校聘教授，专门从事领导力研究，其间曾先后做过四任美国总统和多家 500 强公司的顾问。

20 世纪动荡的三四十年代激发了本尼斯对领导力的研究兴趣，之后的几十年，本尼斯把生命中的大部分时间都奉献给了领导力研究，他把理论和实际相结合，形成自己独特的领导力思想与方法。本尼斯第一部关于"领导力"的著作是《领导者》，这本书讨论的是"领导者是什么人"这一主题。该书的出版，让本尼斯成了领导力研究领域的权威人物。本尼斯第二部关于"领导力"的著作是《成为领导者》，该书讨论的是方法论，也就是人们怎样才能成为领导者、领导者要怎样领导，以及组织是怎样鼓励或限制有潜力的领导者的。

正如本尼斯所言，在人们掌握领导力之前，必须要对这个陌生的新世界有所了解。《成为领导者》首次出版于 1989 年，纪念版于 2009 年出版。现在我们就来看看 2009 年之前的时代背景。

20 世纪 90 年代，信息技术逐渐发展，全球化趋势加快，美国进入"新经济"和创新创业时代，迫切需要领导者有更强大的领导力，以此来激发知识工作者的激情与创造力。克林顿上台后，政府开始大力发展高科技产业，使得美国经济出现了长达十年的繁荣。然而，到了 2002 年前后，高科技泡沫破灭，新经济崩溃。于是布什政府开始实施一系列的扩张性政策，然而却由此导致美元开始贬值、美国房屋价格逐渐攀升、资产价格泡沫和房地产价格泡沫不断滋生，最终引发 2008 年次贷危机。在次贷危机期间，美国股票市场崩溃了两次，蒸发掉了数以万亿美元的财富。

除此之外，"9•11 事件"的爆发，让美国人觉得美国领导者再也不能带给人们安全感了。美国的政治领导者以及商业领导者都让人们感到失望，贪婪、胆怯与缺乏愿景在一群伪领导者中蔓延。本尼斯在书中强调，在美国这个复杂多变、充满挑战的社会环境下，美国商界与政界都极度缺乏强有力的领导者。基于这样的时代背景，《成为领导者》这本书才付梓面世。

本尼斯指出，深处巨变中的社会，卓越领导者的匮乏是社会面临的主要威胁之一，而离开领导者，社会将无法运转，这意味着社会需要能驾驭日趋复杂环境的卓越领导者。

二、研究思路：通过访谈对话的方式来总结领导力的方法论

本尼斯认为，"领导力就像美，很难定义它，但当你看见它时，你就知道那就是美"，领导力不是天生的特质，而是持续一生的探索结果，更是一个人为达到圆满完整而不断修身的过程。本尼斯对领导者与管理者做出了明确的区分。他认为，管理者是把事情做对的人，而领导者是做对的事情的人。也就是说，管理者与领导者的区别就在于是向环境臣服还是对环境进行驾驭。管理者的特点是照章管理、维持现状、重视系统结构、着眼于短期目标、依赖控制、忍受现状等。而领导者的特点与之相反，比如能创新、求发展、重视人、着眼于长远目标、激发信任、挑战现状等。那么，本尼斯又具体研究了有关领导者的哪些方面呢？

本尼斯采用的研究思路是深度访谈法，通过对数十位领导者进行深度访谈与研究，从中总结了领导者具备的六个基本要素和七项重要品质。六个基本要素分别是：指引性的愿景、激情、正直诚实、信任、好奇心、勇气。其中，本尼斯特别强调正直和诚实的重要性，因为正直和诚实是信任的基础，而信任是领导力的基石。七项重要品质分别是：专业能力、概念能力、业绩表现、人际能力、鉴赏力、决断力、品格。其中，人际能力、鉴赏力、决断力和品格是卓越领导者的核心软技能。同时，本尼斯认为，在这个快速变化的世界，应变能力对领导者来说也至关重要。

需要指出的是，本尼斯对数十位领导者所进行的访谈式研究，不仅归纳总结了领导者的特质，还探索出领导力的方法论。

本尼斯的研究基于这样一个前提：假设领导者是那些能够充分表现自我的人，充分表现自我的关键是了解自我和外在的世界，

而了解的关键是学会从自己的人生和经历中学习。并且他们知道自己是什么人、知道自己的优点和缺点是什么、知道该怎样充分利用自己的优点去弥补自己的缺点、知道自己的目标是什么、为什么会有这样的目标、怎样去实现这些目标，以及如何通过有效地与他人沟通共同目标来赢得对方的合作与支持。

基于这样的前提，本尼斯选定了现实世界中的领导者作为研究范式，而不是某种关于领导者的理论或某个虚拟环境中行使职责的领导者。他有意选择了富有成就且多才多艺的领导人，如美国历史上的总统、任首席执行官的作家、负责基金会的科学家，以及身为内阁成员的律师等，通过与领导人之间的访谈式对话，把每个受访者的故事按章节组织起来，最终形成了层次分明、条理清晰的领导力方法论。

三、核心问题：如何成为领导者

本尼斯认为，成为一个领导者的过程正是一个人健康、全面成长的过程。并且，永恒的领导者总是涉及良好的品格和真实的自我，因此本尼斯建议人们去发现和培养真实的自我，即身上最活跃、最能代表自己的部分，这就是一条成为领导者的可靠路径。具体来说，要成为领导者具体有以下三个方法。

（一）认识自我

也就是说，要清楚自己是什么人以及想要成为什么人。那么，我们怎样才能认识自我呢？本尼斯认为，要让自己成为自己最好的老师，要终身学习、要主动学习新事物，并且要在社会经历中学习。不仅如此，还要反思自己所看到的、读到的和听到的，进而形成真正的理解。因为真正的理解源于对经历的反思，只有真正理解了才能形成对自己准确的认识。此外，学习和理解是自我引导的关键，领导者都是自我引导的，而不是由他人塑造的。

（二）认识世界

要成为真正的领导者，认识世界和认识自己一样重要，而认识世界的方式就是学习。学习分为维持性学习（维持现有的系统或既定的生活方式）、震撼性学习（危机带来的冲击激发或增强原始的学习）和创新性学习（适应变化万千的未来社会所应具有的一种学习体系和形式），前两种学习方式都是在接受传统的智慧，很少有真正主动式学习的存在，绝大部分都是被动式的学习，因此算不上真正的学习。要想成为领导者就要进行创新性学习，要在经历中学习，从逆境中学习。创新性学习要求我们，在生活和工作中要进行自我引导而不是受他人支配，这其实也是一种实现愿景的方式。

（三）相信直觉

听从内心的声音，相信直觉，这也是实现愿景的方式之一。听从内心的声音就是要释放自我、展现真我。因为展现自己比掩藏自己更有可能获得大的回报。那么，怎样才能充分展现自己呢？本尼斯认为，我们要知道自己想要什么，什么是自己的驱动力，什么能给自己带来满足感，知道自己的价值观及组织的价值观是什么。在充分了解了自己之后，就要专注、精通于自己的业务，因为精通会产生战略思维，而战略思维会促使自我进行充分的表现。

把这些方法综合起来就是成为领导者的方法。事实上，"领导"首先是做人，然后才是做事，因为领导者所做的一切都体现了他是什么样的人。领导者要走出舒适区，要敢于面对问题，要超越逆境。本尼斯认为，真正的领导者是在"逆境"当中成长起来的，"逆境"是锻造领导者的"熔炉"。领导者进行的"逆境"历练越多，驾驭新环境的能力就越强，适应未来的能力也就越强。那么，领导者要怎样领导人们走向未来呢？本尼斯认为，领导者要团结一切可以团结的人，要赢得人心，因为赢得人心的这种能力，能够促使组织文化发生必要的改变，最终实现愿景。同时，共情能力、领导者的正直、言出必行、始终如一以及信任都是领导者赢得人心的重要因素。

四、核心思想："自我造就"与"成为自己"

本尼斯认为，要成为领导者，必须牢记成为领导者的两个核心思想，即"自我造就"与"成为自己"。

（一）自我造就

本尼斯认为，真正的领导者其实是自己造就自己。但是这种造就并非是像微波炉加热食物一样的速成，也不是指参加领导培训课程。因为培训课程只能教授技巧，并不能教授品格和愿景。接受访谈的领导者们都认为领导力不是天生的，更多的是靠他们自身的努力而非任何外在的途径。

本尼斯以美国第 32 位总统富兰克林·罗斯福为例，来阐释自我造就的重要性。罗斯福小时候胆小且心理脆弱，讲话时双腿颤抖、嘴唇颤动，还有哮喘的疾病，因此他常被同伴嘲笑，但罗斯福并未因此失去勇气，他把哮喘的声音变成了一种坚定的嘶声，用牙齿咬紧嘴唇而使它不颤抖，从而克服了胆小和恐惧，也就是这种奋斗精神，使他成为美国总统。罗斯福这位领导者就是自我造就。

此外，本尼斯认为，"熔炉"造就领导者，强大的思想是在与困难的斗争中"熔炼"出来的，因为巨大的困难能够催生伟大的品质。那么"熔炉"指的是什么呢？它又是如何造就领导者的呢？领导者们在接受访问时，都提到了自己职业生涯中最伤痛、最刻骨铭心的意外经历，正是这些经历改变了他们，塑造了他们独特的领导力。本尼斯把这种塑造领导力的经历称为"熔炉"。事实上，"熔炉"经历是一种考验，会促使领导者们进行深刻的自我反省：自己是怎样一个人？哪些东西对自己重要？这一心路历程也是他们重新审视自己的价值观、训练自己判断力的过程。在经历过这样的考验之后，他们开始变得更自信、更强大，人生的目的也更明确了，他们已经发生了根本的改变。这种改变就是自己造就自己的过程。

（二）成为自己

本尼斯认为，成为领导者的本质就是成为自己。也就是说，成为领导者的过程就是让自己成为更完整、更圆满的人，成为能进行自我觉察并能激发他人潜能的人的过程。因此，问题的关键不在于要成为一个领导者，而在于要成为自己，要充分利用自己所有的技能、天赋和精力，来让自己的愿景得以展现。正如接受访谈的领导们所表达的那样，没有哪个领导者原本就打算成为一个领导者，他们只是想充分且自由地表现自我、成为自我。换句话说，领导者没有兴趣向他人证明自己，他们始终关心的是表现自己。在整个人生中，他们都在不断成长和发展自我，不断培养自己的品质，从而成为更好的自己。

正如美国小说家亨利·詹姆斯在其随笔和评论中写到的那样，亨利·詹姆斯一生都在告诉自己要放开自己，要利用自己积累的巨大资源更投入、充分地写出更多的作品，以及做更多的事情。不能放弃、妥协，要去尝试一切，实践一切，去成为那个你能够成为的自己。通过这种自我激励的方式，詹姆斯创作了大量的作品。

扫码获取附赠资料

人才使用
的核心在
于高效

18

《企业的人性面》：
最有效的管理方式是什么

人际关系学派管理理论的奠基人
——道格拉斯·麦格雷戈

　　道格拉斯·麦格雷戈（1906—1964），美国社会心理学家、行为科学家，有史以来最具影响力的管理学思想家之一。麦格雷戈先后获得美国韦恩大学学士学位和哈佛大学博士学位，是麻省理工学院斯隆管理学院创始人之一、安提亚克学院院长、美国国家培训所所长、美国国家心理协会会长以及政府和工业企业的顾问团成员之一。

道格拉斯·麦格雷戈

　　麦格雷戈是 20 世纪 50 年代末人类关系学派的核心人物，提出了基于人性假设的"Y 理论"，是人际关系学派管理理论的奠基人。《企业的人性面》是麦格雷戈唯一的著作，彼得·德鲁克、汤姆·彼得斯以及美国著名管理学家、领导力大师沃伦·本尼斯都深受这本书的影响，该书被认为是学者的理论标准、从业人员的行动手册。

一、为什么要写这本书

麦格雷戈在书中开门见山地提出了一个问题——最有效的管理方式是什么？这个问题看似简单，却足以在管理界掀起一场根本性的变革。随着全球经济的发展、知识型工作的增加，这一简单而深刻的问题更是产生了比以往还要强烈的影响。《企业的人性面》就是在这样的背景下创作出来的。

在麦格雷戈之前，企业界普遍流行的是"X理论"，即通常认为人是懒惰的，总会选择逃避责任。因此，企业必须以获得利润为出发点，通过奖惩、严格的管理制度、权威、严密的控制体系等一系列管理手段，来实现企业利润的最大化。

与此相对的，麦格雷戈在书中提出了著名的"Y理论"，认为人有成就自我的需求，所以只要能有效引导和激发员工的这种需求，他们就会积极进取，不仅能够承担责任，甚至能勇于接受具有挑战性的新任务。企业要用信任取代监督，以启发与诱导代替命令与服从。因此，应当重视人的基本特征和基本需求，把人安排到具有吸引力和富有意义的工作岗位，鼓励人们参与自身目标和组织目标的制定，把责任最大限度地交给员工。麦格雷戈认为，这本书不仅有管理的观点，更有改造世界、让世界变得更加美好的深刻理念。

二、管理理论假设：管理工作依赖于理论

麦格雷戈认为，所有的管理工作都要依赖理论，所有的管理行为都源于对人性与人性行为的假设和归纳。

麦格雷戈认为，管理者采用命令、惩罚等手段，依靠权威来影响和控制，使下属听令于自己，这种传统的管理方式有很大的局限性，因为其背后依靠的假设是早期流行的"X理论"，该理论非常片面。

（一）"X 理论"的内涵及其局限性

"X 理论"基于"经济人"的人性假设，使得传统的"胡萝卜加大棒"的管理模式在美国流行开来，从根本上影响了美国企业的管理策略。"X 理论"包括四个层面的内涵。

- 一是员工都对工作有与生俱来的厌恶，因此只要有可能，他们便会逃避工作。
- 二是由于员工不喜欢工作，管理者必须采取强制措施或惩罚办法，迫使他们为了实现组织目标而努力。
- 三是员工都希望逃避责任，都喜欢安于现状。
- 四是大多数员工喜欢安逸，没有雄心壮志。

也就是说，"X 理论"从根本上认为"大众是平庸的"，它可以解释企业中人的部分行为，却不能解释企业中人的全部行为。人是充满欲望的动物，每当一种需求获得满足时，另一种需求就会紧接着出现。人类的需求按照重要程度划分，可以形成不同的层次。已满足的需求并不具有激励行为的作用。当生理需求获得满足之后，下一层次的需求就会变成行为的主宰，承担起激励行为的作用。

比如，当人的安全需求得到满足以后，社会需求将成为人类行为的重要激励因素。在社会需求的层次之上，是尊重需求和名誉需求，这种需求只有在其他低层次的需求得到满足之后才可能受到激发，对管理者来说，这是最为重要的需求。"X理论"缺少对这些高层次需求的考虑。对此，麦格雷戈做出了修正，提出了"Y理论"。

（二）"Y理论"：个人与组织目标的一体化

麦格雷戈提出的"Y理论"有六个假设。

- （1）一般人们会认为，工作对于体力与智力的消耗是再正常不过的事情；一般人并非天生的厌恶工作；工作到底是满足的来源（也就是人们会主动表现），还是惩罚的来源（也就是人们会主动避免），完全是可以人为控制的。

- （2）一般人们会为了兑现自己承诺过的目标而坚持自我指挥和自我控制；要促使人朝着组织目标前进，外在的控制及惩罚的威胁并非唯一的手段。

- （3）一般情况下，人会对目标做出承诺，是因为实现目标之后就能获得相应的奖赏，而最重要的奖赏方式是尊重需求和自我实现需求的满足，这些奖赏可以驱使人们朝着组织的目标而努力。

- （4）在合适的条件下，人不但能学会承担责任，还会争取责任。常见的逃避责任、胸无大志、贪图保障等行为是后天形成的，并非先天本性。

- （5）大多数人能以高度的想象力、智力、创造力来解决组织中的各种问题。

- （6）在多数组织中，只有一部分人的潜能得到了开发，
  大部分人的潜能还在沉睡。

与"X理论"相比，这些假设是动态的，而不是静态的，它们指出了人具有成长与发展的可能，同时强调"选择性适应"，反对单纯地依靠固有的控制方法。这些假设的构成基础并不是员工的共同特性，而是员工切实具有的潜力资源。在组织中，对人们互相合作的限制并非来自人类本性，而是源于管理方法的不当，即管理者不知道该如何充分利用人力资源的潜力。"X理论"认为，组织绩效低下的原因是人类本性；"Y理论"则将问题归于管理本身，管理者没有采取适当的组织与控制方法，这才造成员工表现懒散、态度冷漠、逃避责任、拒绝合作、缺乏创新。

（三）"Y理论"的整合原则

根据"Y理论"，可以衍生出一条基本的组织原则：整合原则。该原则是指管理要创造条件，帮助组织成员达成自身的目标，同时努力追求组织的成功。大家共同为企业的成功而努力，并共同分享成功的果实。该原则强调组织目标与个人目标的整合以及自我控制。接受整合与自我控制理念，也就是同意满足员工的目标和需求，如果企业能够通过行之有效的方式做出这些调整，那么企业经济目标的实现将会更有效率。

应用整合原则，企业可以寻找最理想的"整合程度"，使员工在为组织效力的同时也能实现自身的目标。这里最理想的程度，是指员工实现自身目标的最佳途径是为组织效力，自主发展和运用自身的能力、知识、技能和天赋，为企业的成功做出贡献。

三、"Y 理论"的应用：整合原则在管理实践中的六部曲

麦格雷戈从整合管理、绩效考核、薪酬管理与升迁管理、员工参与、管理氛围、行政职能与业务职能之间的关系六个方面详细阐述了如何应用"Y 理论"。

（一）整合管理

麦格雷戈认为管理者应与员工展开互动性的对话，引导员工自主制定并完成目标。这种以"Y 理论"为基础的管理策略就被称为"整合管理"。具体来说，整合管理分为四个步骤：一是明确工作职责；二是在有限的时间内确定具体的目标；三是制定目标期间内的管理流程；四是评估任务完成的结果。

整合管理的关键在于，员工在每个步骤上都不是直接执行管理者的命令，而是通过互动性对话的方式进行的，以此来确保员工对每一步骤负责。凡是以"Y 理论"为基础的管理计划，其制定目标的过程一定具备上下级相互参与机制。在讨论目标时，管理者应该扮演协助的角色，而不是使用权威，因为管理者的作用在于协助员工规划自己的工作，以使组织目标及个人目标能够同时实现。

（二）绩效考核

绩效考核通常有行政管理、信息供给和激励三个目的。传统的绩效考核逻辑是：为了使员工为组织的目标而效力，管理者必须告诉员工应该做什么，同时衡量员工的表现，并根据他们的表

现给予相应的奖励与惩罚。传统的绩效考核的理论基础是"X 理论",核心在于更加系统地控制员工的行为,同时也控制管理者的行为,这种绩效考核容易导致员工和管理者的消极抵触情绪。麦格雷戈认为,结合"Y 理论"对绩效考核制度进行改进,利用理论中的整合原则与自我控制的管理策略,会消除考核制度在公司管理过程中的负面影响,也更有益于员工个人的成长、学习与进步。

（三）薪酬管理与升迁管理

"X 理论"将金钱视为激励组织中人类行为的主要因素。劳动合同其实只是以接受指挥的形式来换取经济报酬的意向书,这自然使得员工对企业产生依赖。但随着就业的相对充分、生活水平的提高以及社会环境的变化,员工对组织的依赖度会降低。此外,麦格雷戈认为,只有少数人的薪酬可以进行衡量,而且这些人的业绩一般可直接与客观的工作结果联系在一起,比如对于地区分公司总经理来说,分公司的盈亏情况就可以用来衡量他的工作绩效。

同时,麦格雷戈还认为,通过系统化的方法可以合理地解决经济报酬的公平问题,如薪酬市场调查、生活成本、"不低于平均水平"的薪酬政策、合理设计职位分类计划、集体与个人谈判等。他建议,可以将"服务时间"作为薪酬增长的依据;可以按照公司、部门、小组取得的客观绩效提供奖励,并且奖励由部门的全体员工共享。

麦格雷戈还提出,在整合原则下企业应改变人事升迁中候选人与操作流程的关系,让员工个人积极地、有责任地参与其中,而非仅依靠管理者的个人判断。提倡的做法主要有三点：

● 首先，应该从对目标设定的讨论开始，讨论的内容包括个人的职业兴趣，职位所需要的经验和培训经历，相关发展机会，任职年限等。

● 其次，允许员工自行应征空缺职位。个人可以决定自己的职业发展，而不是任人摆布的"棋子"。

● 最后，从整合原则及自我控制管理的角度看，在人事升迁的过程中，上级与下级都有权提供升迁管理所需的资料。如果上级的判断与下级自我考核的结果出入很大，那么双方可以再进行讨论，直到消除差异为止。

（四）员工参与

麦格雷戈认为，管理者应正确认识员工参与问题。员工参与的有效运用应基于这样的管理理念：对员工的潜力充满信心，能认清上级对下级的依存性，尽量避免因强调个人权威而产生不良的后果。从根本上讲，所谓参与，即创造机会，使员工在适当条件下对可能影响其自身的决策施加一定的影响力。事实上，参与是一种特殊的授权方式，即员工对自己的责任享有更大的控制权和自由选择权。通常在原属于上级的责任范围内，可以允许员工施加一部分影响力。参与不是操纵工具或者威胁手段，而是在正确理解的基础上对其进行合理的应用，它也将成为一种自然地应用整合原则和自我控制的管理方式。

员工参与还应有合适的程度。最佳的参与程度要视多个因素而定，包括问题的性质，员工的态度和经验，管理者的能力等。管理者在采取参与方式之前，应当先检验自己的实施策略及理由。

如果员工还不习惯参与影响自身的决策，那么管理者大可不必第一次就将重大问题在员工面前提出，或者任凭员工自由选择，而是应该谨慎地向员工表明自己将在怎样的限度内吸取意见。

对于员工来说，可以通过"参与"的方式来满足自身被尊重的需求，同时也会让他们有了向组织目标努力的行为动机。员工通过处理问题、寻找正确的解决方案，对解决组织问题所做出的贡献会受到同行和管理者的赏识，从而使其获得自我满足及"独立感"。

（五）管理氛围

管理氛围是一种通过观察管理者日常行为而得出的产物，主要与组织管理中上级及其他重要人物的日常行为有关。管理氛围反映了管理者潜在的人性假设，包括三个层面的含义。

1. 关系氛围

由管理态度所表现出来的许多细节性的行为，形成了心理学上所谓的关系氛围。管理氛围远比管理类型及管理者的人格类型更有意义，不论上级是独裁的还是民主的，是热情的还是冷淡的，是随和的还是强硬的，这些都不重要，重要的是管理者深层次的态度，因为深层次的态度才是下级能真切感受到的东西。

2. 员工有获得公平机会的信心

管理者的行为和态度影响着员工的生产力和士气。对员工福利的真心关怀与员工的士气和生产力之间存在着直接的关联，但这种关怀只是促进员工士气和生产力提高的必要条件，而不是充分条件。管理者必须对组织上层具有一定的影响力，这一点至关重要。因为仅在心里赏识员工是不够的，身为管理者对员工的欣赏还应该体现在行动上。如果管理者不能对员工的薪酬增加、职务晋升或工作环境改善等方面表现出自己的力量，则不论态度如何，都难以得到员工的信任。管理者还需要具备一定的才干，否则很难让员工相信自己能够获得公平的机会。

3. 自上而下的信任

管理者要相信大部分人都有成长和发展的潜力和乐于承担的责任，并能发挥出自己的创造力。管理者将员工视为真正的资产，认为这些员工能够协助自己承担责任。同时，管理者只会关心如何创造出合适的环境，以使自己能充分利用人力资源。管理者还会通过参与的方式，证明自己对员工的信任，而管理者对员工的信任也是员工有效执行参与的条件。

（六）行政职能与业务职能之间的关系

行政职能与业务职能相互依存。传统的组织理论认为，行政职能和业务职能之间的关系是以"权威原则"为基础的。业务职能位于中央指挥链上，行政职能则是为业务职能提供服务和咨询。很多企业的行政职能和业务职能之间并不是相互信任的，其关系氛围也不佳。业务部门会将行政部门看成"负担"，而不是获取帮助的来源。而行政部门对业务部门也有偏见，认为业务部门只关心自己的权威性和独立性，不尊重行政部门的专业知识和工作成就，拒绝改变和进步。

要改善这种不良氛围，麦格雷戈认为，行政部门应该以乙方的心态，按照业务部门的需求来提供专业上的帮助，其工作方式和内容需要由业务部门的需求来决定。总的来说，业务部门的管理者可以在保持控制的同时，采取授权的管理方式；而组织的管理者可以利用包括会计、人事、技术等在内的行政部门人员，建立起管理控制的制度，只关心政策和成果即可，协调政策的工作则交由行政部门完成。

三、如何提高管理效能

麦格雷戈认为，提高组织管理效能有三个重要的方面。

（一）提升员工的领导力

麦格雷戈认为，领导力是一种关系，是相互联系的四个因素共同作用的结果，这四个因素包括：

- 管理者的特质。
- 被管理者的特质、需求及人格特质。
- 组织的特性，如目标、结构、执行的任务属性等。
- 社会、经济及政治环境。

这些因素将随着时间的推移发生巨大的变化，不存在普适的领导力特性。换句话说，具有不同个性和能力的人都可以发展管理能力。

如何发展管理能力呢？主要有两种方法：制造的方法和农业栽培的方法。

- 制造的方法是指人们被指派完成项目工程的设计和制造任务，最终目的在于为管理提供所需。
- 农业栽培的方法，是指只要为个人创造出适当的环境，个人就将成长为他可以成为的样子。这种方法不强调"制造技术"而看重气候控制、土壤肥性及耕种方法等环境因素。

影响管理能力成长的环境条件主要包括三个方面：一是企业的经济与科技特性；二是公司结构、政策及实践的影响；三是直接上级的行为。

通常来说，组织中应该设有管理发展部门，负责管理能力的发展。如果管理发展部门以"Y理论"的假设为基础协助公司高层管理者制订战略计划，就会关心组织环境，让公司的管理层认识到各项政策和实践对于员工成长的重要性，以及如何才能使公司的组织结构、政策和日常行为更好地促进员工管理才能的发展。这个部门的另一项职能是为各层管理者提供建议和帮助，使其能圆满完成帮助员工能力提升的任务，使企业的高效运营与管理能力的发展整合成统一的活动。

（二）重视管理教育

麦格雷戈认为，管理教育的目的，一方面是提高管理者从经验中学习的能力，另一方面是帮助管理者提高协助员工的能力，也就是帮助管理者创造出有利于员工成长的环境，其中，优秀的组织团队也是一项重要的环境因素。

需要强调的一点是，进行知识培训、操作技能、解决问题技能和社交技能等方面的管理教育也应重视整合原则，要充分考虑管理者的个人需要、学习意愿、以往经验与组织需求之间的整合。

（三）培养优秀的管理团队

麦格雷戈给出了优秀的管理团队的特征及多数团队不能成为优秀团队的原因。

优秀的管理团队通常具有的特征包括有明确的目标导向、舒适且放松的工作环境和氛围、成员互信且团结一致、言论自由、执行力强等。这些特征目前是管理学的共识，其实，更多人关心的是，为什么多数团队不能成为优秀团队。麦格雷戈总结了五个常见的原因。

- 一是大多数人对团队完成任务的能力不抱太大的希望，并且对于真正的高效团队了解得十分有限，不清楚优秀团队的工作标准。
- 二是大多数人并不清楚有效团队中什么功能是最重要的。
- 三是源于人们对摩擦和对抗的畏惧，并由此导致人们的所作所为对解决团队的问题没有益处，反而进一步产生了对团队的阻碍作用。
- 四是很多人认为团队效能的大小取决于管理者，过度依靠管理者本身的能力。
- 五是人们对团队的维护功能没有一个充分的认识，不能充分发挥团队应有的作用。

麦格雷戈认为，造成这些问题的根本原因是人们持有的"X理论"观点，管理者并没意识到现代工业所具有的复杂依存性，热衷于追逐个人权力，导致团队效率低下。如果管理者从"Y理论"出发并合理利用整合原则，就会重视良好组织环境的创造和优秀团队的建设，激活拥有的人力资源，进而建成强有力的团队，高效达成组织目标。

扫码获取附赠资料

19

《组织与管理》：
理解人性管理，探寻组织方向

系统组织理论的创始人——**切斯特·巴纳德**

切斯特·巴纳德（1886—1962），出生于美国的马萨诸塞州。巴纳德生活在一个中产阶级家庭，从小就养成了用哲学方法思考问题的习惯。1906—1909 年，巴纳德就读于哈佛大学经济学系，但因缺少实验学科的学分而未能获得学士学位。有趣的是，后来他因为对组织和管理方面的研究而获得了 7 个名誉博士学位。在完成学业之后，巴纳德将自己的精力投入到企业管理工作中。巴纳德

切斯特·巴纳德

1909 年进入美国电话电报公司，1927 年开始担任新泽西州贝尔电话公司总经理，直到 1952 年退休。

在贝尔公司工作期间，即 1938 年，巴纳德的代表作《经理人员的职能》问世，该书后来被奉为管理学的经典著作。1948 年，巴纳德在之前的研究成果和后续管理实践的基础上，写成了《组织与管理》，为现代管理学的建立和发展做出了重要贡献。

一、为什么要写这本书

假如有一个城市的工厂发生了大规模的罢工，工人们纷纷走上街头，游行示威，城市的公共交通因此陷入瘫痪，供水、供电都变得极不稳定，整个城市都笼罩在焦躁不安的氛围之中。经过一段时间，工人们提出三个诉求，分别是提高工资补贴、改善生活环境、提升社会地位。如果你是这个城市的市长，你会怎么化解这场危机？你如何来安抚愤怒的工人和焦躁不安的围观人群？你会采取怎样的措施来避免发生更大规模的冲突？这是一个非常复杂的问题，它考验着管理者的耐心和智慧。实际上，这个故事的主人公不是别人，正是《组织与管理》的作者切斯特·巴纳德。

巴纳德曾经担任处理美国新泽西州特伦顿市失业者骚乱的政府首席谈判代表，他运用高超的谈判技巧和管理智慧，巧妙地化解了这场危机，最终平息了骚乱，让政府和罢工者都取得了满意的结果。骚乱事件之后，切斯特·巴纳德将他的工作经历与长久以来的管理实践进行了总结和提炼，最终在 1948 年写下了这本《组织与管理》。他从自己的管理经历出发，总结归纳了与管理有关的不同概念，全面而系统地介绍了与组织管理有关的知识，为后续的管理学研究构建了基本的前提假设和分析逻辑。

二、个体与管理：个体优先、组织动机和集体行动

如何理解管理和人性之间的关系呢？在回答这个问题之前，巴纳德首先对传统的组织管理观点展开了辛辣的批判。

巴纳德认为，尽管政客在选举中不厌其烦地强调每个人的个性和独一无二性，但是在经济发展和其他领域中，每个人的个性实际上都在被逐渐模糊。人变成了一种生产需要的基本原料，每个员工就像螺丝钉那样被紧紧地束缚在庞大的生产机器中。管理者并不关心员工的喜怒哀乐，他们只关心效率。他们心中最理想的员工应该是没有感情的，只会不知疲倦地工作。

巴纳德指出，传统的组织管理就建构在这一残酷的前提之上。对于传统的组织管理而言，其目的就是压制、禁锢人的个性和感情，将人训练成一种生产需要的原料。它关注的是如何使整个组织高效生产和协调运作，而不是使每个员工都感到满足和幸福。巴纳德认为，传统的组织管理需要一场变革，其研究重点需要从组织层面下沉到组织成员层面。管理者应该更加关注员工的身心健康，在最大程度上调动员工的积极性，并在此基础上构建起和谐的生产秩序，最终提高组织的绩效。基于这种观念，巴纳德对管理中如何关注个体提出了三个建议。

第一个建议：秉持个体优先。

所谓个体，就是指组织中参与工作和管理的每个员工。而所谓个体优先，就是指要求组织关注员工的工作能力、工作状态和心理健康。组织发展的标准应该是个体发展的最大化，而不是对经济利益的考量。巴纳德认为，组织应该秉持个体优先的原因主要有两个。

- 第一，秉持个体优先可以弥合集体利益与个体利益的分歧。巴纳德指出，传统的管理观念认为集体利益和个体利益是相互冲突的，管理者往往要求员工为集体做出牺牲，这种观念极大地损害了管理者与员工之间的关系。巴纳德认为，集体利益和个体利益在很多方面是一致的，个体的发展往往只会对集体有益无害。因此，管理者要把关注重点放在个体的需求和利益方面，站在个体的位置去思考，先满足个体利益，再来思考集体利益。

- 第二，秉持个体优先可以保持高效。巴纳德指出，员工的工作效率取决于很多方面，工作环境、家庭环境、婚姻状况、兴趣爱好都会影响到员工的心理状态，而这种心理状态又会直接影响员工的工作状态。这时候管理者要做的就是以员工为先，关心员工的喜怒哀乐，理解员工的处境，根据具体情况来调整管理的风格和方式。

第二个建议：组织动机变革。

所谓组织动机，就是指组织开展活动的动力来源。比如企业的动力来源就是盈利。传统的组织管理观认为，企业的组织动机就是完全的盈利。但是在巴纳德看来，这种对组织动机的单一认识，可能会导致组织内部关系的恶化和组织效率不断降低。比如一个一味追求盈利的企业可能会忽视紧张的员工关系。

在巴纳德看来，人们对于组织动机的基本观念需要变革，人们应该在组织动机中更加关注员工福利、组织环境等方面。比如，政府机关的公务员，他们的工资普遍比企业部门的员工低，但是公务员的忠诚程度却比企业部门的人高很多。公务员几乎不会跳槽，而企业员工往往会频繁跳槽。巴纳德认为这是由于公共部门的组织动机更加多元，员工在这种组织中能够感受到组织的关注和支持，从而能更加稳定地投入工作。

第三个建议：关注集体行动。

集体行动就是指组织中的员工为了表达某种意愿或达成某种目的，会采取联合行动。比如举行联合罢工、组成工会要求谈判等。巴纳德认为，管理者需要高度关注集体行动，其原因主要有两点。

- 第一，集体行动会毁灭团队关系。无论集体行动的目的如何，只要某个组织中出现集体行动，就意味着团队内部出现了争议和对抗。无论最后的结果如何，这种争议和对抗最终会让团队的关系出现裂痕，从而加剧了下次出现对抗的可能。

- 第二，集体行动会浪费人力资源。毫无疑问，团队内部出现集体行动，一定意味着其他的一部分工作任务被放弃了，这无疑是一种人力资源的浪费。巴纳德认为，管理者要在日常的管理中重视合作心态的培养，给予劳动者更高的地位，承认个体和组织之间的命运与共，最大限度地遏制集体行动的出现。

三、领导者与管理：领导行为、积极素质和外部环境

在巴纳德的眼中，领导者应该如何去做呢？所谓领导者，就是指在有组织的活动中引导人们或指导人们活动的人。在组织管理中一个卓越的领导者应该具备怎样的素质呢？巴纳德对此提出了三方面的内容，分别是卓有成效的领导行为、积极的领导素质和良好地适应外部环境。

（一）一个卓越的领导者应该具有卓有成效的领导行为

领导行为就是指领导者在组织中工作时产生的行为。巴纳德认为，卓有成效的领导行为往往可以被分为四个部分。

1. 确定目标

一个卓越的领导首先考虑的就是他的组织目标。组织目标可以告诉团队要做什么、不要做什么、朝什么方向前进、什么时候停下来。巴纳德认为，卓越的领导者就像一个交响乐团的指挥。乐团的指挥本身受外部环境——曲谱的约束，而领导的行为也总要受组织目标的约束；乐团的指挥并不发出任何声音，他要做的就是倾听不同的声音并引导不同的乐器在合适的时候发声，而领导者也是一样，领导者并不从事生产性的工作，他所做的就是倾听下属的意见并不断协调他们的行为。

2. 运用手段

运用手段指的是实现目标的手段和工具。事实上，在领导者确定的目标和实际结果之间存在着巨大的空间，领导者需要运用一定的手段来达成目标。比如工厂的领导者要求今年的产量增加50%，接下来要确定的就是如何达到增产50%的目标，是增加人手，还是扩建厂房？不同的领导者，会做出不同的决定。巴纳德指出，随着技术和专业化分工的发展，运用手段所需要掌握的知识开始变得日益复杂。领导者可能无法有效地了解某种手段的真实效果，只能依靠意见和建议。比如随着市场的变化，领导者已经很难依靠自己的直觉来做出判断，各种商业咨询公司便应运而生，咨询公司的工作任务就是给领导提供咨询建议。

3. 行动的方式

巴纳德认为，组织的活动方式是非常重要的，因为组织的活动方式可能影响组织的构建。比如一个组织经常开会讨论问题，那么这个组织就更有可能形成民主的领导方式和处事原则。如果一个组织常常通过小团体的协商来决定组织的发展，那么这个组织就更有可能形成拉帮结派、相互斗争的组织氛围。巴纳德指出，领导者需要做的就是引导组织的行动方式，向着有利于组织目标实现的方向发展。

4. 激励协作行动

一个组织的内部离不开协调合作。领导者要做的就是激励组织内部的合作，维持组织的团结，帮助组织达成目标。为此，领导者可以采取多种方式，包括物质许诺、人格魅力等。

总的来说，巴纳德认为，要想领导行为卓有成效，领导者必须确定目标、灵活运用手段、控制行动方式、激励协作行动。

（二）一个卓越的领导者应该具备积极的素质

巴纳德认为，领导者既是外部环境造就的，也是自身具备的素质和性格所造就的。不同的卓越领导者往往具有不同的领导方式，但是他们身上总是表现出一些共同的特质，巴纳德总结了三点。

1. 活力

巴纳德认为，活力是一个非常广泛的概念，包括旺盛的精力、良好的敏捷度、高度的警惕性等方面。一个优秀的领导者往往是充满活力的，比如英国首相丘吉尔、美国总统罗斯福在演讲的时候，所展现出来的活力往往会令观众印象深刻，从而加强了他们的领导地位。

2. 决断力

决断力就是指做决策的意愿和能力。领导者需要在关键的时候做出决策，如果性格优柔寡断或者犹豫不决，领导者的地位和权威就会遭到削弱。

3. 责任感

巴纳德认为，在特定的具体情境下，某个人因为没有做出他觉得在道义上应该做的事情，或者做了他认为在道义上不应该做的事情，会感到强烈的不满足。

总的来说，巴纳德认为一个领导者应该充满活力、能够做出正确的决断，同时还要充满责任感。

（三）一个卓越的领导者应该很好地适应外部环境

所有组织都处在一定的环境之中，环境反过来也影响着组织的运行和发展。巴纳德把组织的外部环境分为稳定的外部环境和不稳定的外部环境两种。

1. 稳定的外部环境

稳定的外部环境意味着组织没有发生什么变化或者遭遇什么重大威胁，只是稳定地发展着，这种外部环境会影响组织中领导者的思考方式和决断行为。这时，领导者可能是十分冷静地、深思熟虑地做出决定。领导者不会贸然提出行动方案，而是在不断的分析和判断中寻找共识。

2. 不稳定的外部环境

不稳定的外部环境意味着组织往往处于一种涉及重要利益、关系到组织存亡的重要时刻。这时，领导者必须具有相当的勇气，要当机立断、大胆行动，直接决定才是危机时刻的必然选择。当然，这时的领导者不再依靠理性判断来做出决策，更多的是靠直觉来做出判断。

巴纳德指出，这两种情况都显得有些极端，现实生活中的外部环境是处于这两者之间的"中间地带"。领导者要做的，就是最大限度地适应各种不同的外部条件。

四、民主程序与管理：有效行动与政治因素，领导力与管理地位和责任分散

民主可能是现代人最熟悉的政治名词，民主程序包括很多前提，比如言论自由、全体投票、普遍选举等。但就其本质而言，民主程序的核心仍然是通过投票来做决策。巴纳德认为，一个组织应该采用民主程序来对组织中的问题作出决策，因为民主程序可以为政策赋予合法性，帮助政策有效地推行下去。但是在此之上，巴纳德经过进一步的研究，发现在组织管理中运用民主程序存在着固有的困境和缺陷，主要在于有效行动与政治因素，领导力与管理地位，责任分散三个方面。

（一）有效行动与政治因素的困境

有效行动是指如果一个组织能够通过某种行动来实现组织目标，那么这种行动就是有效行动。假如一个组织能够抽调组织内

部的各种力量，组建临时团队应对可能的风险挑战，那么这个组织的有效行动能力就很强。政治因素是指组织通过民主程序表达出来的意愿和态度，比如组织内部对于加班的态度就是一个典型的政治因素。巴纳德指出，独裁组织的有效行动能力很强，因为独裁组织完全依赖领导者的命令和指挥，组织资源可以围绕领导者设定的目标进行投入。而民主组织的有效行动能力可能会较低，因为民主组织必须通过妥协和对话的形式来达成共识，从而推动组织针对具体目标投入资源。

巴纳德认为，领导者在民主组织中可能面临着一个"三难选择"的窘境。所谓"三难"，就是指领导者提出的行动方案必须同时适应三种外部条件，即必须适应外部环境、内部环境、抽象的政治因素。就像美国总统的工作一样，总统必须回应外部的国际竞争挑战，也必须回应内部的选民要求，还要在这个过程中兼顾种族主义、女权主义等政治话题。巴纳德指出，由于掺杂了政治因素，本来简单的合作行动变得复杂了。比如两个员工的工作能力差不多，一个是黑人，另一个是白人。如果必须开除其中的一个，那么很有可能是白人被开除，因为开除黑人可能会被扣上种族歧视的帽子。这就是巴纳德说的政治因素的困境。

（二）领导力与管理地位的困境

组织的有效领导一方面取决于组织是否具有相应素质的领导者；另一方面取决于职位体系的情况，即是否在不同的岗位安排了合适的人。也就是说，组织中的有效领导取决于领导者和组织职位之间的相互适应。比如，一个领导者具有很高的领导才能，但是只能在基层任职，这时领导者与组织职位之间就出现了不适应的情况。

巴纳德指出，在民主组织之中，领导者与组织职位之间存在着冲突与矛盾，这主要体现在两个方面。

- 第一，稳定关系。在任何情况下，组织的职位应该保持长期稳定。但是在民主组织中，组织的管理地位可能会发生周期性的变化，这种变化可能导致领导者无所适从，危害组织的稳定和发展。由于民主程序的存在，这种困境几乎无法避免。

- 第二，政治能力。毫无疑问，民主程序的存在会加强领导者对政治因素的考虑，但问题在于，民主程序往往很难真实地评定出领导者的政治能力，领导者可运用演讲、电视节目等手段来宣扬自己的理念，等到掌权之后却换上了另外一副面孔。

（三）责任分散的困境

巴纳德认为，民主程序通过投票的方式，将责任分散给全体选民，要求选举出来的领导人执行民众所要求的政策。有时候，领导者会因为上一任的错误而受到公开的谴责。反之，领导者也可能因为别人的优点而受到赞扬。

巴纳德指出，这种领导者责任的模糊不清，可能导致民众无法清晰地认识到领导者的工作和成绩，进而导致领导者的工作受挫，领导与民众之间产生不信任，这种不信任反过来又会加剧民众对领导者的偏见，最终形成一种恶性循环。最坏的结果就是组织面临的问题进一步增多，能解决问题的领导者却越来越少，领导者的权威开始集中，组织开始走向专制和独裁，民主程序遭到破坏。

扫码获取附赠资料

20

《人力资源管理》：
企业人才的"选育用留"之道

国际著名人力资源管理专家——加里·德斯勒

加里·德斯勒，国际著名人力资源管理和组织管理专家。同时，他还是美国佛罗里达国际大学工商管理学院的教授，长期致力于人力资源管理和组织管理领域的研究，并在 2005 年受聘成为中国人民大学劳动人事学院的兼职教授。

《人力资源管理》是德斯勒的代表作，这本书自1978 年首次出版以来，就持续受到国际管理教育界的关注，成为全球畅销书。

加里·德斯勒

一、为什么要写这本书

众所周知，管理包括五种职能，分别是计划、组织、人事、领导和控制。人事作为管理职能之一，即人力资源管理，是德斯勒在这本书中讨论的主要内容。德斯勒认为，人力资源管理既是一个获取、培训、评价员工以及向员工支付薪酬的过程，也是一个关注劳资、健康和安全以及公平等问题解决的过程。也就是说，人力资源管理者就是一群为了雇用合适的人来承担特定的工作，而综合使用激励、评价和开发等技巧，促进员工与企业共同成长，实现企业利润增加的人。

目前，传统的人力资源管理受到众多挑战，比如全球化下同类企业竞争激烈，企业要想在市场中占据一定的份额，就要把提高生产力、降低成本、扩大市场作为自身生存发展的重点。同时，科技进步要求企业不断创新，培养与储备"知识型人才"成为企业竞争的热点。再加上女性员工的增加和跨国公司的影响，劳动力队伍的多元化趋势日益明显。这些变化共同作用，让企业更加关注"人力资本"，人才的"选育用留"成为企业发展的基石。

然而，事物都有两面性。科技发展和技术进步也为企业的人力资源管理带来了机遇。例如信息化管理、"互联网＋"、大数据等已经对人力资源管理者的工作内容和工作方式产生了深远的影响。企业通过网络进行人员招聘就是新时代的一个显著变化，同时，许多企业还通过建立人力资源管理门户网站，为员工提供各种人力资源管理任务信息，简化了人力资源管理的过程，进而提升了人力资源管理的效率，降低了管理者工作的强度。

实际上，社会发展促使新型人力资源管理者必须关注更加多元化的问题，他们不仅要关注雇用和培训员工这类传统人力资源管理工作，还需要站在企业发展的大局上，关注战略规划、财务、市场营销及生产等各方面的内容，制订合乎公司需要的人力资源管理规划。而这就要求新型人力资源管理者具备一系列胜任素质。

- 在个人层面，人力资源管理者应当是一个可信的行动者，具备"既可信又积极"的领导力，能够积极地提供见解、挑战传统，并受人尊敬和钦佩，使工作顺利进行。

- 在组织层面，人力资源管理者又需要扮演能力建设者、变革推动者、技术倡导者及人力资源管理创新者和整合者的角色，能够创设一个组织战略与文化、管理实践以及员工行为相契合的工作环境，对员工队伍进行优化整合，形成一个运行良好的组织。

- 在环境层面，人力资源管理者又是能够帮助公司制定战略的定位者，因为好的领导者就像好的船长，能在充满风暴的大海中躲避不利环境，指挥船只平稳的运行。

总之，人力资源管理在受到各种发展趋势影响的同时也面临着新挑战。人力资源管理的新要求就是实施战略性人力资源管理，并且人力资源管理的工作重心要从行政事务性问题转向全局性问题。

2017 年中国人民大学公共管理学院刘昕教授在《人力资源管理》以往版本的基础上，加入中国企业人力资源管理案例后，重新翻译和整理了德斯勒在人力资源规划与人员招募、人员培训与绩效管理、薪酬管理与员工关系管理以及人力资源管理新内容等方面的见解。德斯勒认为，无论人力资源管理的形式和要求如何变化，都离不开这样的逻辑：企业通过人力资源规划、招募与配置、培训与开发、绩效评价、薪酬与福利管理以及员工关系这六大模块，实现对人才"选""育""用""留"的四大目的，进而实现人力资源管理的最终目标，即选取并留住合适的人才，使其为企业创造利润、增加企业的竞争力和吸引力。

二、人力资源规划与人员招募：如何选择合适的人才

人力资源规划和人员招募与配置属于企业"选择"人才的范畴。也可以说，人力资源规划是企业人员招募和配置的前提，它从企业的战略规划和发展目标出发，根据内外环境的变化，对企业的用人需求做出规划，然后人力资源管理者再根据人力资源规划进行人员招募。

（一）人力资源规划

企业人力资源规划一般包括三个方面的内容：人员预测、人员补充以及人员培训。作为"人力资源管理六大模块"之首，人力资源规划需要纵观全局，了解企业人事管理的"过去""现在"和"未来"。

- "过去"涉及人员培训的内容，即根据员工绩效表现制订相应的培训方案；
- "现在"与人员补充相关，管理者衡量当前的人事动态，谋求人力分配的合理化；

- "未来"则与人员预测密切联系，为配合企业的生存和发展需要，人力资源管理者需要具备一定的前瞻性，有目的地为企业招募高质量的、合适的员工。

人力资源规划在与内外环境及企业战略目标相适应的基础上，明确企业发展的人力需求，以适当的人员流动保证员工队伍的合理流动，是开展人力资源管理活动的前提。

（二）人员招募

与人力资源规划紧密相联的是人员招募。作为实现企业生产经营目标的基础，人员招募需要采用科学的方法使人员得到精准配置，达到"岗得其人、适岗适人"的要求。岗位需要合适的员工来提高生产效率，员工只有在适合的岗位上才能发挥出最大价值。人员招募的有效性需要通过职位分析、人才吸引和人员甄选等科学步骤来实现。

1. 职位分析

人员招募首先要做的是职位分析。职位分析确定了各部门中各职位的工作职责以及应当雇用哪些特征的人来承担这些职位。职位分析非常重要，因为它几乎为人力资源管理的所有活动提供了支持。

- 在员工招募与甄选中，职位分析提供的信息，既能帮助管理者决定雇用员工的类型和技能，也能使求职者了解自己是否具备任职资格。
- 在绩效评价和薪酬管理中，职位分析能为管理者提供有关特定职位的绩效等级划分、员工绩效完成的程度和相应等级的薪资信息。

● 在员工培训中，职位分析能为管理者制定培训方案提供参考，让任职者明确自己的培训目标，提升自己的工作技能。

2. 人才吸引

人员招募还要吸引足够多的优秀求职者。企业进行员工招募，就表示企业有职位空缺，需要吸引优秀的求职者来填补空缺。但是，有效招募并不是单纯的填补空缺，而是从众多优秀的求职者中选择最合适的人，使其在企业中发挥作用。比如一个企业有两个空缺职位，在只有两名候选人前来申请职位时，除了雇用这两名候选人之外就别无选择了。此时，如果有二十名候选人，那么企业就可以对候选人进行甄选，优中选优，留下最适合的人，这个过程就是有效招募。

招募工作的有效性是有一定衡量指标的，诸如吸引的求职者人数、新雇员工的工作绩效、新雇员工的离职率、管理人员的满意度等。但是，企业在吸引足够多的优秀候选人的同时，也需要考虑招募成本的控制、招募广告发布渠道的选择以及招募效果的评价等问题。虽然在互联网发布一条招募广告可能会吸引上千名求职者，企业真正需要的却是合适的、可雇用的求职者，数量过多反而徒增招募方的工作量。

因此，不同类型的人才需要通过不同的招募渠道获取，可以更高效地招募到最适合的人选，并为企业节约人力、物力和财力。比如，我们可以通过校园招聘招募实习生，不仅可以了解毕业生的实际情况，提高招聘的准确度，还可以通过校园招聘展示企业形象，为企业吸引优秀的求职者；也可以通过猎头公司招募高层管理人员，这些猎头公司往往擅长为管理者找到更合适的候选人，为企业节约招聘时间。

3. 人员甄选

人员招募还有一个重要过程就是人员甄选。人员甄选是指在众多候选人中甄选合适的员工。德斯勒提到，企业在甄选中常使用测试工具对求职者进行挑选和淘汰，常用的测试包括：认知能力测试、运动和身体能力测试、成就测试和人格与兴趣测试。除利用测试来进行人员甄选外，还可以使用工作样本法和模拟法来进行选择，就是向求职者展示他们即将从事工作中可能出现的典型情境，让求职者对这些情境做出反应，并由专家对每一位候选人进行观察得出领导潜能方面的评价，以供人力资源管理者做出雇用决策，最终达到人才甄选的目的。

而甄选面试是另一种人员甄别形式。甄选面试是面试官进行口头询问，求职者进行口头回应，在双方的问答中预测求职者未来工作的绩效，做出雇用决策的甄选方式。为什么我们要做人员甄选呢？这是因为人员甄选涉及三个重要的内容，即绩效、成本和法律责任。

- 绩效因素，是指员工需要具备为企业好好工作的技能。在雇用员工之前，企业应当将不能有效完成工作的员工剔除出去。
- 成本因素，是指企业招募和雇用员工的成本很高，其中可能包括寻访费用、面试时间、信息核查、培训费用等，如果员工在入职后短时间内离职，将会造成巨大的成本浪费。
- 法律责任，指的是企业必须根据法律法规采取不带歧视性的甄选程序，人员甄选不当会引起诉讼，企业不仅需要承担诸多法律后果，还会对企业形象造成损害。

三、人员培训与绩效管理：培育与任用人才

如果说人力资源规划和人员招募为企业"选择"了合适的人才，那么人员培训和绩效管理就是人力资源管理中有关人才"培育"与"任用"的重要环节。人员培训的目的是提升员工绩效，而绩效管理可以衡量培训的成果，也能为下一步培训计划提供方向，这二者相互辅助、互为补充。

（一）人员培训

人员培训通常包括两个大的方面：入职引导和职工培训。

入职引导一般是针对新员工进行的，为新入职员工提供开始工作所需要的基本信息，比如公司的规章制度和设备使用等。好的入职引导还有助于新员工在情感上与公司建立链接。

相对于入职引导，职工培训是针对老员工的。从企业角度来说，职工培训是为了确保员工的工作技能和知识与公司的发展战略相契合，帮助公司成长，为公司增加收益；从员工角度来说，职工培训有利于员工培养终身学习的习惯，提升个人绩效，实现自我成长。据调查显示，在30岁左右的高成就者中，四分之三的人会在入职后一年内就开始寻找新职位，原因就是他们对自己得到的培训感到不满足。由此可见，企业有好的培训项目不仅可以推动企业战略的实现，还能吸引和留住优秀员工，实现企业与员工的共同成长。

（二）绩效管理

绩效管理在人力资源管理中发挥着关键作用，其目的在于识

别、衡量并开发个人及团队绩效来实现组织目标。绩效管理的一个核心问题是绩效评价，上级主管根据员工需要达到的绩效标准对员工当下或者过去一段时间的绩效进行评价。理想的绩效评价有助于界定员工的职位及其绩效标准，在企业绩效管理过程中占据核心地位。但是，实际的绩效评价受人为因素的影响而并不那么客观，由此人力资源管理者设计了许多绩效评定办法，比如强制分布法、配对比较法、行为锚定法等，以期得到有效的绩效评定效果。

绩效管理在企业人力资源管理中极为重要，它涉及员工的工作满意度和对未来工作的积极性。摩托罗拉公司在员工工作满意度和未来工作积极性建设方面的做法值得借鉴，它的绩效管理是从目标设定、评价方法、反馈机制和对话方式等方面进行的，每一个流程都体现出"以人为本"的用人信念。摩托罗拉公司不仅关注员工在工作细则方面的达标程度，还从员工职业生涯发展等长远战略方面进行考虑，对员工的绩效评价结果进行及时反馈和回顾，并根据结果进行相应的绩效调整计划，使员工能够及时调整工作方向，这样一来员工在提升绩效的同时也增强了企业认同和工作积极性。

所以，管理人员在进行绩效评价之前，首先要确定具体的、可达到的、可衡量的、有时限性的和相关性的标准；并在实践中采用基于互联网的计算机化的绩效评价方法，保证绩效评价的公平性、合法性和有效性。最终目的是让绩效评价为薪酬和晋升决策提供基础信息，纠正绩效缺陷，促进组织战略目标的实现。

四、薪酬管理与员工关系管理：留住优秀人才

薪酬管理和员工关系管理属于"留住"人才的重点内容。薪酬管理在绩效管理和员工关系管理中起了承上启下的作用，一方面管理者需要根据员工的绩效评价等级发放工资，另一方面薪酬管理与员工满意度和积极性直接相关。薪酬管理从经济角度将员工留在企业，而员工关系保障了员工的多种权益，二者对"留住"优秀人才都起到强有力的黏合作用。

（一）薪酬管理

薪酬管理由两大部分构成：直接经济报酬和间接经济报酬。

1. 直接经济报酬

直接经济报酬包括基本工资和奖金。

（1）基本工资

基本工资在薪酬中占主要地位，目前主要是根据工作时间和工作绩效进行给付。比如蓝领工人、管理人员和网页设计人员等都是按照工作时长领取小时工资或者月工资的，这种薪酬支付方式在当前的薪资市场占主导地位。计件工资是按照工作绩效支付薪酬的典型代表，工人根据其生产的商品数量领取工资，销售人员则根据销售额领取工资。实际上，更多的企业是将计时工资与绩效奖励相结合，更具有灵活性。

（2）奖金

奖金是另一种直接经济报酬，它在员工激励中起着重要的作用。德斯勒提到，针对不同类型的员工，应当采取不同的经济型

奖励计划，这部分就属于激励性薪酬，也就是奖金。针对一些普通工人，可以通过绩效加薪的方式给予激励，在计件工资的基础上，根据员工个人的绩效水平给予额外的奖励；对于管理人员来说，公司设置年终奖来激励管理人员实现短期绩效，同时采取股票期权计划和股票增值权等方式实行长期奖励计划。随着团队形式在公司中越来越普及，团队奖励计划也越来越受到企业的关注，即根据团队绩效对个人或者团队成员实行奖励。

2. 间接经济报酬

间接经济报酬主要指福利。福利可以是间接的经济性报酬，也可以是非经济报酬，它是保持员工与企业良好雇佣关系的重要内容。我们常说的"五险一金"就是员工福利的一部分，企业还会提供多种个性化服务，比如带薪休假，员工援助计划，儿童和老人看护计划等。甚至许多大企业提倡弹性的福利计划，员工可以自主选择休假时间，自由组合休假方案可满足个人对福利的不同偏好。

（二）员工关系管理

薪酬计划与每一名员工息息相关，它不仅要具备内部竞争性，提升员工的薪酬满意度，降低员工离职率，还要具备一定的外部竞争性，使企业在同行竞争中更具优势，从而吸引大批优秀的求职者。但是一个企业不能仅靠提高薪酬来留住员工，做好员工关系管理既能节约用人成本，又能真正"留住"优秀人才。员工关系管理包括三个密切相关的问题：公平问题、劳资关系问题和员工安全问题。

1. 公平问题

有时候工作场所的不公平表现得很微妙，比如员工的直接上级总是对员工进行言语欺辱，这种欺辱对员工来说是一种典型的不公平对待，如果高层管理者对此坐视不理，这种不公平对待会增加员工的压力、降低士气，对绩效产生直接的负面影响，也会使企业声誉受到影响，削弱竞争力。所以，对公平问题进行管理是营造良好的公司氛围、团结员工、提升绩效的重点。

2. 劳资关系问题

劳资关系问题也是员工关系维护中的重要部分。沃尔玛（Walmart）公司是零售业的巨头，但是它旗下的山姆俱乐部（高端会员制商店）的销售额却低于好市多（Costco）公司。好市多公司是如何反超山姆俱乐部的呢？这与好市多公司稳固的劳资关系战略密不可分。好市多公司承担了自己员工90%的医疗保险支出，能选择温和的方式与抗议员工进行协商，并通过增加员工工资、加大养老计划投入缓和劳资关系，不仅降低了员工离职率，还维持了较高的生产力和优质的服务水平，结果就是好市多公司的利润实现了大幅增长。正是这种支持性的劳资关系，使好市多公司逐渐成长为能与沃尔玛公司相抗衡的全球第二大零售商。好市多公司的例子表明：切实保护员工利益、积极维护劳资关系带给企业的利益远大于损失。

3. 员工安全问题

员工安全问题不仅关乎员工的生命安全，还与企业的绩效紧密相关。说到员工安全支出，可能许多没有远见的企业会认为这是一项增加企业成本的额外开支，事实并非如此。美国的一家木材公司在五年中为改善工作环境和进行员工安全培训，投入了大约 5 万美元，并在五年中节省了高达 100 多万美元的工伤赔偿。所以，企业与员工说到底并不是相互对立的关系，良性的员工关系能够提升员工绩效，营造正向的企业氛围，是最终实现企业战略目标的基石。

五、人力资源管理的新内容：促进国际化与本土化的发展

除去人力资源管理六大模块的主干问题，德斯勒还增加了更丰富的内容，涉及人力资源管理的本土化与国际化发展问题，具体包括小企业人力资源的构建和全球化人力资源管理。

（一）小企业人力资源的构建

在中国创业政策的号召下，小企业和创业企业如雨后春笋般出现，但是小企业和创业企业并不那么容易生存，它们面临着诸多人力资源管理问题。一般来说，业务是这类企业的核心战略，"活下去"是第一要义，在规模和实力的限制下企业只能主要把握生产和销售问题，一切资源集中在市场开发和技术研发等方面，人力资源容易成为受到忽略的一部分。况且小企业和创业企业人员数量较少、组织结构简单、管理架构扁平，组织更多的是靠管理者或创业者本人来维持，缺少有规划的人力资源管理。对于小企业来说，在规划人力资源管理时不应过分追求系统规范性，而是应当保持灵活性高的优点，搭建具有弹性的人力资源管理框架，在发展过程中逐步对薪酬、绩效、培训等制度和程序进行调整和充实。

另外，小企业和创业企业也要充分利用自己熟悉、灵活和非正式性的特点在人员甄选、培训和福利等方面发挥作用，比如采取压缩工作周、额外休假和工作丰富化的方式让员工更好地发挥作用。进行人力资源管理外包也是小企业的一个好选择，这些专业性雇主组织能形成专业化的人力资源支持，减轻管理负担，为员工提供更好的福利，并达成更好的员工绩效和企业绩效。

总的说来，德斯勒提到的小企业人力资源管理系统能让小企业利用自身的优势，采取灵活性和非正式性的规则来处理绩效管理、员工冲突等问题，在激烈的市场竞争中也能让小企业和创业企业占有一席之地。

（二）全球化人力资源管理

随着经济全球化的发展，人力资源面临着全球化的趋势，越来越多的跨国企业要求人力资源管理者有针对性地制定人力资源政策来对抗国际化运营带来的挑战，比如国际化员工招聘、外派员工管理和不同国家人力资源实践带来的系列问题。

联合利华可以说是国际化人力资源管理的成功典型。联合利华在 88 个国家和地区建立了运营机构，在 150 多个国家销售产品，旗下拥有超过 1000 个品牌。联合利华不只靠产品品质取胜，更重要的是依靠高素质的人才，可以说联合利华是在留住人才和培养继任方面做得最好的企业了。联合利华以"国际化"人才发展为主题目标，进行国内轮调、海外轮调，并开展跨国项目，将员工派往多个不同国家进行培养，帮助这些具备发展潜质的员工获得国际化视野，拥有更高的领导和决策能力。此外，联合利华还建立了全球化的人力资源数据库。这个广泛的"人才数据库"

让联合利华成为一个能够把握全球化挑战、管理灵活的多元化跨国企业。

不同国家之间的文化差异和经济制度要求人力资源管理者站在更高的角度考虑全局性问题。总部位于美国的摩托罗拉作为一个跨国公司，在进入中国市场后没有将美国公司管理的方式方法完全照搬，而是结合了西方管理的精髓与东方文化的特色。在美国，人力资源管理的特点是"法、理、情"，但是在中国，这一套完全不符合中国文化的特性，因此摩托罗拉在中国的管理以"情、理、法"为原则。这种与文化的有机融合让摩托罗拉公司的人力资源管理备受赞誉。所以，在如今国际化背景下构建全球人力资源网络，开发有效的全球人力资源管理系统，是人力资源管理者面临的新课题。

扫码获取附赠资料

21

《个性与组织》：
懂人是管人的第一步

行为科学的创始人——克里斯·阿吉里斯

克里斯·阿吉里斯（1923—2013），出生于美国新泽西州纽瓦克市，行为科学的创始人，组织学习理论的主要代表人物之一，被誉为当代管理理论的大师。

第二次世界大战期间，阿吉里斯曾在美国陆军服役。1947 年，阿吉里斯获克拉克大学心理学学士，1949 年获得堪萨斯大学心理学和经济学硕士学位，1951 年获康奈尔大学组织行为学博士学位，1951—1971 年任耶鲁大学行政科学教授，1972 年开始担任

克里斯·阿吉里斯

哈佛大学咨询心理学与组织学习教授，共获得 11 项荣誉学位，1994 年被美国管理科学院授予"管理学科终身成就者"称号。

阿吉里斯是美国许多举足轻重的大型企业（如 IBM、通用食品等）的高级顾问，他同时受聘于许多欧洲国家政府，担任管理培训和教育培训的顾问。

一、为什么要写这本书

大多数学科在发展初期都受到过公众的质疑，组织行为学也不例外。在《个性与组织》开始创作时，组织行为理论正处于发展的初始阶段，阿吉里斯希望通过对过往研究的总结以及对组织中现象的观察分析，建立一个系统的、理论严谨的、经过实践检验的、能够真实准确反映现实情况的学科理论框架。这是因为，在行为科学应用于管理领域的初级阶段，许多组织的管理层更加依靠经验去解决实际问题，人们往往认为"经验"是了解人类本性最好的老师。

因此，他们对于管理学家的"心理测试"不屑一顾，觉得那是在浪费时间。然而，阿吉里斯认为，经验本身是传授不了什么知识的，关键在于一个人如何利用经验，管理者尤其不能以经验自诩为人际关系专家。

那么，如何有效地利用经验呢？这就需要我们明白人的行为成因，更加科学地按照一个系统框架来综合行为科学的相关研究成果，从而对组织中人的行为表现的深层原因有所认识。这也是阿吉里斯创作这本书的重要目的之一。

正是在这样的背景之下，阿吉里斯从全局角度出发，对当时管理学与组织行为学已有成果进行了综合性研究，最大限度地包容了现有文献，综合了前人的成果，从而将这个知识领域的系统轮廓显现了出来，同时指出了某些可能需要进一步研究的领域，推动了行为科学的研究进一步发展。

二、理论贡献：提出"不成熟—成熟"理论

阿吉里斯通过对过往文献的分析总结得出了"不成熟—成熟"理论。这个理论认为，人性的发展，就像婴儿成长为成人，是一个从不成熟到成熟的过程，是一个从被动到主动，从依赖到独立，从缺乏自制到自觉的过程。理论上讲，一个健康的成年人在工作中会倾向于获得最佳的个性表现，不断朝着"成熟"的方向努力。

（一）个人与组织的关系

传统管理学认为，个人只是组织的零件，受组织的约束与支配。在组织理论发展的早中期，专家更多关注组织而忽略了人在组织中的重要性，并认为人仅仅是组织主体中的一个构成因素。

心理学专业背景的阿吉里斯，在研究个人与组织的关系时，自然离不开从心理学、行为科学的角度来研究人。他在《个性与组织》中强调了组织中人的重要性，认为组织中的个体都有其独立的人格，是一个发展着的有机体，人的个性都会经过从"不成熟"到"成熟"的发展过程，进而提出了"不成熟—成熟"理论。而在此之前，为了对组织中的人有更好的了解，阿吉里斯对有关人格的文献进行了分析，讨论并总结了大多数学者认可的人格基本属性。

我们常常看到这样一种现象：

● 有些员工抱怨太累了，绝不能再加班了，可是他们晚上却

在打篮球，这个差别就在于员工离开公司后做的是自己喜欢的事情，从中吸取了心理能量。

● 同样是这个人，也有可能他虽然晚上早早就寝休息了，早上醒来却感到疲惫不堪。从生理学上来讲，他应该得到了充分的休息，可是他却说："再也不要睡这么久了，睡了这么久，我觉得快要累死了。"

这说明，人的生理能量和心理能量之间并不是一一对应的关系。下属工作不努力或者表现懒散，让管理者失去信心时，问题的关键其实也是出在心理能量疏导方面。因此，聪明的管理者会设法了解公司哪些工作主要消耗的是生理能量，哪些工作主要消耗的是心理能量，怎样去帮助生理疲乏的员工恢复体能，帮助心理疲惫的员工恢复精神状态。

（二）心理能量的来源

那么，心理能量都来自哪些方面呢？

首先，心理能量源于需要。每个人在其人格的深处都存在某些需要，比如人们需要吃饭、学习、购物、看电影等。在工作中，我们还需要升职、加薪、获得他人的认可等。所以，不断调整自己以适应生存环境和工作环境，就是最重要的内在需要之一。

其次，伴随需要而来的是一个人的能力。能力也是人格的一种体现，而且在多数情况下是因为有需要才培养出相应的能力。通过拥有各方面的能力，我们生存于世界上，表达或实现我们的需求。由此我们可以得知，人格的基本组成部分都是相同的，即都是由需要和能力组成。

（三）自我与自我意识

同时，我们还需要了解，各部分构成人格整体的方式是因人而异的，科学家们将这一现象概念化为"自我"。

人的一生都处于发现和再发现自我的过程中，不断改变和加深对自我的认识。在这个过程中，人们建立起自我意识，并让自我意识成为指导人们看待经验的框架或指南。当人在生活或工作环境中感到被威胁时，便会产生一系列防卫机制保护自我。

这样人格的典型特征及表现，让我们了解了人的行为复杂多变的深层原因。但整体来看，在不否认个体差异的前提下，由于相同的生物遗传及社会文化体制，人的基本心理特征总会有一定的相似之处，人的行为还是有客观规律可以遵循的。

（四）管理启示

"不成熟—成熟"理论更加清晰地呈现了人格自我实现的基本趋势，为管理者解释组织中人的行为提供了理论依据。

阿吉里斯认为，在实际工作过程中，人格的基本特征可能会被人所采取的防卫行为掩盖而无法直接观察到，但管理者可以通过了解人们做事的方法推断其背后的动机，而不是被表层现象所迷惑，进而做出错误的管理决定。

此外，了解人性的特点也能够帮助我们更快走出低落的情绪，防止心理上的"退化"现象（指人的人格退回到早期孩子般的低效状态）。然而在"越挫越勇"的同时，我们也应该时刻关注我们自身的心理健康，防止内心的压力超标，成为爆炸的高压锅。

通过对人格的基本了解，我们可以看出人的个性复杂多变，但根据"不成熟—成熟"理论，我们又发现人格总的发展趋势是有规律可循的。因此，管理者应勤于观察员工在工作中的表现，思考这些行为背后的心理成因，促进员工的人格朝着"成熟"方向健康发展。同时，我们每个人也需要多多了解自己的内心世界，形成健康的人格，远离不良情绪，实现自我价值。

三、核心内容：组织的基本特性和个人与组织融为一体时的"连锁反应"

组织行为是由个体和正式组织这两个要素互相融合而成的。正式组织是有理性的组织，它是按照一定的逻辑建立的。正式组织的设计者假定人的忍受力很大，只要在可忍受的范围内，人的行为就会有理性，就会按照正式组织的规定去行事。但我们都知道，由于人的非理性，一个人经常会产生一系列不可预测的行为，并影响到组织按照既定的规则去运转。

在如今的互联网上，我们听到越来越多的呼声与诉求，比如寻找工作的意义、寻找个人的价值等。这样看来，个体与组织似乎是天生的对立面。然而，我们需要认识到，追求发展效率是组织发展到一定阶段的本能，是必不可少的商业需求。每一位管理者都希望能够建立"人性化组织"，然而没有原则的组织只能是更加混乱。

（一）正式组织的 4 项基本原则

在工业时代乃至于现在，正式组织都遵循着 4 项基本原则：任务专业化、命令链、统一指挥和控制幅度。

第一项基本原则：任务专业化。

专业化生产方式在产业革命时期迅速扩大了生产规模，却消除了个性差异，让身在机器前的工人成为动作、思想一致的，机械化的"劳动者"。专业化其实就是人的工具化，工作越简单就越符合要求。然而，过细的专业化分工会使独立个人的能力发生严重畸形。

第二项基本原则：命令链。

命令链指的是按照一定的权力等级将若干部门组织起来，上一级指导和控制下一级，就可以提高管理和组织的效率。然而，这种组织的等级层次结构，势必形成"命令－服从"关系，将员工阻断在非成熟状态，同样不利于员工个性的健康发展。

第三项基本原则：统一指挥。

如果每个部门都在领导者的统一规划和指导下完成高度专业化的活动，那么就可以提高组织的工作效率。在这一原则下，员工的奋斗目标是由领导者来规定和控制的，员工的个性发展由"自治"变为"他治"。

第四项基本原则：控制幅度。

只要把领导者的控制幅度限制在五六个工作上有互动的下属之内，就能提高管理效率。这个原则的局限在于，它会使得权力阶梯中最底层人员的支配权越来越小，下属在工作中变得更加被动。同时，控制幅度越小，部门划分就越多，而工作就越被分割得支离破碎，不同部门之间员工的沟通往来需要层层请示到有权指挥这两个部门的共同领导为止，反而加大了员工间的"管理距离"。

通过对正式组织的这 4 个原则进行分析，我们应该看到，如果员工完全遵从组织原则去工作，是与自身健康人格发展不相符的。长此以往，员工对自己的工作没有控制权，并将长期在组织中处于被动、依赖、从属的状态。这样的员工只考虑眼前问题，没有对工作深层次的思考，不利于工作能力的提升。渐渐地，员工开始情绪低落，降低工作在心理上的重要性。

（二）两种个体的适应性行为

当正式组织对员工的要求与员工本人的需求相对立时，员工就会遭遇冲突。比如，工作机械、单调、缺乏多样性和挑战性，就会妨碍员工个性需求的表达。面对这种冲突的情况，员工是通过个体或群体的适应性行为来平衡内心的沮丧。

在个体的适应性行为方面，主要包括两种行为。

第一种：员工会通过离职、升迁等方式离开冲突环境，或通过调换到其他岗位带来的新鲜感来获得暂时的满足感。

然而，生活总要继续，大部分人还是需要养家糊口、维持生计的。那么他们更多的是选择升迁，努力升迁到很少发生冲突的位置。当然，升职是十分困难的，这就造成了下一轮的矛盾。努力升迁的人永远不会停下来休息，他们充满压力、没有兴趣、没有时间、没有精力去从事和事业无关的其他活动，他们疏远了自己的家庭、父母和亲朋好友，这种孤立感也是对员工心理健康的一种损坏。

第二种：员工会继续留在组织，但不会再将组织看得那么重要，他们会采取一系列防卫机制来抵抗工作，比如找借口拖延、推卸责任、无休止地抱怨公司又不提升自己、工作时间开小差等。

其中，组织中个人的冷漠和事不关己态度需要特别重视。假设我们自己长期处在一个机械化的工作环境中，当我们逐渐发现工作无法展现出自己的个性时，就会感到非常失落。此时，我们就会倒退到更接近于儿童的状态，没有受挫之前那么"成熟"。

这种人格的"原始化"将会促使我们产生迷茫和无助，同时不断增加的压力也会助长我们在这份工作中的无力感。长此以往，这种压力会导致自信心降低，不断和组织发生分歧，最后产生"让组织见鬼去吧""当我离开工作一切都会好起来"等消极逃避的心态。

（三）4 种群体的适应性行为

一个人的懒散似乎还能解决，一群人的消极怠工可能就会让管理者犯难了。然而，在实际的工作中，这些对抗组织的员工们为了使自己的生存得到保障，便开始寻找相同群体的认可，从而形成非正式群体来缓解在工作中的挫败情绪。

群体的适应性行为包括 4 个方面的内容：

第一个方面：群体层面的定额限制、偷懒和消极怠工。

大多数员工会"闲聊"或者"躲在洗手间里看报纸"，这些员工所持有的代表性态度是"为了这点工资，他们不能让我干太多的工作""慢慢来，别太卖命，公司明天不会消失"。其中，最有"创造力"的活动竟然是员工接"私活"。可以说，这是员工对企业管理层所树立价值观的完全忽视。

现实中，确实有少数员工的表现符合管理层的逻辑，会对组织的激励做出全力以赴的响应，这样的人被称为"定额突破者"。但是员工们并不喜欢定额突破者，定额突破者也不喜欢其他人。在具体的工作环境中，"定额突破者"总是被排挤和嘲讽。如果你是定额突破者，你不该生产太多，否则便是"高产怪物"；你也不该生产太少，否则便是"滑头鬼"。员工通过这些行为抗拒工作，同时又能减少自己的付出。

第二个方面：小群体的正式化，也就是建立工会。

工会的建立是为了支持组织中任何层级的工作群体，员工可以通过工会的正式权力来支持许多非正式活动。员工一旦成立了自己的非正式群体，群体归属感会使他们比非正式群体的人更愿意常来公司。

心理学研究表明，每个人都害怕孤独和寂寞，希望自己归属于某一个或多个群体，这样可以从中得到温暖，获得帮助和爱，从而消除或减少孤独和寂寞感，获得安全感。非正式组织所能提供的归属感对员工来说十分重要，将有助于减少个人与组织间的心理冲突。

第三个方面：强调金钱和其他物质奖励。

工作中没有成就感的员工可能会更加重视金钱和职业安全感，尤其对于处在技术低层和社会经济低层的员工来说，他们更常想的是，"工作是谋生的手段，除了金钱没有其他意义"。

第四个方面：培养年轻一代对工作的冷漠。

组织中的个人会潜移默化地影响他们的子女，他们的子女从小便被培养出"不要期望从工作中找到幸福"的消极态度，同时被教会一些"如何不拼命工作"的窍门，从而减少将来可能遇到的挫折和冲突。

通过上述组织的特性和内部实际表现，我们可以看出，组织本身所固有的逻辑性和原则性，会使组织对人格的健康发展产生一定的阻碍。而个人在组织中受挫便会产生一系列防御措施。然而，组织与个人的持续对立会造成组织的混乱，管理者需要不断寻求保持个人与组织平衡发展的组织结构设计方案，才能保证组织的良性运转。

四、管理实践：管理者最佳领导方式的实现与影响

实际的管理应用中管理者的主要管理方式有哪些呢？常见的管理方式有以下 3 种。

- 第一，强有力的领导方式。这种领导方式常常是专制、命令、官僚式的，通过施加压力来管理下属，员工不仅会感到工作氛围压抑，还会以领导为中心相互竞争，缺乏团队精神。

- 第二，严格管控。这种领导方式通过对每个员工的绩效数量和质量进行仔细的检查和评估，分配给每个员工高度细化和专业化的工作，看似提高了效率，却使员工失去了参与确定工作职责及目标的机会。

- 第三，人际沟通。这是管理者缓解组织与个人之间矛盾的常用方法，希望通过人与人之间良好相处的方式来拉近管理者与员工之间的距离，让员工认同自己的工作，也被称为"人际关系热"。

但是，在面对利益与价值观冲突时，员工不会将自己所做的"不对"的方面告诉管理层，管理者无法收获到他们最想了解的信息。同时，随着管理者职位的逐渐升高，他会越来越严重地被下属孤立起来，久而久之，只能苦苦思考哪些人讲的是真话，哪些人讲的是假话。这一现象被称作"管理者孤立"，是在管理者与员工进行人际沟通过程中最常见的现象。

由此可见，组织中人性的发展所带来的个人与组织的冲突不可避免，管理者需要做的关键在于通过新的组织设计来实现个人与组织的协调，让团队达到高度和谐，群策群力。

但是，卓有成效的领导力没有现成的模式可遵循，只能通过

管理者对实际情况进行分析判断来采用适当的举措，实行"以现实为中心"的领导方式。而这些措施的核心就是关注人性的特点及人格的表现，尽可能地兼顾每一个人或每一种环境。在具体实施方面，管理者可采取 5 种方法：

- 一是扩大员工的工作范围，使员工的工作内容丰富化；
- 二是加大工作难度，扩大员工的技术领域与知识面；
- 三是实行以员工为中心的民主式、参与式领导方式，听取员工的需求；
- 四是加重员工的责任，激发员工的责任心和创造力；
- 五是适度放权，更多依靠员工自我指挥和自我控制。

然而，这些方法的成功与否还取决于员工是否对组织有兴趣，是否愿意参与到组织的活动中去。可见，培育一个健康的组织，促使其良性运转，任重而道远。

扫码获取附赠资料

企业持续增长的命门

22

《企业再造》：
企业诸多难题破解的关键

迈克尔·哈默（1948—2008），从小学习优异，于 1964 年进入麻省理工学院攻读数学学士学位，此后相继取得了工程师硕士学位和计算机科学博士学位。良好的功底为他未来的企业研究奠定了基础，留校任教几年后，哈默毅然辞去教师职位，投身于管理工作之中。

迈克尔·哈默

1990 年，哈默在《哈佛商业评论》上发表了《再造：不是自动化而是重新开始》一文，率先提出了企业再造的思想。1992 年，他被《商业周刊》评为"20 世纪 90 年代最杰出的管理思想家之一"。1993 年，他出版了《企业再造》，标志着企业再造理论的成熟。1996 年，哈默被《时代周刊》评为"美国 25 位最具影响力的人之一"，被誉为"企业再造之父"。2008 年，迈克尔·哈默去世，享年 60 岁。

一、为什么要写这本书

企业再造的前提是什么？企业再造这一概念的产生是基于什么样的背景？哈默认为，这个问题的答案可以分为三个方面，分别是顾客、竞争与变化。由于这三个词的英文单词都以字母C开头，所以这一背景也被称为"3C"背景。

（一）顾客

哈默认为，随着科学技术的进步和生产力的发展，全球的商品市场正在发生着重大的变化，具体表现为：不再是企业决定顾客能买到什么，而是顾客决定着企业需要生产什么。哈默敏锐地觉察到了顾客在商品关系中地位的强势崛起。哈默指出，由于商品市场的繁荣，顾客开始有了选择的余地，他们可以凭借自己的需求和购买偏好来影响厂商的决策。那些不重视顾客、只提供单一类型产品的厂商，将在竞争中落败。总之，哈默认为，顾客的强势崛起将彻底颠覆买家与卖家之间的关系，企业必须重视每一位顾客的需求，并持之以恒地改进商品和服务，这样才能在激烈的市场竞争中存活下来。

（二）竞争

实际上由于顾客地位的强势崛起，企业之间的竞争关系也发生了重大的改变。以前，只要一家公司能够提供物美价廉的商品，就能在市场竞争中取得优势。然而随着财富的增长和顾客需求的多样化，市场竞争的方式开始变得更加多元化。换言之，企业之间的竞争不再是比拼谁的商品更加物美价廉，而是开始比拼谁能够更好地满足顾客的需求。哈默指出，基于这种逻辑，未来的企业竞争不再是企业在同一水平线上的比拼，而是要在竞争中寻找适合企业的定位。总的来说，由于顾客地位的强势崛起，企业之间的竞争开始出现多元化的趋势，在这种情况下，企业必须及时反思自己，思考自己的定位和发展。

（三）变化

顾客地位的强势崛起加上竞争的多元化，最终导致整个市场不再长久稳定，而是瞬息万变。哈默指出，今天的产品市场更新迭代的速度，要求企业必须能够快速地根据市场变化，改变自己的产品和服务，不然就会遭到淘汰。在市场更加复杂的同时，市场变化的速度也在加快。总之，哈默认为，市场中的变化迫使企业必须时时刻刻审视自己的发展战略和产品业务，时刻准备着应对风险挑战。

总而言之，哈默认为，面对这种顾客导向、竞争多元、变化多端的局面，企业必须重新审视自己原有的产品和服务，尝试使用再造的方法来提升企业的增长潜力。

基于此，哈默在《企业再造》中讨论了为什么企业需要破除繁文缛节，应该如何运用再造来减少多余的规则和程序，那些成功的企业是如何运用再造来解决企业的诸多问题的。哈默提出的"再造"概念，在今天仍指导着 IBM 等知名企业的管理实践，为一代又一代的管理者提供着永恒的智慧。

二、什么是再造：基本、彻底、显著与流程

哈默指出，对再造的定义不是一种严密的逻辑判断，而是一种一目了然的理念。简单来说，再造不是对现有的事物进行修修补补，也不是对现在的结构做一些简单的渐进式改革，而是彻底地抛弃长时间使用的工作程序，重新探索那种能够促使公司推出新产品、新服务的流程与结构。再造就是重新开始，就是重新回到出发点，重新开辟出一条做好企业经营工作的最佳途径。具体地说，再造就是针对企业业务流程的基本问题进行反思，并对它进行彻底的重新设计，以便在成本、质量、服务和速度等衡量企业业绩的重要尺度上，取得显著的进展。这个定义有些长，哈默提出，我们可以用四个关键词来概括这个定义，那就是基本、彻底、显著、流程。

（一）基本

所谓基本，就是指再造关注的是基本制度和基本流程层面的改革。当我们进行再造的时候，我们关注的往往只是一些基本的问题，比如我们为什么要做这项工作？我们为什么要这样做？只有这些基本的问题，才能使人们注意到自己工作的前提和规则，这样我们才能发现这些前提和规则的过时与错误之处。

哈默提到了这样一个例子：

一家企业的运营成本居高不下，于是这家企业聘请哈默来提

供咨询建议。哈默经过深入调查后发现，问题的关键在于企业内部办公用品的采购。一般来说，集中采购办公用品往往能够得到一个更加低廉的价格。但是哈默发现，在这家公司，即使员工只买一支 5 美元的钢笔，也要经过复杂的流程，将需求层层上报、层层审批，再经过漫长的等待后，才能拿到自己需要的东西。经过哈默的测算，在这个过程中，公司需要付出价值 100 美元的人力和物力，才能完成这 5 美元的钢笔采购工作。

哈默之前的改革者完全没有思考过这个钢笔的采购流程本身是不是存在问题，而只是增加了员工专门监督这个采购流程，期望通过监督的方式来提高效率。然而，这样做只会进一步增加采购流程的成本，最终陷入越改越难的恶性循环中。哈默转而使用再造的视角来审视钢笔采购这一流程。他的问题直接触及采购流程的基本意义，他这样问道："采购钢笔是为了服务员工还是控制员工？"答案当然是显而易见的，于是哈默再造了这家企业的基本采购流程。他提出，为员工设立 500 美元的采购额度。公司不再事无巨细地查看每一笔交易，而是对所有的交易进行抽检，如果发现问题就取消员工的采购额度。果然，这一关注基本流程的再造取得了巨大的成功。

借此案例，哈默指出，"基本"是再造的关键特征之一，这往往意味着关注基本的制度和流程，而不是关注运营的细枝末节。

（二）彻底

彻底指的是要从事物的根本入手开展再造，把旧的一套彻底抛弃，开辟完成工作的崭新捷径。

这里哈默举了一个 IBM 的例子来说明自己的观点：

曾几何时，IBM 几乎是计算机的代名词，其业务遍及全球，其股票也是当之无愧的绩优股。但是随着 IBM 在个人计算机市场的失利，人们开始对 IBM 的发展和前景议论纷纷，直到 20 世纪 90 年代初，IBM 已不再是风光无限的商业巨头，而成了僵化落后的大公司的代名词。面对这种情况，IBM 痛定思痛，开始重新思考公司的个人电脑业务，最终 IBM 选择对自己的业务流程进行彻底的再造。

IBM 彻底抛弃了原有的组织架构，组建了一个直接听命于 CEO 的管理团队；彻底放弃了原有的会议沟通渠道，转而建立了企业内部的电子邮件来往渠道；彻底放弃了原有的各部门计划总结，转为 CEO 对各部门的工作做出评价。从中不难看出，IBM 几乎完全放弃了原有的管理结构、信息沟通体系、绩效评估制度。当然，这种彻底的再造也让 IBM 公司取得了不俗的成绩，IBM 的产品开发时间从 4 年缩短到 16 个月，交付率从 30% 提高到 95%，消除了 6 亿美元的坏账，销售成本也下降了 2.7 亿美元。

这样来看，"彻底"也是再造的关键特征之一，这往往意味着再造要从根本入手进行改革，而不是关注原有制度的边边角角。

（三）显著

哈默指出，再造不是要在业绩上取得点滴的改善或者逐渐提高，而是要让业绩取得显著的改进。如果一家公司只需要将业绩提升 10%，那它未必需要再造，它只需要采用渐进的办法来提升企业效率就可以了。只有当企业面临重大的困难或者挑战，感到原有的体制和制度已经不能够满足需要的时候，它才需要再造。也只有在这种情况下，企业再造才能顺利进行。

换言之，再造必须是显著的，必须是能够使企业焕然一新的。再造的显著性还与竞争对手有关。企业往往通过再造的方式，获得自己的竞争优势，而这种显著的竞争优势将帮助企业在竞争中脱颖而出。就像零售巨头沃尔玛虽然没有主要的竞争对手，但是沃尔玛始终坚持不断地对自己的流程进行再造，以此来保持自己的竞争优势。哈默认为，这就像一辆汽车在笔直的道路上飞驰，汽车面前没有障碍物，本身也没有任何故障，但是驾驶员突然将车停在路边，开始为其他对手设置障碍，再造就是这样一种改进。通过再造，企业可以获得非同一般的竞争优势与成就。

总之，"显著"也是再造的基本特征之一，这往往意味着企业会取得明显的竞争优势和进步，而不是微不足道的提升。

（四）流程

所谓流程，就是一系列的业务活动，这些业务活动往往涉及将某种或多种东西投入到生产中，并创造出对顾客有价值的产品。

比如在前文特斯拉汽车的例子中，对顾客而言，最有价值的活动就是将特斯拉汽车安全快速地送到客户的手中。换言之，特斯拉应该以快速安全地交付汽车为第一目标，其他的工作程序都应该服务于这一目标。库存的清点、文件的登记、产品的检验都应该进行相应的简化，为快速交付汽车这一目标让路。如果特斯拉的产品经理能够为快速交付汽车创造出一系列的新安排和新制度，那么我们就可以说他是真正理解了再造的关键词——流程。

总的来看，"流程"也是再造的基本特征之一，这往往意味着企业关注的是整体目标的实现，而不是碎片化任务的完成。

三、如何进行再造：再造团队、再造流程和再造氛围

哈默认为，我们可以通过再造团队、再造流程、再造氛围三个方面来实现再造。

（一）再造团队

哈默指出，公司本身并不能自动进行再造，而是要由公司里的人实施再造。那么，由谁来实施再造呢？公司如何挑选和组织实施再造的人，乃是再造取得成功的关键。哈默认为，再造团队意味着挑选合适的领导人、建立专业的再造小组、组建全面的指导委员会三方面的内容。

1. 挑选合适的领导人

由于再造往往涉及整个组织和流程的改变，因此统领再造的领导人，必须具有很高的威望和很大的权力，必须有足够的耐性和技巧来说服员工忍受变革带来的剧烈动荡。这种领导人往往是通过毛遂自荐的方式出现的，因为这种方式产生的领导，往往具有非凡的激情，对其所处的行业及所在的公司具有高度的责任感。

2. 建立专业的再造小组

再造小组承担着整个再造工作中最繁重的任务，要思考再造的任务、制定出再造的计划并将其付诸实践。再造小组是为改造公司业务而做实际工作的人。再造小组的成员必须包括局内人和

局外人。局内人能够帮助小组很快地发现原有流程的缺点，找出执行中的问题。局外人则能为小组带来更加不同的观点，他们往往敢于提出直击痛点的问题，敢于彻底抛弃原有的格局另起炉灶，他们往往是富有想象、思想敏锐、善于学习的人。

3. 组建全面的指导委员会

指导委员会是一个高级管理人员的集合体，通常包括领导人和富有经验的专家团队。他们负责的是整体的再造战略，讨论并决定再造项目的优先次序和资源配置。从这一点上来说，指导委员会有点像最高法院，它负责帮助企业在再造计划的各个方面做出决断。

（二）再造流程

哈默提醒那些想要进行再造的管理者们要注意，在企业的组织结构发生变化以后，更加重要的任务在于再造流程。换言之，企业再造的不是生产部门和销售部门，而是这些部门的人员所做的工作。哈默认为，一方面我们要识别出哪些工作内容属于流程，培养识别流程的能力；另一方面我们要积极运用会议等方法展开沟通，持续改进流程。

1. 如何培养识别流程的能力

哈默认为，一家公司的流程本身应该是完整畅通的。比如一家钢铁企业要生产钢材，那么它就必须承担起从采购原材料、加工原材料到最终产出商品这样一个过程，而这个过程就被哈默称为该企业的流程。但问题在于，企业内部设立的业务部门，将本来完整的流程进行了切分，导致整个过程的效率大大降低，部门冲突的可能性也大大提高。

就拿钢铁的生产来说，本来是需要多少产品就得进口多少原材料，比如要生产一批钢铁，就必须进口一批铁矿石，这是再自然不过的道理。但是一旦这个流程被不同的部门切割以后，就开始变得非常复杂了。比如市场部负责预测并提供钢铁的产量数字，采购部负责购买钢铁的原材料。市场部预测市场上的钢铁将变得稀缺，于是要求采购部大量采购铁矿石来投入生产。但是采购部不会这么想，因为市场部只是做出一个预测，采购部可是要付出真金白银来购买原料的，一旦市场部的预测失误，市场上钢铁的价格不升反降，采购部就必须承担大量采购原材料所带来的库存压力和资金压力。于是市场部和采购部陷入了漫长的"拉锯战"，在这个过程中，组织内大量的资源被浪费在内耗之中，宝贵的市场机会也在无休止的推诿中消失得无影无踪。

哈默认为，大量企业的原本业务流程被不同的业务部门切割得破碎不堪。我们想要进行企业再造，就要学会如何对企业中不同的业务流程进行识别，从而更好地把流程从部门分割中解放出来。

2. 如何运用会议来持续改进流程

哈默认为，再造的方法和技术非常多样，最重要的是会议方法的运用。我们可能会觉得奇怪，会议不是我们耳熟能详的沟通方式吗？为什么会议会成为再造的一种重要方法和技术呢？哈默指出，当我们挑选了合适的领导人、建立了专业的再造小组、接受专业的指导委员会的帮助以后，这时的会议就不再是一个传统的沟通渠道了，而是一个充满着思辨与创新的平台。

比如一家汽车保险公司邀请哈默来帮助他们进行企业再造，在哈默帮助他们建立再造的一系列规则之后，就在他们的会议中，一位员工提出公司可以不经过调查和评估，就让客户把轻微损坏的汽车直接开到公司认可的修理行去修理。最终这家汽车保险公司采纳了这一想法，这极大地提升了这家汽车保险公司的销量。哈默用这个例子说明，一旦再造的规则和团队建立起来了，企业就可以在流程中加入会议这一程序，来帮助企业形成具有新意和创造力的观点，从而不断改造流程。

（三）再造氛围

哈默指出，再造氛围其实是再造实践中一个至关重要的方面，一个团队的氛围将影响整个再造过程的实施和发展。其中最重要的就是，如何说服公司内部的员工拥护再造。哈默通过研究发现，成功实现再造的企业，都成功说服了雇员接受变革，这些企业通常从两个方面来说服员工。

● 第一，行动理由。行动理由说明的是公司为什么必须进行再造。其道理必须简明、全面和令人信服，管理层不能只是叫喊"狼来了"，而是必须有一份为行动辩护的理由陈述书，无论公司面临什么样的尴尬情况都必须如实说明。哈默指出，行动理由不应该长篇大论，而应该简短明确、直截了当，最多只能5页纸。

● 第二，前景说明。如果行动理由是告诉我们，我们应该实现变革，那么前景说明就是我们要朝着什么方向变革，也就是我们希望企业是什么样子的，这也是企业再造的目标。前景说明将叙述公司应该如何经营，并提出再造必须取得哪些成果。公司可以在再造之前和再造期间，利用这份文件作为再造目标的提醒，衡量再造进度的尺度和使企业继续进行再造的鞭子。

当行动理由和前景说明一起运用时，就能起到楔子和磁石那样的作用。具体说来，包括两个方面。

- 第一，必须从原来的地方脱钩，使他们脱钩的工具就像一个楔子，这个楔子就是行动理由。
- 第二，必须使已经脱钩的人被另一种思想观点吸引，而吸引他们的工具就像一个磁石，这个磁石就是前景说明。

扫码获取附赠资料

23

《基业长青》：
如何成为高瞻远瞩的伟大企业

管理学界潮流的引领者——詹姆斯·柯林斯

詹姆斯·柯林斯（1955—），美国著名的管理学家，他对企业管理思想的发展做出了非凡的贡献，曾一度引领管理学界的潮流。

柯林斯出生于美国科罗拉多州的博尔德市。他从美国斯坦福大学商学院毕业后，曾先后到两家顶尖企业麦肯锡和惠普工作。他在工作期间，发现自己并不适合做一个商人。于是，柯林斯在1988年重返斯坦福大学，一边从事管理学研究，一边积累教学经验，

詹姆斯·柯林斯

最终成为斯坦福大学的"明星教师"。而1988年也成为柯林斯人生的转折点。后来，他在加利福尼亚的帕洛阿托成立了自己的公司，又先后在默克公司、星巴克、时代明镜集团、麦肯锡公司等世界知名公司任高级经理和CEO。柯林斯的主要代表作有《基业长青》《从优秀到卓越》等。

一、为什么要写这本书

《基业长青》是柯林斯历经 6 年的研究成果，那么柯林斯是出于什么目的坚持了这么多年呢？

在书中，柯林斯提到，这项研究有两个目的。

第一个目的：为了找出那些极其高瞻远瞩的公司共同拥有的基本特质与动力。

柯林斯相信，正是这些特质与动力才使这些公司与别的公司区别开来，所以，柯林斯的第一个目的就是发现这些公司的不同之处，并将这些不同之处转化为实用的观念框架。那么，高瞻远瞩的公司到底有着怎样的特质与动力呢？传统的管理学原理与方法认为，企业的稳定与发展主要依靠科学的管理与控制，强调计划、组织、指挥、领导、控制以及创新等管理职能的实现，通过各环节的控制来保障企业的运行与生存。

但是，管理学界透过现实却发现，仅做到这些并不一定能使企业长盛不衰，尤其是在 20 世纪 70 年代，美国正经历着经济萧条，大量企业倒闭，工人失业，柯林斯开始思考，那些诸如花旗银行、强生、沃尔玛等一众行业巨头，是因为战略规划、组织管理以及不停地追求利润才度过危机、经久不衰的吗？我们可以从这些企业的发展中学到什么经验或者吸取到什么教训呢？在柯林斯看来，高瞻远瞩的企业绝不只是创造了长期的经济报酬而已。事实上，这些企业已经融入社会的结构里。因此，柯林斯进一步探寻了这些高瞻远瞩的企业经久不衰的秘密，以此来回答这些企业到底为何与众不同。

第二个目的：希望能够有效地把他们的发现以及观念传播给大家，以此来对传统管理方法的变革起到积极影响，并且能够为那些想创立、构建和维持高瞻远瞩公司的人士提供思想支撑。

有人会说，既然柯林斯发现了成为真正伟大企业的密码，那么他应该自己去成立一家企业并践行他的发现，如果同样获得了成功，岂不是比写书更有说服力？因为有些人是天生的老师，正如公鸡只负责在天亮时分打鸣报时，给人看病开具处方的医生也不会亲自去制造药品。从结果来看，这本书无疑取得了傲人的成就，自 1994 年出版以来，销量长虹，受到众多领域成功人士的追捧。美国前部长约翰·加德纳曾赞扬《基业长青》，他说这本书值得每个经理人去阅读，因为这本书探讨了"更为长久、更为重要、更为真实、更为深远"的问题，为希望建立起经得起时间检验的伟大公司与组织的人士提供了现实指导。

二、研究对象：高瞻远瞩的伟大企业

柯林斯选取了 18 家卓越的企业作为主要研究对象，并且他认为"成功的"或是"长盛不衰的"都不能反映这些卓越企业的与众不同，因此他在书中称这些企业为"高瞻远瞩的企业"。具体来说，这些企业包括波音公司、福特汽车公司、通用电气公司、索尼、沃尔玛等世界级企业。显然，这些企业已经是行业中的翘楚，是许多公司学习经营管理方法的典范，甚至成了大众的偶像。

此外，柯林斯选取的这些研究对象都是 1950 年之前成立的企业，其中最年轻的企业是 1945 年成立的沃尔玛，年纪最大的则是 1812 年成立的花旗银行，研究对象平均成立时间为 95 年。这些企业除经受住了时间的考验以外，还经受住了挫折的历练。这些企业的发展并非是一帆风顺的，其中许多家企业都经历过严重挫折、走过弯路，甚至做出过错误的决策。

- 比如波音公司在 20 世纪 30 年代、40 年代面临严重的困难。在那个年代，在民用航空领域，美国的道格拉斯公司一直是行业领头羊，而波音公司主要依靠军方订单存活，因此第二次世界大战结束后，波音公司五万余人的员工被裁减到只有七千余人，但正是在这样的逆境中，波音公司开始了它的"豪赌"——牺牲利润来开发喷气式飞机。随着波音 707 的问世，波音 707 打败了道格拉斯的螺旋桨式飞机。波音向世人宣告，它做到了，世界也进入了喷气时代。但是到了 20 世纪 70 年代初，波音公司再次遭遇险境，一度裁员六万多人，公司险些瓦解。但是历史告诉我们，面对困境，波音又一次挺过去了。

- 而索尼在创业初期就很不顺利，最初的五年里，索尼推出的产品接连失败，在 20 世纪 70 年代录像机市场争夺战中，索尼也败给了别的公司。

- 汽车巨头福特公司则出现过美国企业史上最严重的亏损，20 世纪 80 年代初期，福特公司曾在三年内亏损 33 亿美元，之后才成功实现了企业的再造，从而反败为胜。

显然，即使面临困局，这些企业在发展中仍然展现出优越的韧性。不论是处于顺境还是处于逆境，这些企业都能从中获取发展的机会，具有强大的生命活力。

柯林斯是如何将这些企业确定为研究对象的呢？为了把偏见减少到最小，柯林斯设立了广泛的调查范围，他从《财富》杂志

500 强中的工业企业与服务业企业、《公司》杂志 500 强中的上市企业与未上市企业中，选择了 700 名企业首席执行官，对他们进行了问卷调查，让他们推选出自己认为的"高瞻远瞩的企业"，以此作为《基业长青》的研究对象。柯林斯认为，首席执行官比研究员更了解市场情况，对这些首席执行官推选出来的"高瞻远瞩的企业"进行研究，可以更容易明白这些"高瞻远瞩的企业"为何与众不同，从而形成一些有益的企业发展理念，为有志之士提供指导性意见。

三、研究方法：基于对照比较视角下的历史 分析法

要得出客观可信的结论，就需要采用科学的研究方法，柯林斯会如何对已经选好的 18 家企业进行研究呢？

（一）设置对照组

若是简单地将 18 家企业放在一起进行分析，确实可以得到这些"高瞻远瞩的企业"的共性，但如果只对这 18 家企业采用归纳法进行研究，就会有一定的缺陷，很容易得出一些没有价值的结论。比如，我们会发现，"高瞻远瞩的企业"都拥有自己的办公大楼，而将拥有自己的大楼作为"高瞻远瞩的企业"的关键因素，是没有价值并且荒谬的，柯林斯称之为"拥有大楼陷阱"。所以，科学的做法应该是采用"对照组"，也就是说，通过设置一群对照的企业，才能回答"高瞻远瞩的企业有什么本质上的不同？是什么特质使其区别于别的企业？"等问题。于是，柯林斯系统地为每一家"高瞻远瞩的企业"精心挑选了一家对照公司，形成了

一一对照的关系。当然，关于对照公司的选择也是有讲究的。

首先，对照公司创立的时代要与研究对象相同，创业时的产品与市场要与研究对象相仿。比如，柯林斯选取了麦道公司作为波音公司的对照企业，麦道公司也就是我们前文提到的道格拉斯公司，两家公司正是在同一时代建立起来的。

其次，研究对象是通过对首席执行官代表的问卷调查确立下来的，因此对照组也要源于此，只不过需要选取那些较少被首席执行官代表提及的企业。

最后，对照组的企业也不能是非常差劲的企业，因为对有着天壤之别的企业做对比，并没有什么参考价值，按照柯林斯在书中所说，是希望发现金牌队伍与银牌或者铜牌队伍的差别。比如，选择在消费日用品行业中业绩突出的高露洁公司作为行业巨头宝洁公司的对照企业；在影视制作行业，选择哥伦比亚电影公司作为迪士尼公司的对照企业。

（二）历史比较分析

设置好对照组之后，下一步就是对这些公司的历史与演进进行比较分析。柯林斯直面历史，回答了"这些公司是怎么起步、怎么演进的？怎么管理从创新企业到守成企业的转型？怎么应对战争与经济萧条之类的历史事件？如何适应革命性的科技发明？"等问题。柯林斯认为，只审视企业的现状，只是看到了结果，而不知道成功的原因。或许，历史的方法不一定能有效应对未来，但是柯林斯指出，在整个研究中，就是要寻找那些不受时间限制，甚至可以跨越时代鸿沟的根本原则。《基业长青》的目的也是如此，从公司长期的历史中得到知识，并开发出有用的观念和工具，提供给有心成为未来"高瞻远瞩的企业"的企业组织运用。

四、核心内容：破除传统观念，发现走向卓越的反常识秘诀

我们曾经坚定不移地认为，一家伟大的企业应该是如何如何的，人们对伟大的企业也有着种种想象和预设。但是柯林斯发现，现实与想象截然不同，他将人们这种不符合实际情况的想象总结成了 12 条"迷思"。

第一条："伟大的公司依靠伟大的构想起家。"柯林斯发现，想通过伟大的构想起家，或许是个坏主意，因为在他选取的这 18 家"高瞻远瞩的企业"中，并没有几家在创业时就有着伟大的构想，甚至还有几家企业在一开始时就接连犯错。比如前文提到的索尼公司，在创业之初就因为产品问题屡屡受挫。相较于对照公司来说，不少"高瞻远瞩的企业"在成立伊始的成绩并不乐观，但是这些企业却获得了"长跑比赛"的胜利。

第二条："伟大的企业需要杰出而眼光远大的魅力型领导。"魅力型领导，主要是指那些在公司发展过程中表现出极大的恒心与毅力、能够克服重重障碍、具有极强人格魅力的领导。柯林斯发现，在"高瞻远瞩的企业"的历史中，一些最出众的首席执行官，并不具备这样完美、知名度高、极具魅力的人格特征，柯林斯说道："要成功地塑造高瞻远瞩的企业，绝对不需要知名度高的魅力型领导风格。"

至此，柯林斯归纳出了一个企业管理方面著名的发现——"造钟，而非报时"。他发现，许多"高瞻远瞩的企业"的创办者通常是制造时钟的人，而不是报时的人。这些"造钟人"专心致志地制造着钟表，创建了一个有力量的组织，而不是追求找准时机"精确报时"，再进入市场获利。正如美国建国时期的先贤一般，

他们致力于构建一种宏大而持久的制度，而非刻意成为伟大的领袖。

第三条："最成功的公司以追求最大利润为首要目的。"利润是企业生存下去的必要条件，但柯林斯发现，这18家"高瞻远瞩的企业"里有17家企业并不以利润为首要目的，而是将企业的理念或者理想作为驱动力，这反而比那些以利润为驱动的对照公司能赚得更多。比如惠普前任首席执行官约翰·杨曾说："利润虽然重要，却不是惠普存在的原因，公司是为了更基本的原因而存在。"

第四条："伟大的企业拥有共通的'正确'价值组合。"柯林斯指出，就"高瞻远瞩的企业"而言，没有放之四海皆准的"正确"价值组合，毕竟两家公司可能拥有截然不同的观念与准则，但是它们同样能成为"高瞻远瞩的企业"。有些公司，譬如强生与宝洁，把服务顾客作为公司的核心理念；索尼与福特却并非如此，索尼注重文化与创造，福特则强调员工的努力。

第五条："唯一不变的是变动。"其实，"高瞻远瞩的企业"很少变动，因为它们常常是虔诚地保守着企业的核心理念，而这种核心理念既是灯塔也是发动机，因为核心理念能够保证企业在百余年的漫漫征程中不迷失方向并保持动力，任世界风起云涌，依旧保持初心与韧性。比如，在惠普的核心理念里，尊重和关心每一位员工是恒久不变的一部分，不论公司如何转型，关心员工的观念不会改变。

第六条："成绩优异的公司得事事谨慎。"在我们普通人看来，"高处不胜寒"，处于高位的人或者组织都应该谨小慎微才对，所以那些"高瞻远瞩的企业"也应该是严肃而保守的。其实不然，柯林斯发现，"高瞻远瞩的企业"常常勇于追求大胆的目标。波音公司常常选择孤注一掷进行突破，从开发波音 707、波音 727 飞机开始，直到赌上身家性命开发波音 747 飞机，这是波音史上最大胆的行动，结果显然是成功的。

第七条："高瞻远瞩公司是每一个人的绝佳工作地点。"从世俗眼光来看，年轻人进入所谓的"大厂"工作是明智的选择。值得注意的是，根据第五条"迷思"来看，"高瞻远瞩的企业"会极力主张自己的理念并牢牢守卫它。因此，只有极度符合自家公司核心理念与标准的人，才能适应，甚至感受到快乐，这近乎一种教派性质的文化。比如，沃尔玛的首席执行官曾通过电视带领十多万名沃尔玛员工进行宣誓，要求员工遵守服务准则。

第八条："最成功的公司的最佳行动都是来自高明、复杂的战略规划。"对于这一观念，柯林斯直接指出："高瞻远瞩的企业的最佳行动都来自实验、尝试、错误和机会主义。"显然，这句话十分有违人们的认识，让人们难以接受。但经过科学的研究，柯林斯发现，高瞻远瞩的企业获得的成就更多来源于试错。说正确点，这些企业是靠"机遇"，并非一开始就做出了长远的规划。柯林斯将这种在试错中进步的过程，称为"演化式进步"。这个过程中，企业与环境的关系更像达尔文在"进化论"中描述的那样，环境会变化，生物主体也会进行主动或是被动的改变，从而向着先进不断进化。也就是说，企业在试错中更容易适应环境，从而实现"有目的的进化"，朝着理想前进。

第九条："要刺激企业进行根本性变革，就应该聘请外来的首席执行官。"柯林斯在对 18 家"高瞻远瞩的企业"的历史进行研究后发现，在 18 家企业总计 1700 余年的历史中，只有 4 位首席执行官是外聘的，而且这一现象也只在 2 家企业中出现过。通过对照实验发现，"高瞻远瞩的企业"的首席执行官自行培养率是对照企业的 6 倍，这一现实足以说明，企业自己培养出来的领导人也可以带领企业进行重大革新。

第十条："最成功的公司最注重的是击败竞争对手。"这一观点很容易在竞争激烈的市场环境中产生，但是我们不得不发问，击败对手就意味着成功了吗？事实上，这仅是一个自我成长与蜕变后的附带结果。"高瞻远瞩的企业"只会把注意力放在自己身上，追求战胜自己、超越自己，它们会逼问自己："如何改进才能使明天比今天更好？"它们会忘记成就，忘记对手已在身后，并且从不认为自己已经足够好了。

第十一条："鱼和熊掌不可兼得。"柯林斯发现，"高瞻远瞩的企业"并不会陷入"二分法"的困境中。也就是说，这些出众的企业能够以一种极其包容的态度与方法，去处理一些看似矛盾的企业管理命题。比如，通常人们会认为选择了稳定发展就不能选择进步；要求教派般的文化统一就不能有个人自主权；要选择保守就不能追求大胆的目标，等等。然而，在"高瞻远瞩的企业"看来，这些命题并不矛盾，而是总能包容并蓄的。

第十二条："企业高瞻远瞩，主要依靠'远见宣言'。"这一"迷思"更是一种对"高瞻远瞩的企业"的误会了。柯林斯解释说，这些"高瞻远瞩的企业"之所以能够跻身伟大公司之列，不是因为发布了"远见宣言"，虽然它们通常会有类似的声音发布出来。其实，在"高瞻远瞩的企业"的建设过程中，宣言是有必要且有用的一项工作，但这仅是万里长征的一小步而已。

扫码获取附赠资料

24

《朱兰质量手册》：
企业旺盛持久的命脉

质量管理的领军人物——约瑟夫·M. 朱兰

约瑟夫·M. 朱兰（1904—2008），出生于罗马尼亚的一个贫苦家庭，1912年随父亲移民美国，1917年加入美国国籍，拥有工程和法学学位。1924年，朱兰大学毕业，随后被西部电气录用，在霍桑工厂开始接触质量工作。第二次世界大战期间，朱兰被借调到美国政府的"租借管理统计部"工作，为国家的战争出力。1951年，朱兰出版了《朱兰控制手册》（1999年改名为《朱兰质量手册》），这本

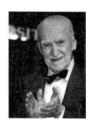

约瑟夫·M. 朱兰

书被誉为"质量管理领域的圣经"。1957年，朱兰在日本举办了主题为"工业工程，组织、策划与控制，新产品开发"的讲座。1953—1987年，日本科技联盟9次邀请朱兰来访，并设立了"朱兰奖"（后更名为"日本奖"）。

朱兰一生共获得了来自14个国家的50多种嘉奖和奖章，如日本"二等旭保勋章"、美国国家技术勋章等。1979年，朱兰创建了朱兰有限公司，后更名为朱兰研究学院（后转型为咨询公司）。同时，朱兰又成立了朱兰基金会，不久将这个基金会转移给明尼苏达大学，设立了"朱兰奖学金"。

一、为什么要写这本书

质量管理的发展大致经历了三个阶段，依次是质量检验阶段、质量统计阶段和全面质量管理阶段。

（一）20世纪初期至30年代的质量检验阶段

这个阶段的代表人物是美国"科学管理之父"弗雷德里克·温斯洛·泰勒。泰勒解决了工人集生产与检验于一身的状况，在质量检验方面主张以事后检验为主，并开创了"三权分立"的质量检验模式，也就是计划设计、生产操作、检验监督都由专人负责，这促进了质量管理的发展。

泰勒提出，检验人员要根据技术标准、图样，利用各种检验手段来进行检验，并作出判断，合格的产品就可以交付用户，不合格的产品就要报废或者降价处理给愿意接受的使用者。这一阶段的质量管理，单纯依靠生产后的检验来区分合格与不合格产品，虽然在保证产品质量方面有一定的成效，但也出现了很多问题。比如由于生产过程中预防不到位，发现不合格产品时往往无法补救，各个部门容易推诿扯皮。同时随着生产量的增加，事后检验量急剧加大，无法保证全数检查，检验的时间和经济成本也极为不合理。

（二）20 世纪 30 年代至 50 年代的质量统计阶段

第二次世界大战初期，许多美国民用生产公司开始生产军用品，所以在当时欧洲战场上炮弹炸膛的事故层出不穷，影响了士气及美国的声誉。为此，美国军政部门组织了一批专家和工程技术人员，于 1941—1942 年先后制定并公布了几个小册子，分别是《质量管理指南》《数据分析用控制图》《生产过程中质量管理控制图法》，强制生产武器弹药的厂商推行，并收到了显著的效果。这三个文件以美国"统计质量控制之父"休哈特、美国学者道奇和罗米格的质量理论为基础。

其中，休哈特提出了统计过程控制理论，并发明了可操作的质量控制图。休哈特主张质量检验最重要的是在发现质量问题之前进行预判，并及时进行分析和整改，而不是只进行事后检验和补救，这样可以在很大程度上避免不合格产品的生产和资源的浪费。值得一提的是，休哈特还提出了 PDCA 循环（Plan-Do-Check-Act），这个循环就是策划—实施—检查—处置循环，是后文将要提到的全面质量管理的思想基础和方法依据，这个理论后来被美国"现代质量改进之父"戴明采纳和传播，最后得以普及，故又称"戴明环"。

此外，道奇和罗米格发明了用于对批量产品进行计数抽样的"道奇—罗米格表"，在工业产品的抽样检验工作中被广泛应用，帮助负责质量检验的工作人员减少了工作量，提升了检验效率。战后，企业开始转型民用生产，并将科学的方法继续沿用下来。处于质量统计阶段的质量管理，利用数理统计原理对产品进行质量把控，责任者由检验员转移到质量控制工程师和技术人员身上，但是由于此阶段对统计方法的极端利用，产生了"质量管理就是运用数理统计"的误导，未能考虑到影响产品质量的全部因素，结果起了相反作用，既未能充分发挥数理统计的作用，又影响了管理功能的发挥。

（三）20 世纪 60 年代至 80 年代的全面质量管理阶段

随着生产力的发展，科学技术和社会经济不断进步，人们对产品质量的要求也在提高，而统计质量管理自身的局限性日益凸显，已不能满足质量控制的需求，于是全面质量管理的实践拉开了帷幕。全面质量管理阶段在前两个阶段的理论基础上进行了升华整理，把质量管理渗透到产品生产、形成、使用、售后的各个环节，其核心特征突出三个"全"字，也就是全员参加的质量管理、全过程的质量管理和全面的质量管理。

在这一阶段，数理统计方法只是其中的一个方面，而不是全部。根据 PDCA 循环理论，全面质量管理一般分为四个阶段。

- 第一阶段是计划阶段，又称 P 阶段，即通过市场调查、用户访问、国家计划指示等，确定质量政策、质量目标和计划。
- 第二阶段是执行阶段，又称 D 阶段，就是实施 P 阶段所规定的内容。
- 第三阶段是检查阶段，又称 C 阶段，就是在产品生产过程中或生产完成之后，检查执行的情况。
- 第四阶段是处理阶段，又称 A 阶段，就是根据检查结果，采取措施、吸取教训。

PDCA 循环分为四个阶段，组成一个大圈，每个部门也有自己的 PDCA 循环，组成企业大循环中的小圈，循环往复，共同为质量管理服务。

质量管理的发展经历了质量检验阶段、质量统计阶段和全面质量管理阶段的更迭，在时代的洪流中不断创新改革，应势而为，直到今天拥有了比较成熟的质量管理体系，《朱兰质量手册》就是在这样的变革之下产生的卓越著作。

二、分析对象：企业的生命——质量

"质量"有两个非常重要的含义。

- 一是"质量"意味着产品能够满足顾客的需要，从而使产品具备顾客满意的特征，具体措施包括提升顾客满意度、使产品畅销、应对竞争要求、增加市场份额、提高销售收入、卖出较高的价格、降低风险等。

- 二是"质量"意味着不能有不合格的产品，就是没有那些需要返工或会导致现场失效、顾客不满、顾客投诉等不良结果的差错，具体措施包括降低差错率、减少返工和浪费、减少现场失效和保修费用、减少顾客不满、缩短新产品面市时间、提高产量和产能、改进交货绩效等。

朱兰指出，根据"质量"的第一层含义，产品要根据顾客的需求进行设计，并且剔除次品，以保护顾客的基本权利。要达到这个目的，就要站在顾客的角度衡量质量，把工作目标放在正确理解客户的需求上，在这个基础上，将质量、成本等进行综合考虑。"质量"的第二层含义，其实可以追溯到古代中国的中央政府，他们很早就建立了独立的部门去制定和维护质量标准，用于保证质量优良，避免出现不合格的产品。

那么"质量"在现代企业管理和发展中重不重要呢？20世纪50年代，日本工商业开始复苏，朱兰在日本进行宣讲的时候，来听培训的往往都是日本的高级企业管理人员。而在西方，朱兰的听众主要是一些工程师和质量监督人员。因此，朱兰认为，美国的工业界在战后逐步落后的原因有两个。

● 一是美国工商业的管理层过于注重财务指标，而忽视了质量管理的重要性。

● 二是美国工商业对亚洲竞争对手的轻视，忽略了竞争对手的创新和崛起。

由此可见，质量对于一个企业来讲，有着关乎生死存亡的重要性。

总之，随着市场竞争的日趋激烈，顾客的需求越来越高，企业要想保持旺盛的生命力和良好的经济效益，就要努力把控好质量关，把质量放在首要位置，构建一个科学完整的质量管理体系。

三、核心思想：质量三部曲

朱兰将"质量三部曲"称为"一种普遍适用的质量管理方法"，"质量三部曲"就是质量计划、质量控制、质量改进三个过程所组成的质量管理，且每个过程都有一套固定的执行程序，这对于现代企业的质量管理工作来说，具有非常重要的指导意义。

（一）质量计划

"质量计划"指的是开发产品的一个结构化过程，这里的产品包括货品和服务，开发产品的目的是确保最终结构满足顾客的需求。我们可以将质量计划看作一个制定质量目标，并为实现质量目标做准备的策划过程。质量计划的最终结果是能在符合要求的条件下实现质量目标、满足客户需求，具体方法是设立项目、识别顾客、明确顾客需求，开发具有满足顾客需求特征的产品，建立产品目标，开发流程，满足产品目标，确认流程能力。

质量计划与传统计划的不同之处在于，传统计划是某个人在不了解全局的情况下，自行制订的计划，然后传达给下一个部门，这种计划往往会产生很多的漏洞，与顾客的实际需求相脱节。而质量计划是由多部门同时进行的计划过程，包括所有最终与生产和服务相关的人员，这样他们就能在计划的过程中，提供相应的成本信息，还能对可能出现的问题提出预警。

（二）质量控制

朱兰认为，质量控制对于事物的运作而言是一个普遍的过程，它提供稳定性，就是防止负面改变并"维持现状"。为维持稳定性，质量控制过程对实际绩效加以评估，将之与目标进行对照，并采取措施消除两者的差异。从实际操作上看，"质量控制"就是制定和运用一定的操作方法，通过利用各种反馈回路，在经营中达到质量目标的过程控制，以确保各项工作按原设计方案进行并最终达到目标。

朱兰强调，质量控制不是一个优化过程，而是对计划的执行过程，不是检验到产品出现问题时进行控制，而是通过质量管理工具，监控到将要出现的不合格产品和危机，及时分析原因并制定调整策略，防止问题的发生。所以，质量控制是"三部曲"中不可或缺的重要环节。此外，朱兰指出，优化表现在质量计划和质量改进阶段，如果质量控制过程中需要优化，就必须回过头去调整计划，或者转入质量改进。

（三）质量改进

朱兰指出，质量改进是使效果达到前所未有的水平的突破过程。从这句话可以看出，"质量改进"要追求的是突破和提高，而"质量控制"要求的是维持或保证质量水平。也就是说，质量控制是质量改进的前提。

朱兰强调，两种情况下所获得的成果可以称之为"质量改进"。

- 一种是旨在增加营收的质量改进，目的是为本组织和顾客在满足基本需求的基础上提供增值效益。
- 另一种是减少导致慢性浪费的质量改进，目的是增加生产过程的产出，减少工作的差错率和故障。

质量改进本身也是一个 PDCA 循环。既然质量改进就是突破，那么必然会面临来自各方面的阻力，在这个过程中，如何及时冲破阻力、排除产品的质量缺陷并保证产品质量增值，是实现创新突破的前提。

质量三部曲中的三个步骤，既相互区别，又相互联系，是目前实现质量目标最成功的和实用性最广泛的理论框架。当然，它还需要务实创新、强力支持的管理环境作为支撑，否则便不能发挥出它的实际作用。朱兰的"质量三部曲"作为一个行之有效的通用方法和框架，为质量目标的实现提供了一条简便有效的途径。

四、现实影响：汽车行业中的质量管理

20 世纪中后期发生了两个重大转变，使汽车产业的质量意识水平得到了提升。

- 一是越来越多地利用统计方法和数据来研究顾客的需求，而不只依靠顾客的意见。

- 二是汽车制造商与汽车主要供应商之间的关系日渐紧密，制造商与供应商共同参与了对方的设计、计划以及质量改进的机制，使二者形成一种命运共同体的关系。

这些都对汽车产业的质量改进有着至关重要的影响。

汽车行业中的质量主要体现在三个方面，即产品质量、生产质量与拥有质量。

- 产品质量就是产品完成规定功能的总的能力。
- 生产质量就是在符合产量及成本目标的情况下，按照设计生产一致性的质量的能力。
- 拥有质量就是指顾客在其拥有产品的整个寿命周期内，得到满意的总的能力。

在产品计划方面，要从市场调研出发，预测出顾客的购买趋势，从而制订长期规划。其中，评审是产品计划的一个关键步骤，承担着辨识和确认涉及安全和关键特性是否符合要求的责任。评审之后，就要进行测试和全面的评估，通过之后才能进入生产准备阶段。

在供应商管理方面，首先要进行供应商选择和控制，然后按照计划进行制造和检验。其中，生产线内的检验员和最终检验员，在汽车制造业中一直是重要的组成人员，他们可以防止生产过程中出现不合格的产品，避免造成损失。

日益激烈的市场竞争热潮，对于整个汽车行业来说存在着巨大的考验。只有坚守汽车产品高质量和高质量的行业生产标准，严格遵循科学的质量管理流程，才能经受住行业竞争的洗礼。

扫码获取附赠资料

瞄准企业
发展战略
的核心

25

《追求卓越》：
美国62家卓越公司的成功经验

西方的"商界教皇"——汤姆·彼得斯

汤姆·彼得斯（1942—），出生于美国马里兰州，1974年毕业于斯坦福大学，毕业后进入麦肯锡工作。1977年，他被分配到麦肯锡的"卓越公司"项目组工作，这个项目开启了彼得斯的研究生涯。1982年彼得斯出版了《追求卓越》，总结了卓越企业成功的8条法则，《追求卓越》一书也被评为"20世纪最顶级三本商业著作之一"。

汤姆·彼得斯

此后，彼得斯又出版了《乱中取胜》《解放管理》等著作，这进一步奠定了他在管理学界的地位。彼得斯著作颇丰，而且每一部著作都是具有世界影响力的畅销书。彼得斯在美国乃至整个西方世界被称为"商界教皇"，《财富》杂志把他评为"管理领袖中的领袖"。彼得斯的著作还被全球多所大学作为MBA教材。

一、为什么要写这本书

新冠肺炎疫情初期，防护能力比较好的 N95 口罩非常稀缺，其中又以 3M 公司生产的口罩最为稀缺。据统计数据显示，在疫情之前，3M 口罩的市场份额就占到九成左右。实际上，3M 公司是全球领先的跨国制造业巨头，它创建于 1903 年，在全世界近 200 个国家和地区销售约 55 000 种产品，涉及材料、电器、建筑、能源、医疗等多个方面。3M 口罩只是 3M 公司众多优秀产品中的一种。据估计，全世界 50% 的人都或多或少地接触过 3M 公司的产品，有名的产品包括口罩、便利贴、胶带等。3M 公司也因其创新能力连续 10 年位列"世界最创新的公司"前 5 名。

那么问题来了，3M 公司是如何成功的呢？ 3M 的创新秘诀是什么呢？我们能从 3M 公司的成功中学到什么呢？彼得斯也在思考这些问题，他的问题是：那些卓越的公司是如何发展的？这些经验能不能用来指导那些追求卓越的公司？为了回答这些问题，1982 年彼得斯写下了这本《追求卓越》，深入探讨了卓越管理的本质，为人们揭示了那些卓越企业的特质和管理经验，并且进一步提出了如何在学习卓越管理的经验之上持续推动管理理念的变革。可以说，这本书为我们揭示了卓越企业的成功密码，推动了卓越管理的发展。

彼得斯通过访问美国 62 家卓越公司，总结卓越公司的成功经验，提炼出卓越公司的八个特征。彼得斯认为，要恢复管理学的基本面貌，赋予那些被管理学家视而不见，但是在实践中表现出强大生命力的东西以应有的地位。

二、卓越的定义：良好绩效、业界推崇和重视创新

什么样的公司才能称得上是卓越？在回答这个问题之前，彼得斯首先揭示了普通公司管理中的一个误区。

彼得斯认为，大公司过于重视规范性的工作，压抑了公司的创新能力。面对新问题，大公司的一般做法都是迅速拟定一个新战略，可能还会涉及组织调整。彼得斯指出，这种调整只是把组织结构图中的方块搬来搬去，结果还是什么都没有改变。更大的问题在于，每个人都心知肚明，大公司要维持重要的地位以及创新能力，只靠战略、计划、预算和组织调整是远远不够的，但是实际采取的行动总是停留在调整组织、调整战略的层面。这就导致企业无法应对外部挑战，最终陷入"越改越乱"的恶性循环。

彼得斯认为，我们需要学习那些卓越公司的经验来避免这种恶性循环。通过走访调查，彼得斯提炼总结了卓越公司的三个特质。

第一个特质：卓越公司往往有着良好的绩效。

诚然，无论商界如何追捧和推崇，卓越公司都需要引人注目的财务绩效作为后盾，否则就称不上真正的卓越。彼得斯认为，企业的资产增长率、净值增长率和资本回报率等指标都要处于企业所在行业的前 50%。而且企业要在长期成长指标以及财务状况的绝对指标中有突出的表现，才称得上是卓越企业。前面提到的3M 公司就在其所在的行业处于前 50%，而且 3M 公司的长期财

务表现良好。

第二个特质：卓越公司往往被业界推崇。

任何成功的公司都需要业界的认可和关注，卓越公司往往更受媒体、商人、管理学家的关注。彼得斯指出，卓越公司主要是大型企业，他们的年营业额都不低于 10 亿美元，企业历史基本都超过了 20 年。这些公司往往是其领域的巨头，比如麦当劳、万豪酒店、达美航空等。

第三个特质：卓越的公司往往重视创新。

彼得斯研究发现，那些被业界推崇、有着良好财务绩效的公司往往也非常重视创新，他们经常会推出业界领先的产品和服务，而且他们对市场变化的响应速度非常快。同时，这些企业重视创新的文化和行动往往被外部环境和产业专家所认可。

三、追求卓越的前提：理性模式、人性激励和管理模糊

任何管理模式的背后都有一定的管理理念。彼得斯认为，在我们对管理模式进行创新和变革之前，有必要先革新传统的管理理念。彼得斯认为，需要在理性模式、人性管理、管理模糊三个方面对管理理念进行变革。

（一）传统的理性模式

彼得斯认为，传统的理性主义管理占据着管理科学的主流。这种理性模式认为，训练有素的职业经理人可以管理一切，所有的决策都是通过客观分析所做的判断，这种观点看似正确，却足

以让人犯下致命的错误，受到严重的误导。这种理性模式有三个方面的缺陷。

- 第一，理性模式忽视了数字背后的意义。数字分析可以帮助企业精准分析问题，对市场做出良好的分析判断。但是复杂无用、错误僵化的数字分析会阻碍公司的发展。在市场还不明朗的时候，贸然做出方向错误的数字分析可能会导致公司错失良机，比如在计算机发展初期，大量的市场研究指出计算机市场只有 50～100 台的需求量，这就导致很多公司放弃了这个极富潜力的市场。

- 第二，理性模式往往缺乏远见。彼得斯指出，职业经理人的出现让公司高管丧失了对公司业务的预见能力，高管不再与供应商、顾客、技术部门打交道，而是沉浸在财务和法务领域。企业高管过于看重投资的回报和财务表现，而不再对具有潜力的产品投入精力和关注，企业也就逐渐丧失了创新的动力。

- 第三，理性模式容易脱离实际。彼得斯认为，理性模式重视计划和制度的倾向让管理者过于关注研究和计划工作，忽视了行动的重要性。管理者遇到问题时不再去积极行动解决问题，而是坐下来召开漫长的会议，出台一个详细的规划，结果就是企业在无数的规划中无所适从，裹足不前。所以彼得斯得出结论：理性模式会让人们脱离实际、缺乏远见、忽视人的重要性。

（二）错误的人性管理

彼得斯认为，人类本身是冲突和矛盾的综合体。追求卓越的公司往往要关注人性的矛盾之处。比如，虽然大部分人都十分普通，但是人人都喜欢听赞美自己独特的话。虽然我们强调理性的重要性，但是研究发现大部分人在做决策的时候，理性和非理性都发挥着同样重要的作用。虽然人们对外在的奖惩非常敏感，但是人们的内在动机的影响也同样重要。

彼得斯指出，面对错综复杂的人性冲突，管理者常常在信息、正面激励、组织环境三个方面犯错误，具体表现在以下几点。

- 第一，信息没有化繁为简。人类本身不擅长处理大量的数据和信息，实际上，大部分的人只能同时处理六七件事。但是在一个庞大的企业组织中，随着公司人数的增加，每个员工需要处理的事件量也会增加。如果公司里只有10个人，那么一对一互动的关系就有45种。员工增加到1000人，关系就激增到50万种。在这种情况下，大型企业迫切需要新的结构来对信息化繁为简。

- 第二，没有正面激励。彼得斯认为管理者过于重视负面激励的作用，忽视了正面激励的重要性。实际上，虽然负面激励和正面激励都会让人改变行为，正面激励的效果往往更加理想。比如，如果某个酒店因为接待顾客不周而惩罚员工，员工就会害怕和顾客接触，甚至开始逃避顾客，因为他们不知道怎么才能让顾客满意。如果反过来说，某位顾客赞扬酒店员工非常周到热情，这种正面激励可能会让员工表现得更加出色，因为员工学会了获得赞扬的具体行为模式，也满足了员工的自我成就感。

- 第三，没有良好的组织环境。彼得斯认为，组织环境应该着重于为员工寻找意义，为企业创造价值，在这个过程中生产出优质的产品，而不是只关注财务表现和股票市场。

那些把员工看作"螺丝钉"的公司往往没有伟大的成就，因为他们没有充分开发员工的潜力和创新能力。

总的来说，彼得斯认为错误的人性管理会让组织复杂僵化、缺乏潜力。

（三）忽视管理模糊

彼得斯认为，理性主义的管理理论非常直接，这种理论认为管理中不存在模糊和矛盾之处。但问题在于真实的世界并非如此，不但那种纯粹的理性主义不存在，而且组织文化的塑造也会对理性主义的管理提出挑战，具体表现在两个方面。

- 理性前提的消失。传统的理性主义认为，无论如何，人总是存在着一个稳定的理性偏好，管理者可以利用这种偏好来实现自己的目的。但是著名的霍桑实验指出，在一个工厂里，无论管理者在管理方面做出什么样的改变，只要员工感受到管理者的关注，工作效率就会提高。这让人开始质疑"理性人假设"。人似乎不是以自己的利益最大化为理性基础，对人的关注可以让人的行为发生改变。也就是说，"理性人假设"不再是固定不变的，而是随着外部环境的变化而变化。这就直接导致理性主义管理的破产。既然人的稳定理性并不存在，那么建立在其上的理性主义管理也就失去了效果。

- 组织文化的塑造。可能有人会问，企业不是以赚钱为第一位吗？那么组织文化在企业中的地位如何呢？根据彼得斯的研究，只强调利润的企业，其利润表现并未超出追求各种价值观的企业。在彼得斯所处的时代，虽然管理理论中很少提到价值塑造和公司文化，但是大量卓越公司的首席执行官认为，企业文化和共同价值观对公司的整合相当重要。通过组织文化的塑造，组织能够创造出一个鼓励创新的组织环境。

总的来说，彼斯认为管理中存在着大量的模糊地带，包括变动不居的"理性人假设"、组织文化的影响等多个方面。忽视这些模糊地带的存在会导致管理走向失败。

四、走向卓越的特质：价值导向、方向定位、人力特质和组织特质

具体来说，那些卓越公司是如何走向成功的，并在数十年里一直保持卓越的呢？彼得斯通过调查研究，提炼总结出走向卓越的八大特质，分别是采取行动、亲身实践、坚持本业、接近顾客、以人为本、宽严并济、组织单纯、自主创业。简而言之，可以将这八个特质总结为四个方面：价值导向、方向定位、人力特质和组织特质。

（一）价值导向

彼得斯认为，卓越组织中的价值导向非常重要，这包括重视采取行动和强调实践两个方面的内容。所谓重视采取行动，是指卓越企业往往非常看重行动而不是计划。这就像科学实验，企业要多尝试开发新产品，总结经验，然后再尝试，从而形成一种良性循环。比如在 3M 公司，管理者鼓励不同部门的员工以聊天的方式来讨论问题，这种讨论往往涉及业务、营销、研发、会计等

多个部门。在这种非正式的会议中，员工可以组建小组开展业务，无须通过复杂的部门规章和手续。彼得斯指出，这种重视行动的组织设计帮助 3M 公司以最快的速度将创新的想法推进到开发阶段，从而产生富有竞争力的新产品。

强调实践说的是卓越公司更加关注管理层和一线工作人员的互动，管理者参与一线工作之后，才能制定出符合实际、成本低廉的工作方案。比如强生公司的管理者在参观调研一线工作人员的工作环境之后，他们发现工厂中的急救设备总是分散在不同的地方，这让急救行动变得十分缓慢。于是他们推出了将多种急救设备整合在一起的急救包，这些急救包不但在工厂内部使用，还在市场上进行了推广，结果大受好评，直到今天，强生公司还是北美地区急救包的代名词。

（二）方向定位

彼得斯提出，那些时至今日依旧保持领先地位的公司，在自己的发展定位和发展方向方面十分坚定。他认为，卓越公司往往坚持本业，而且在本行业有很深的积累，对于多元化经营往往十分谨慎。比如波音公司就专注于客机市场，其 90% 的营收都来自客机。德州仪器公司更是主动放弃了价值 10 亿美元的电子钟表生产线，以保持自己的主营业务得到足够的资源投入，始终处于领先地位。

除此之外，彼得斯认为那些重视顾客、聆听顾客意见的公司往往走得更远。卓越企业往往热切地追求质量、可靠程度、服务等与顾客满意度息息相关的指标。比如 IBM 公司就要求在 24 小时之内解决顾客申诉的案件。曾经有一位美国客户的服务器出现问题，IBM 在几个小时之内从欧洲、加拿大、拉丁美洲调集了八位专家来帮助这位客户。之后，这位顾客最终成为 IBM 的忠实粉丝。据此，彼得斯指出，IBM 的产品并不是完美无缺的，也会出现这样那样的问题，但是 IBM 的顾客都十分认可他们服务的质量和可靠度，最终 IBM 也通过这种方式与顾客建立起信任，促使 IBM 公司不断发展壮大。

（三）人力特质

彼得斯认为，对于卓越企业来说，人力是一种不可或缺的资产。也就是说，卓越公司的管理过程非常重视以人为本。这方面最好的例子是达美航空。在达美航空，员工享有非常自由的工作氛围，在公司有"家的感觉"。这种对员工的关注也换来了公司资产的增值。1982 年，达美航空的员工团结起来，自愿降低薪水总计 3000 万美元，好让公司可以买下一架波音 767 客机。这充分体现了员工对于公司归属感的积极作用。

同时彼得斯指出，公司在管理过程中也要保持宽严并济。"宽"指的是构建宽松自由的工作环境和工作权限，让员工享有极大的自由，自主做事。"严"指的是公司在少数几个关键性指标上是非常严格的，比如核心价值观和财务指标。比如在 3M 公司，员工可以自由组合，不断推出创新产品，这能够激励组织内部的创新。同时，3M 公司内部有大量的实验室，实验室会对员工产出的产品进行严谨的测试，以保证产品的质量达到 3M 公司的要求，不会损害公司的形象。

（四）组织特质

彼得斯提出，卓越企业总是维持着单纯的组织形式。这种组织形式是一种基本单位，可以是小组也可以是部门。公司以此为基准建立框架，每个人都可以快速了解这个基本单位，从而高效地处理复杂的工作。比如，强生集团把公司分为 8 个独立的部门集团，这些部门集团都称为"公司"，他们的领导都称为"董事长"，虽然这些公司没有自己的股票，但是这些公司都十分活跃，都积极地在自己的领域内开疆拓土。这样的组织方式让强生总部的管理人员大大减少，进一步减少了运营成本。

另外，彼得斯认为自主创业也是组织特质方面的重要内容。一般来说，越是规模庞大的企业就越需要严格的规章制度，要充分避免内部竞争造成的资源浪费。但是那些卓越的企业不是这样的，他们积极地分散权力和拓展员工自主的空间，让员工的工作重叠，从而产生竞争，借以培养组织内部的创新精神，以便不断地推陈出新。这方面最好的例子是腾讯。腾讯总是在同一个业务上培养两支团队，以此形成竞争局势。这种公司内部自主创造的竞争模式，最大的受益者无疑还是公司本身。

扫码获取附赠资料

26

《战略与结构》：
四大资本企业巨头的前车之鉴

战略管理领域的奠基者
——艾尔弗雷德·D.钱德勒

艾尔弗雷德·D.钱德勒（1918—2007），出生
于美国特拉华州，少年时期的他便表现出优异的文学
天赋。钱德勒先后就读于埃克塞特学院、北卡罗来纳
大学和哈佛大学。第二次世界大战期间，他从哈佛大
学本科毕业后，加入了美国海军，服役期限为五年。
第二次世界大战结束后，钱德勒举家重返哈佛研究生
院，开启了研究生求学生涯，他于1952年获得了哈
佛大学历史系博士学位，后任教于麻省理工学院。在

艾尔弗雷德·D.钱德勒

麻省理工学院任教期间，钱德勒专注于学术，在1962年出版了《战略与结构》。
该书通过对四家知名企业管理结构变迁的描述和分析，提出了分部制组织管理
结构模式。《战略与结构》一经出版，便受到学界的广泛关注，被称为"钱氏
三部曲"中的首部著作。钱德勒也因此被誉为伟大的企业史学家、战略管理领
域的奠基者之一。

随后，钱德勒被聘往霍普金斯大学执教。在霍普金斯大学执教期间，他撰写了《铁路：美国的第一个大企业》，并参与了《艾森豪威尔文集》的编辑工作。1971 年，钱德勒被哈佛商学院重新聘为企业史学教授。1977 年，他出版了"钱氏三部曲"中的第二部著作——《看得见的手：美国企业的管理革命》。1994 年，钱德勒出版了"钱氏三部曲"中的最后一部著作——《规模与范围：工业资本主义的原动力》。

一、为什么要写这本书

《战略与结构》是以详细描述和分析 20 世纪初期美国四家典型企业的兴起和发展史，来概括内部组织结构是决定企业葆有永久竞争优势和经济扩张源泉的研究著作。

（一）美国通用汽车公司

1908 年，美国通用汽车的创始人威廉·杜兰特想要将当时美国汽车工业数百家公司合并，但最终以福特公司要价太高而以失败告终。同年，杜兰特在别克汽车公司和奥兹汽车公司的基础上，成立了通用汽车控股公司 (General Motors，GM)。接着，通用汽车公司在不到两年的时间里收购和兼并了 20 多家汽车公司，并在华尔街评价榜上逐渐名列前茅。在通用汽车公司获得成功后，杜兰特于 1911 年开始大规模地收购公司，并在各地建设工厂，用来扩大经营版图。

然而，由于一味扩张，忽略了管理，加上没有必要的现金储备，通用汽车公司被竞争对手福特公司反超，陷入了严重的亏损中。为了使公司安全地渡过危机，公司财团要求杜兰特辞职，让他离开了自己一手创建的公司。直到 1916 年，杜兰特重夺股权，第二次执掌通用汽车公司。但好景不长，杜兰特依然只热衷于扩张，而不去协调各经营部门之间的关系，也不对公司发展做整体规划，偌大的公司一人独大，最终导致公司再次面临危机。1920年，杜兰特再次失去了总裁宝座。

此时，美国职业经理人艾尔弗雷德·斯隆接过了当时败落的通用汽车公司。他意识到了通用汽车公司在管理上的缺失，于是着重建立新的管理组织系统，也就是为人称道的"斯隆管理模式"。经过斯隆对通用汽车公司内部管理结构的大胆改革，通用汽车公司形成了这样的管理格局：总部只负责长期战略规划和决策，不负责日常运营，权力被下放到各个分部，实行分部自主管理，并在公司额外增设参谋部门，为总部提供决策支持，也为分部提供建议。

经过斯隆的改革创新后，通用汽车的产量逐渐上升，超过了没有进行内部管理结构改革的福特公司，市场份额一度霸占世界首位。当时，被聘为通用汽车公司管理顾问的彼得·德鲁克，正是在此期间对其管理方式和过程进行了学习与整理，最终出版了他的首部著作《公司的概念》。

（二）杜邦公司

杜邦公司曾位列美国《财富》杂志"美国最受赞赏的公司"排行榜化学公司类的第一名。

杜邦公司的创始人是皮埃尔·杜邦。1802年，皮埃尔·杜邦从法国移民到美国特拉华州后，开始建造火药厂。1811年，火药厂年产量达20万磅，销售额达12万美元。由此，这个火药厂成为美国最大的火药生产商。1902年，公司总裁尤吉尼·杜邦去世，总裁的三个曾孙艾尔弗雷德·杜邦、科尔曼·杜邦和皮耶尔·杜邦共同买下了杜邦公司。此后，杜邦公司制订了新的发展计划，并开始生产非炸药类产品。

然而，随着公司版图的扩大和业务量的上涨，一些管理类问题也接踵而来。当时，皮耶尔·杜邦说："我认为要采取强烈的行动重组每一项工作。"正如《战略与结构》第二章里所说："重组提供了一个机会，由此可以把一个由许多较小企业组成的松散联盟转变为一个统一的、一体化的并且是集权管理的工业企业。"在建立中央集权的管理结构过程中，杜邦公司也同时创设了多部门结构，每个部门分担着不同的职责，如发展部、法律部、材料部、财务部等。为了保持各部门、各层级之间的有效沟通，每个部门都会定期进行交流汇报会议，就近期工作内容进行信息交互。

（三）新泽西标准石油公司

新泽西标准石油公司也遇到了和通用汽车公司、杜邦公司类似的问题。新泽西标准石油公司起初以炼制煤油为主，原油供应和产品销售主要依靠其他企业。20世纪20年代，石油产品的市场需求结构随着电力和汽油发动机的普及发生了巨大的变化，市场对煤油的需求量逐渐减少，对汽油、润滑油和其他燃油的需求供应量急剧增加。为了适应市场需求的变化，新泽西标准石油公司减少了煤油的生产，内部资源配置逐渐偏向石油业的其他部门。

但是新泽西标准石油公司的单一管理结构已不能应对企业的新变化了，虽然有人提出过进行管理组织改革的建议，但并未得到重视。直到1925年发生了存贷危机，在巨大压力的迫使下，公司的管理层终于实施了内部改革，拟订了组织重组方案，设立了预算部和协调部。但这次改革并不彻底，高层领导过多关注日常事务，忽略了企业战略的重要性，导致1927年原油生产过剩。

之后，领导层开始放权，实施部门首长负责制，开始了"集权"向"分权"的转变。

（四）西尔斯公司

西尔斯公司也开展过类似的组织结构变革。该公司一直在零售行业享有盛誉，于 1925 年开始实施扩张，到 1929 年，店面增加到了三百多家。为了更好地管理庞大数量的连锁店，公司开始重建地区办事处，并发展管理分部，重新规划企业战略，终于在 1948 年完成了向多部门组织结构的公司类型的转变。

钱德勒在这些研究中发现，这四家公司在发展扩张的过程中都遇到了瓶颈，其管理者都不约而同地对内部管理组织架构进行了改革创新，而且在未经效仿的情况下，重新规划了企业战略，做出了分部制、分权制的结构调整，为企业的长远发展注入了源源不断的动力。从这个意义上说，公司管理结构分部制，为保持企业的长期发展发挥了重要的作用。

钱德勒从这四家公司的企业历史中提炼出具有一般性思维和实践意义的理论体系，即随着企业的兴起和扩张，多元化战略决定了内部组织管理结构也要随之变动，由此创造了分部制管理结构。不过，在西方社会早期的企业史研究中，焦点集中在企业家、个别企业的研究上，这就造就了《战略与结构》的企业史研究与以往企业史研究的不同之处。

二、研究视角：企业发展史

钱德勒从历史的视角，观察企业兴衰的历程，发现企业的发展变化及其规律，从而高度概括出战略与结构是影响企业发展的根本的结论。

什么是企业史？顾名思义，企业史就是企业的发展史，是历史学的一个分支学科。每个企业都有自己的发展史，既然是历史，就要讲求符合事实，坚持实事求是的科学态度。钱德勒通过对四家公司发展史客观、详细的描述，既总结了四家公司创业成功的经验，也分析出了四家公司后期失败的原因以及重整旗鼓的方法。

值得一提的是，钱德勒对早期企业史研究的创新之处在于，他不但客观描述了四家企业的发展史，还融入了管理学、社会学、经济学等学科的理论观点。钱德勒集各大家思想于一体，呈现出明显的跨学科研究视角，打破了企业史研究成果只能应用于企业史的壁垒。他的理论成果也为历史学、管理学、社会学、经济学等学科的发展做出了重要的贡献。在西方学术界流传着这样一句话："在企业史领域，B.C.（公元前）的意思是 Before Chandler(钱德勒之前）。"由此可见钱德勒对美国企业史学派做出的重大推进作用。

可以说，钱德勒并不是一名经济学家或者管理学家，而是一位企业史学家，着重于研究企业发展的历史，但是他在这本书中的研究一步步引出了管理中的重要问题，厘清了企业管理隐藏的逻辑，道出了企业管理结构的历史变迁。企业史的研究方法提供了其他一般研究方法所不具备的经验证据，以及在这些前人的经验当中所提炼出来的一般性原理。

三、分析对象：艰难前进的美国企业组织变化

事实上，每一个企业在不同的发展阶段都会根据收集回来的信息反馈和数据，检测战略的实施成效和预定目标之间的偏差，再重

新调整战略部署以适应随时发生的变动。同时，内部组织结构也要随着战略的调整而加以改变，以此来共同维系一个动态的、合理的组织体系。所以，钱德勒的分析对象就是动态变化的企业组织。

在资本主义经济发展史上，钱德勒发现最先创造出多元化战略、分部制结构的公司是杜邦公司、通用汽车公司、新泽西标准石油公司和西尔斯公司。这四家公司都是在相对独立、互不知晓的情况下开始进行内部结构改革的，这四家公司之间并没有所谓的效仿，每一个企业所面对的问题都是处于当时特定的社会环境和独特的企业内部结构相互作用之下的，但都不约而同地走向了改革之路。

管理者对企业面临的困境进行深入解剖，发现了自身企业战略与结构之间的联系，从而根据自身企业的经营状况进行了改革，所以每一家企业的改革方法在自身看来都是独具创新的。也正是因为这个特点，钱德勒选取了这四家企业作为案例，来研究在重重压力下的集权制企业向分权制、多部门组织结构转变的原因和过程。

当一家公司从一个地区、一个市场领域，转向不同地区、不同市场领域，进行多样化发展的时候，问题和困难就会接踵而来。一旦内部组织结构跟不上发展的步伐，管理者的日常事务就会越加复杂，决策的多样性和困难度都会增加，而管理者有限的精力、经验和时间注定了他们根本无法有效地应对诸多繁杂的事务，企业就会因此面临巨大的压力。在这种压力的迫使下，管理者开始寻求从日常的经营活动中解脱出来的方法，让他们有更多的时间和精力去统筹规划与企业命运相关的长期战略和决策。这时，多部门的组织结构便产生了。

多部门的组织结构可以有效地协调企业大规模的生产和分配，通过权力和责任的下放、有序地布局，各部门都有了运营自主权，这大大减轻了上层领导者的负担。同时，各部分也能更好、更快地适应和开拓新的领域，从而取得竞争优势。总之，企业科学的战略布局和灵活的组织结构的变化，是企业兴衰的关键。

四、核心思想：战略与结构的动态发展模式

通过对美国四家先驱企业在管理结构上的演变历史进行详细的解读和概括，钱德勒提炼出了核心思想，这就是"战略与结构"的动态发展模式。那么，关于战略与结构之间的关系是怎样的呢？

美国的四家先驱企业——通用汽车公司、杜邦公司、新泽西标准石油公司和西尔斯公司，都先后经历了从企业辉煌期到瓶颈期，甚至面临倒闭的风险期，他们面临困境的原因却有着基本的共性，也就是，随着企业的快速成长、地域的扩张、品牌的多样化、社会需求的进步、科技的创新等原因，企业原有的、陈旧的管理组织结构已不能适应这种快速变化的步伐，由此产生了一系列的新问题，企业也更加被动和落后。

这些企业敏感的管理者们看到了瓶颈背后的原因，也就是陈旧的管理组织结构。于是，企业面临的巨大压力迫使管理者们大刀阔斧地进行改革，从而产生了一个全新的运营单位——企业分部。这些分部都被企业总部委任授权，担任各自的专业职能，专注于自身的责任领域，帮助总部分担管理压力，让总部从烦琐的管理系统中解脱出来。那么，总部负责什么呢？总部负责构建企业发展的长期战略。

钱德勒明确解释了"战略"的概念，即"企业长期目标的决定，以及为实现这些目标所必须采纳的一系列行动和资源分配"，而结构的定义是"为管理一个企业所采用的组织设计"，分部或称事业部的建立就是组织设计的内容之一。当然，这些组织分部不

是固定不变的，而是根据总部制定的经营战略的变化相时而动，以更好地适应企业目标的更新和环境变迁，也就是说，这些组织结构也在持续影响和制约着企业的发展，这就是著名的"钱德勒命题"。

"钱德勒命题"最重要的一点，便是"适合"，而不是"最好"，为什么这么说呢？因为建立企业的过程就是一种动态的变化过程，即随着绩效的上升、版图的扩张、内部资源的变迁、外部环境的变化等因素，企业也要随时做出适合当时内外部环境的改变，而不能刻板地守旧，以一个组织管理模式去应对各种挑战。也就是说，企业管理者需要避免一种"铁锤人"倾向。

俗话说，"在手握锤子的人眼里，万事万物都像钉子"，其实这也是一种刻板印象，它忽略了差异，万事一以概之，不够灵活应变，就像通用汽车公司的创始人杜兰特一样，一味自大地扩张，用陈旧的内部管理结构去应对膨胀的公司和变化多端的环境，最终只能导致危机而被淘汰。所以，钱德勒说："战略性的增长来自更加有利可图地利用现存的或扩张中的资源。如果要有效率地经营一个被扩大了的企业，新的战略就要求一个新的或至少是重新调整过的结构。没有结构调整的增长只能导致无效率。"事实上，企业的组织管理结构一直是不断变化着的，只有通过变化才能找到最"适合"企业发展的竞争优势，保证企业长久不衰的生命力。

因此，"战略"与"结构"这两个概念是互相牵连的。具体来说，就是企业长期战略规划决定着内部管理结构，内部管理结构反过来制约着企业发展战略。此外，制定战略的管理者也要具有高瞻远瞩、灵活应变、审时度势、开拓创新的能力，从理性和思辨的角度去观察企业内外部的变化，随时调整企业战略和内部管理结构，以此来保证企业长期良好的运营状况。

扫码获取附赠资料

27

《企业生命周期》：
组织的成长阶段与诊疗方法

组织变革和组织治疗专家——伊查克·爱迪思

伊查克·爱迪思（1937—），美国管理学家，组织变革和组织治疗的专家，他在企业和政府里有着超过 30 年的诊疗经验，开创了"爱迪思咨询法"，是"企业生命周期理论"的创立者。

伊查克·爱迪思

爱迪思于 1937 年在南斯拉夫出生，在以色列长大，有着犹太血统。中世纪时，爱迪思的祖先为了躲避宗教迫害逃离了西班牙。童年时期的爱迪思，为了逃离纳粹德国的毒害，从波兰流亡到了阿尔巴尼亚。第二次世界大战结束后，他先是移居塞尔维亚，后又移居到以色列，在希伯来大学求学，最后去了美国进行学术研究。爱迪思在纽约哥伦比亚大学获 MBA 和博士学位，后担任加州大学洛杉矶分校终身教授，曾为许多国家的总理和高级官员、新兴企业以及大型企业提供过咨询服务。

爱迪思的代表作有《自我管理》《如何解决管理不善的危机》《追求巅峰》以及《企业生命周期》等。

一、为什么要写这本书

20 世纪 50 年代末至 70 年代，被认为是企业生命周期理论的萌芽阶段。

1959 年，美国管理学家马森·海尔瑞首次使用"生命周期"这一概念去考察企业的发展，提出企业的发展周期规律与生物学中的生命成长曲线很相似，并进一步指出由于管理措施不到位等原因，企业会陷入发展停滞、消亡等困境，从此开辟了企业生命周期理论的研究之路。

到了 20 世纪 60 年代后，对企业生命周期的研究越来越深入且系统化，主要代表人物有美国经济学家哥德纳和美国管理学家斯坦梅茨。哥德纳将生物的生命周期与企业的生命周期进行了对比，总结了企业生命周期的特点，比如企业生命周期的时间跨度具有不可预测性，从成熟期过渡到衰老期，可能是十几年，也可能经历上百年。斯坦梅茨则更加系统地研究了企业的生命历程，他发现企业成长过程呈现出 S 形曲线，并对企业的成长阶段划分为直接控制阶段、指挥管理阶段、间接控制阶段以及部门化组织阶段。

20 世纪 70 年代之后，企业生命周期理论不断完善，方法也有了突破，学者们开始使用模型来描述理论。比如英国管理学家邱吉尔和刘易斯在 1983 年提出了五阶段成长模型来描述企业的成长情况。1985 年美国哈佛大学管理学教授格雷纳对这一模型进行了完善，他利用组织年龄、组织规模、演变的各个阶段、变革的各个阶段以及产业成长率这五个关键概念建立起企业组织的发展模型，描述了企业成长过程中的演变与变革的辩证关系，很好地解释了企业是如何成长的，这一研究成果后来成为管理学家研究企业成长问题的基础理论。

爱迪思基于这些研究成果，再通过几十年的观察与思考，将企业生命的周期划分为十个阶段进行研究，揭示了企业发展变革的深层原因，还运用拟人化的手法描绘了企业成长的整体性图景，并以此提出了相关的企业诊疗方法以供官员、企业家参考学习。

简言之，从理论萌芽，到后来研究范式的转变，管理学家从不同的视角对企业发展的本质及其路径进行了研究探讨，正是在这样的背景下，企业生命周期理论经过持续发展与完善，直到后来爱迪思博士将这一理论的研究推向高峰，使其得到了更为广泛的认可与运用。

二、核心内容：拟人化的企业发展阶段

一个企业一旦被创造出来，它的规模、结构以及优劣势等各方面就会随着整个社会、经济、市场的变化而变化。所以，一个健康的企业应该是活的，而不是一成不变的，它的发展与演化有着生物生命一般的周期规律。爱迪思将企业生命周期划分为十个阶段，分别是孕育期、婴儿期、学步期、青春期、壮年期、稳定期、贵族期、官僚早期、官僚期、死亡期。在爱迪思看来，生物在不同的生命阶段有不同的特征，企业也如此，而一个优秀的管理者需要洞悉企业的成长机制，把握好所处的成长阶段，在不同的情形下采取不同的策略，方能合理地应对企业的发展问题。

第一阶段：孕育期。

这一阶段，企业尚未诞生，而某个"好点子"是创业者前进的动力，并且创业者开始构想如何才能把这个"好点子"变为现实，所以这一阶段也被称为"梦想阶段"。也就是说，这是一个"造梦"的阶段，创业者将倾注自己所有的激情，来向世人描绘自己的梦想。在这一阶段，创业者虽然没有什么实际行动，但是这个世界需要他们的激情与创业精神，以及与之相适应的社会责任感、使命感。

第二阶段：婴儿期。

当梦想一旦驶离"空想"的港湾，步入商业市场的海洋之后，企业以及创业者就需要面临更多的、具体且现实的问题。婴儿期的企业，需要获得大量的营养供应，因为与人类婴儿类似，"初生"的企业难以对抗现实世界的风浪，需要有足够多的投资甚至是政策扶持才能存活下去。

在这一阶段，企业面临的最重要的问题是如何保证有稳定的现金流，因为现金流的断裂是处于婴儿期的企业夭折的主要原因。此时的企业才刚起步，合理完善的管理制度和管理程序尚未形成，创业者面临着是继续完善产品还是转而扩大销售的问题，这就需要创业者具备精明的决断能力以及高超的管理水平，通过采取妥善的产品运营方式以及争取到足够的投资，来保证企业现金流的稳定。

第三阶段：学步期。

这一阶段最大的特征是刚刚经历过婴儿期的企业经受住了市场的考验，获得了成功。学步期的领导者不仅相信奇迹，还想要创造奇迹。于是企业就开始扩展业务，如同两三岁的孩童，对什么都感兴趣。多元化的业务扩展使有些公司成了小型的集团公司，然而由于参与了过多不熟悉的领域，也为企业的发展带来了危机。

第四阶段：青春期。

青春期是人这一生中情绪最为复杂的时期，步入青春期的少年少女往往是矛盾且多变的，他们将拒绝原来的家庭规范，形成自己的主张，而企业也是如此。离开学步期的企业也将面临巨大的转变，其中最主要的便是权力的改变。在婴儿期与学步期，企业的确需要创业者具有一定程度的"独断专行"，然而公司要过渡到青春期就需要进行授权，创业者需要把权力授予公司的职业经理人，这一过程是困难而痛苦的。

爱迪思在书中举例说，这种权力的过渡就好比一个绝对的君主国要转变为一个宪政国家，也就是由国王的一个人统治转变为宪法统治，虽然创业者会声称自己一定会遵守企业的规章制度，但是一个国王自愿放弃他的权力是很少见的。作为创业者，他的行为仍然是婴儿期的残留物，可是随着企业规模的扩大，外部环境已然改变，在经历一次又一次的危机后，青春期的创业者不得不去学着如何合理地授权，以此来实现从创业到专业化管理的转变，避免管理危机的发生。

第五阶段：壮年期。

不论是对人类还是对企业来说，壮年期都是生命周期中最佳的阶段。在经历了青春期权力与领导的转变后，企业的灵活性与自控性会到达一个平衡点，然而灵活与控制是互斥的，领导者需要在管理层决策过于灵活时或者管控过于严格时采取纠正措施。处在壮年期的企业主要有以下特点。

- 一是具有制度化的管理流程，以及运行良好的制度和组织结构。
- 二是销售额与边际利润同步增长。

- 三是繁殖力强，企业内部的凝聚力、外部的整合力强。

第六阶段：稳定期。

离开壮年期的企业，虽然它的表现仍然像壮年期一样，不过，它的内在变了，不再像以前那般积极进取，逐渐失去了自我革新与追求变化的动力。稳定期的企业灵活性下降，企业产品的各项性质趋于稳定，很少有改动。人们的管理措施越来越趋于保守，如果没有必要，人们不愿意冒任何风险。同时，管理者认为考核代表一切，只有数字与规则是日常管理工作中最可靠的要素，直觉与判断的作用越来越小，创业精神逐渐消失，企业在不知不觉中进入下一个生命阶段——贵族期。

第七阶段：贵族期。

创业精神的消散使企业从壮年期步入稳定期，直至进入贵族期。处于贵族期的企业有以下特点。

- 首先，发展欲望降低了，对于开拓业务、开辟市场的兴趣不大，比起规划未来，这个阶段的企业更重视过去的成就，更加排斥变革。
- 其次，贵族期的企业不愿意承担风险，而是加强系统控制，以及加大各种设施、福利的投入。
- 再次，企业的员工也更加乐于维护人际关系，注重着装与沟通的正式性，自然地遵守各种传统与惯例。
- 最后，贵族期的企业资金十分充裕，甚至成了"累赘"，于是开始并购别的企业，尤其是处于学步期的企业，是贵族期企业并购对象的最佳选择。
- 此外，贵族期的企业已经开始老化，市场份额、收入和利润持续下降，兼并与涨价也不能弥补企业的损失，于是好日子快到头了，平静的海面开始掀起波澜。

第八阶段：官僚早期。

我们可以通过一个要素来判断企业是处于贵族期还是官僚早期，那就是"管理偏执"：在处于贵族期的企业里，宁静中蕴藏着风暴，一片和气，而步入官僚早期的企业，管理层的矛盾与冲突开始显露出来，人们不再是处理企业的问题，而是卷入人际冲突之中，人们开始为了生存而露出獠牙，彼此怀疑、背地里中伤他人，有才干的人反而成为人们提防的对象，偏执的氛围禁锢住了企业，这样的氛围会一直持续到企业宣布破产或者被政府收购，成为完全官僚化的企业。

第九阶段：官僚期。

由于有国家的支持与补贴，本该消亡的企业依靠人为手段活了下来，进入了官僚期。这一阶段的企业，生存环境已经彻底改变，相应的人员结构也一改从前，企业家型的员工如流水般更替，更多的行政管理人员被保留下来，此时的企业与市场隔绝，已经成为一个完全的官僚机构，只关注规章制度的安排与实施情况，完全不关心客户的需求是否被很好地满足了。

爱迪思在书中引用了一个笑话：

一个外地人来到巴黎，询问朋友最好的珠宝店是哪家，他得知地址后直奔这家珠宝店。在店门口一个穿红色制服的服务员礼貌地询问他需要点什么，他说："买点珠宝。"服务员伸手示意说："请您走左边的门。"他进了左边的门后，又一个蓝色制服的服务员询问道："您是购买男士珠宝还是女士珠宝呢？"外地人回答说："女士的。"接着服务员伸出右手说道："女士珠宝请走右边的走廊。"接下来这个外地人又分别遇到了三个服务员，询问他关于款式花样之类的各种问题，并向外地人指了一个又一个的方向，最后这个外地人被问道是想要钻石还是红宝石，他回答说："红宝石。"于是服务员说："请走左边的门。"外地人打开门后，发现自己又站到了大街上。

从现实中来看，很多官僚化的企业由于缺乏变革与团队合作精神，日常工作中充斥着表格、规章制度，几乎没有做出任何有价值的事情。

第十阶段：死亡期。

由于官僚期的企业要存活下去，只能依靠政治资源，这样的企业看似不可侵犯，实则状况堪忧，十分脆弱。当一个企业没有资源作为生存给养后，企业就会面临"死亡"。而"死亡"也会发生在官僚期之前。如果有政治资源的供养，那么企业的生命会持续下去，一旦失去这种资源，企业也就"玩完了"。

三、分析工具：企业行为的诊断方法——PAEI 管理角色模型

爱迪思发现并总结出企业生命周期理论后，开始思考是什么导致企业前期的发展与后来的老化？又是什么改变了企业的灵活性与控制性？

为了找到企业发展变化的原因，爱迪思首先假设所有的生命系统，无论是短期之内还是从长期来看，都是为了实现效益与效率。换句话说，对于企业来讲，影响企业生命各阶段行为的因素，就在于一家企业分别在短期与长期内追求效益与效率的驱动力是不同的。

爱迪思认为驱动力的大小受四大管理角色的影响，也就是管

理团队中的四个关键角色。

- 第一，P 角色——producer，我们称为业绩创造者角色。这一角色关注的是短期目标的实现，它只在乎员工的业绩表现是否达到了企业发展的目的，具备这一角色的管理层企图通过快速创造业绩在短期内实现效益。值得注意的是，P 角色的目标不能是利润，因为利润只是产出结果，管理层的任务不能只盯着产出结果如何，而是要通过正确的管理手段去保证过程的正确投入，而利润只是一台"显示器"。比如在孕育期的时候，创业者的注意力是在利润上吗？也许会有，但是他们主要盯着"如何找到并利用创造利润的机会"，这里的"机会"就是投入。

- 第二，A 角色——administrator，指的是行政管理者角色，这一角色关注的是短期内的控制效果。如果能够在短期内做到企业管理的系统化、组织化以及程序化，那么就意味着人员能够被合理地调用，业务能够被很好地分配，各类资源能够被充分地配置，也能够有条不紊地进行各项事务。于是，企业短期内的效率便可以得到较好的保障，而有了业绩的实现，以及行政管理上效率的保障，企业在短期内当然会盈利。

- 第三，E 角色——entrepreneur，这是指企业家角色，这一角色最为重要的特质是企业家的创新精神，这一角色的关注点在于长期目标。企业家角色具有长远发展的眼光，能够放眼未来，在特有的创新精神以及冒险精神的加持下，制定并追求长远的目标，从而让企业获得长期效益成为可能。

- 第四，I 角色——integrator，也就是一体化整合者角色，这一角色的作用在于能够在长期范围内有效地控制系统的运行。根据"热力学第二定律",也就是所谓的"熵增定律",系统会逐渐趋向无序状态,而不会自发地进行整合。所以,实施I角色的管理者需要积极应对"熵增",整合企业中的人力资源、各类物质资源以及非物质资源,还要调和企业内部的正式文化与非正式文化等,这能够减少组织中的矛盾与冲突,保证长期的一体化,而良好的一体化将为企业带来长期的效益。

这四大管理角色的英文缩写为PAEI,因此又被称为PAEI模型。爱迪思指出,一个企业想要在短期或是长期内保障效率与效益的实现,就必须扮演好这四大管理角色。人们可以通过运用PAEI模型来考察一个企业的管理团队,衡量各角色的作用与贡献,从而找到企业发生正常或不正常变化的原因,以及剖析企业发展历程中问题或成功的症结所在。比如,一个拥有高素质管理团队的企业,有着科学合理的人员组织结构,管理者们相互配合,分别承担着不同的管理角色,就有可能实现短期与长期内的效率与效益的保障。

扫码获取附赠资料

应对企业
危机的必
然选择

28

《转危为安》：
日本能，为什么我们不能

日本质量管理之父——爱德华兹·戴明

爱德华兹·戴明（1900—1993），美国统计学家、管理学家，著名的品管大师、人口普及抽样方法的发明者、现代质量管理的先驱，被日本企业界视为"日本质量管理之父"。戴明一生对质量管理做出了杰出的贡献，他提出把统计学原理用于质量管理，用独特的管理思想开辟了质量管理的新领域。他的代表作有《新经济观》《转危为安》《戴明论质量管理》《戴明管理思想精要》等。

爱德华兹·戴明

《转危为安》是戴明久负盛名的管理学代表作，此书的出版点燃了全球质量大革命。在这本书中，戴明提出的著名的"管理十四要点"，构成了戴明质量管理理论的主要思想理念，也成为 20 世纪全面质量管理（Total Quality Management，TQM）的重要理论基础。

一、为什么要写这本书

戴明出生于美国的爱荷华州，1928 年获得耶鲁大学物理学博士学位。读博期间，戴明结识了美国"统计质量控制之父"安德鲁·休哈特，接触到了统计过程控制理论。统计过程控制是一种借助数理统计方法的过程控制工具，它对生产过程进行分析评价，根据反馈信息及时发现系统性因素出现的征兆，并采取措施消除影响，使过程维持在仅受随机性因素影响的可控制状态，以达到控制质量的目的。

博士毕业后，戴明在美国农业部就职，就职期间，他发明了人口普查抽样方法，并证明了统计方法可用于商业。此外，他还在休假期间去了英国伦敦大学，与英国著名的统计学家费舍尔一起从事了一年的统计学研究工作。后来，他将统计学用于质量控制并取得了良好的效果。抽样方法技术与统计学知识为他一生都在从事的质量研究工作奠定了基础。

1942 年，随着战争的进行，戴明将统计理论用在了战时生产研究上，并呼吁生产者重视质量，反复强调质量控制的重要性。然而他的呼吁在美国反应寥寥，这让戴明心灰意冷。

1946 年，随着战争的结束，戴明接受了盟军最高指挥部的征召，远赴日本帮助当地进行战后重建。戴明到日本本来是要指导日本人进行人口普查、讲授统计学知识的。然而，戴明在日本进行演讲时，不再突出他擅长的统计学，而是突出了质量管理，并且在日本工业界受到了热烈的欢迎，全日本工业界也因此掀起了应用统计过程控制和全面质量管理的热潮。戴明向日本人表明："只要运用统计分析，建立质量管理机制，5 年后日本的产品质量就可以超过美国。"果然，用了 4 年时间，日本的产品总量就超越了美国。

到 20 世纪 70 年代，日本不仅在产品质量，而且在经济总量上都对美国工业形成了巨大的挑战。日本战后经济的崛起，离不开戴明对日本企业全面质量管理的指导，这让戴明在日本获得了如日中天的声誉，由此成为日本的质量管理教父。由于戴明的质量管理理念奠定了日本早期全面质量管理的基础，所以为了表达对戴明的感激与敬意，裕仁天皇授予他二等珍宝奖，日本科学家和质量工程师协会把年度质量奖命名为"戴明奖"。

戴明对日本指导质量管理的成功，让美国人惊醒，于是开始对戴明另眼相看。终于，在 1980 年，全国广播公司 (National Broadcasting Company，NBC) 制作了一档纪录片节目——《日本能，为什么我们不能？》（英文名：*If Japan can, Why can't We?*），戴明作为嘉宾，讲述了日本的质量管理实践，这使戴明一夜成为质量管理的明星。此后，美国各大企业纷纷邀请戴明去传授质量管理思想。由此，他帮助美国企业开始了长期的生产品质改善和管理体制变革。比如，戴明帮助福特汽车公司进行重建并取得了重大的成功。此外，自 1981 年起，考虑到美国制造业山河日下的现实状况，戴明不断地在全美举行"四日研讨会"，每年举办 20 次以上，目的是推动美国企业的管理改革。

随着日本、德国的崛起，美国持续在制造业及服务业市场失利，美国要想夺回在国际贸易方面的竞争地位，戴明认为，需要经理人负起责任，去改善系统中人员及机器的品质及生产力问题，以此来解决产品的低品质高成本问题。在这样的背景下，戴明决定把自己几十年的质量管理经验以及思想写成一本书，来教美国企业如何转型以求生，如何在最高管理层的领导下追求质量。于是，在 1982 年，《转危为安》这本伟大的管理类的传世之作诞生了。

二、核心思想：管理十四要点

戴明提出了"管理十四要点"，他希望这"十四要点"能带领美国走出国际竞争力下降的困境。同时，这"十四要点"也是全面质量管理的理论基础。

第一点：把提高产品与服务质量作为永恒不变的目标。产品质量与服务质量对企业的发展十分重要，能为企业创造源源不断的价值。因此，管理者要带领员工制定企业的长远目标，就是说一直追求提高产品与服务质量。而且，把提高产品与服务质量作为永恒不变的目标，应成为企业组织的核心价值观。只有企业上下一起坚守这种核心价值观，质量才得以保证，企业才能稳定发展。

第二点：采用新的观点。管理者应当抛弃旧的管理哲学，比如传统观念认为，高质量意味着增加开销。戴明则认为，这些种传统观念已经不适用于新的市场，应采用新观念，新观念就是提高质量会降低成本。戴明指出，同样一笔钱买到的产品与服务越好，生活开销就越低。我们应当崇尚品质，任何粗制滥造和劣等服务都是不能被接受的。

第三点：停止依靠大规模的检查来获得质量。传统的质量管理依赖于检查最终结果是否符合要求，用检验来发现不合格的产品，并且由制造不合格品的员工来承担全部责任或连带责任。事实上，任何检验，当发现产品缺陷时，就已经产生了损失。再者，员工因承担责任导致收入降低，从而产生消极怠工心理，这不利于企业的可持续发展。另外，大量的质量问题本身属于"系统错误"，系统错误就是说不是员工个人错误而是生产系统本身的错误。所以，戴明指出，应当停止依赖检验的方式来把关质量，要将传统的"把次品挑出来"改为"不生产次品"，也就是"从事后检验"改为"事前预防"。

第四点：废除以最低价竞标的制度。企业常以最低价格标准来作为采购的依据，然而以低价采购原材料的形式来节约成本，肯定会在管理、维修以及产品质量上增加成本。所以，戴明主张，要结束只以价格为基础的采购习惯。在采购上尽量采用单一货源，与供应商建立长久的合作及信任关系，这样才能真正降低成本、提高质量。

第五点：持续改进生产和服务系统，使用统计过程来控制技术。在每一个生产服务活动中，如采购、运输、工程、方法、维修、销售、分销、会计、人事、顾客服务及生产制造等，唯有持续改进质量和生产能力，才可以持续减少成本开支。另外，戴明认为，统计过程控制学的使用对改善系统至关重要。因为改进必须依赖事实，而事实必须经过统计分析后才能找出问题。因此，系统管理的核心是工作过程的记录和统计。

第六点：建立现代的岗位培训方法。实行岗位职能培训，是为了提高工作人员的认知和技能，因为技能不好，质量就无法得到保障。因此，管理者应当对员工进行岗位培训。同时，戴明指出，要使用统计方法来衡量培训工作是否有效。如统计管制图的使用，可以判断员工是否获得了足够的训练。只要员工的绩效表现没有进入统计控制范围内，也就是员工的表现还没有达到稳定的状态，那么员工就仍有进步的空间，就要继续训练，反之亦然。

第七点：建立领导力，改进领导方式。戴明认为，企业中存在的问题 85% 是由管理不善而造成的系统错误。因此，解决企业中存在的问题，关键就是改善管理和改进领导方式。管理者要明白，要用领导力来带领团队的进步，而不只是监督，这样才能体现出对员工的尊重，才能取得员工的信任，从而激发员工工作的热情。

第八点：排除员工的恐惧。戴明认为，要提升品质与生产力，必须要让员工感受到安全感，员工才能大胆提出自己的看法，才能为公司做出贡献。而员工的恐惧感是不利于公司发展的。比如，如果新采购的原材料有瑕疵而不能使用，那么不管员工多么努力，也不能生产出优质产品。但员工不敢向管理层上报，因为员工害怕自己被裁员，所以选择循规蹈矩来保住自己的工作。由此可见，消除员工的恐惧感对企业的发展至关重要。

第九点：打破部门间的障碍。每个部门的存在都是为了整个公司更好地运营和发展，部门间应当互相交流，拥有共同目标。管理层应促成不同部门的合作，确保整个组织的利益最大化。比如，设计人员负责设计产品，然后将产品样本展示给销售人员，这时，销售人员应当征询制造部门的意见，然后再进行销售，以防销售人员接回的订单超过了工厂制作的负荷。因此，各部门间不应有屏障，应当积极沟通，协商一致，为共同的目标而努力。

第十点：取消对员工的标语训词和告诫。过度的告诫会让员工产生压力、挫折感、怨气、恐惧、不信任和谎言，从而形成与公司对立的关系。因此，戴明认为，管理者需要扎扎实实地解决问题，而不是富有想象力地空喊口号。

第十一点：消除数字配额。戴明认为，设定日工作量、设定配额、评分或绩效考核是无法做到公平准确的，更不能保证产品的质量。比如，按件计酬制度只会鼓励人们努力增产，而不注重品质。再比如，企业给员工设定配额后，当员工完成配额时，就会无所事事，只等着下班，这样只会带来低效率及高成本。

第十二点：消除影响员工工作自豪感的一切障碍。戴明认为，金钱并不是唯一能让员工培养自豪感的因素，除此之外，还有领导对员工的尊重、信任、重视等精神因素。在管理过程中，管理者应当有效听取员工的意见和建议，并及时给予反馈，解决他们的实际问题，从而增加他们的自豪感，这样员工才能对自己的工作精益求精，才能提高质量。

第十三点：鼓励每一个人进行自我教育与自我提高。企业应视员工为有价值的资产，鼓励员工不断吸收新知识、新技术，以便有能力处理新材料、使用新方法。此外，企业还应营造员工追求知识、自我改进的氛围，让员工明白学习是企业和员工明日生存的保障。

第十四点：采取行动来实现转变。公司管理层要组织团队来推动前面十三点的实施。管理者要从自身做起，自上而下地带动全员参与到改进工作的行动中。因为管理层在实现转变中起着决定性的作用，他们比任何人更有影响力，他们的决定影响着每一个人，所谓上行下效。同时，管理层也要让公司每个人意识到改变自己是每一个人的工作。

总之，戴明从顾客、员工、管理者的角度出发，提出了解决问题的方法，这是所有想达到目标的组织必须遵循的准则，也是全面质量管理的基础。戴明表示，管理层应该针对前面的十四点内容采取行动来实现管理转型，不能坐而论道，这样才能提升质量，才能走出企业危机。

三、核心问题：如何走出危机

企业管理中存在七项致命恶疾，分别是：

● 缺乏长远的目标。

● 目光短浅及只重短期利润。

● 存在诸多弊端的绩效考核制度。

● 频繁更换管理层。

● 数字化的误区。

● 沉重的医疗支出。

● 产生巨额的法务费用。

治疗这七项恶疾的方法，除了戴明提出的管理十四要点以外，还有 PDCA 循环、变异理论。

（一）PDCA 循环

PDCA 循环又被称为"戴明环"，意思是任何一项活动都能有效进行的一种合乎逻辑的工作程序，它将质量管理分为了四个阶段：Plan（计划）、Do（执行）、Check（检查）和 Act（行动）。

● 计划，指的是方针和目标的确定，以及活动规划的制定。

● 执行，指的是根据已知信息，设计具体的方法、方案和计划布局，再根据设计和布局进行具体的运作，实施计划中的内容。

● 检查，指的是总结执行计划的结果，分析结果中的对错，明确效果，找出问题。

● 行动，指的是对总结检查的结果进行处理，对成功的经验加以肯定，并实行标准化，对于失败的教训也要总结，引

起重视，而对于没有解决的问题，应提交到下一个循环中
去解决。

如此周而复始地循环，质量便会呈阶梯式不断进步。在质量
管理活动中，要把各项工作按照做出计划、计划实施、检查实施
效果的步骤进行，然后将有效果的纳入标准，没有效果或效果差
的留待下一循环去解决。这一工作方法是质量管理的基本方法，
用这种方法每循环一次，就能解决一部分问题，取得一部分成果，
生产的质量也就会提高一步，然后就制定下一个循环，经过再运
转、再提高，质量就会不断前进。总之，"戴明环"为全面质量
管理提供了思想基础和方法依据。

（二）变异理论

另外，戴明提醒管理者要注意外力介入与过度的干预所造成
的变异。"变异"是统计学术语，意思是品质标志在总体单位中
的不同表现。比如，为调查企业职工情况，该企业的每一位员工
就是总体单位，性别、民族、工种、籍贯等调查项目是说明总体
单位特征的名称，性别、民族、工种、籍贯等就是品质标志。所
有的系统，比如设备、过程或人都有变异性，因此，管理者要学
会区分"特殊变异原因"和"共同变异原因"。

- 特殊变异原因又称"非机遇性原因"，指制程中变异因素
  不在统计的管制状态下，其产品特性没有固定的分布。
- 共同变异原因又称"机遇性原因"，指制程中变异因素在
  统计的管制状态下，其产品特性有固定的分布。

特殊变异通常是由一些易于识别的因素造成的，比如程序的
改变、轮班的变化等。特殊原因由管理者进行消除，但特殊原因
消除后，共同原因仍会存在，因为它是系统固有的。但在这时，

管理者已经掌握了管理控制过程的变异，能正确估计出共同原因，那么，现在就要着手降低"共同原因"的影响，包括购买更精密的仪器，进一步提高工人的水准，适当降低生产速度，要求有长期关系的供货商缩小价差等。所以，管理者必须区分变异的发生是共同原因还是特殊原因，这样才有助于减少变异。

此外，根据研究发现，一切作业问题，85%都出自系统，仅有15%是由员工造成的。所以，管理者不能只是责怪员工没有尽力而为，而是要为85%的变异承担责任，由上而下亲自带动品质与生产力的改善，才能化险为夷、转危为安。

四、研究影响：戴明学说对国际品质管理的推动作用

戴明提出的企业管理全面转型的方法是从质量入手，并且戴明特别重视由于系统问题而产生的质量问题，把系统改善作为质量管理的重点。戴明的全面质量管理思想在企业界有着重大的影响。

（一）推动了 ISO9000 质量体系的提出和施行

戴明的"管理十四要点"构成了戴明质量管理理论的主要思想理念，也成为 20 世纪全面质量管理的重要理论基础，推动了 ISO9000 质量体系的提出和施行。正如英特尔前 CEO 安迪·格鲁夫所说的："今日成功者的很多'创新秘诀'，不过是戴明语言的转述。"目前盛行的 ISO9000 质量体系及全面质量管理标准 TQM 等，几乎都可以在《转危为安》的"管理十四要点"中找到类似或相同的诠释。

（二）推动了精益生产的发展

此外，戴明的"管理十四点"为日本的精益生产方式奠定了理论基础，推动了精益生产的发展。精益生产是一种系统的生产方式，目的是消除浪费，创造价值。精益生产的特征是准时制生产及全员参与改善。"管理十四点"中说，不合格品会消耗各种资源，包括原料、人工等，对不合格品的返工，成本更是大得惊人。所以必须高质量管理，减少甚至消灭不合格品、消除浪费，为顾客带来价值，为企业创造价值。

此外，戴明同样强调管理者要把系统改善作为质量管理的重点。消除浪费、创造价值的精益生产理念正是来源于戴明的"管理十四点"，戴明的管理学说对日本的精益生产产生了深远的影响。

（三）推动了六西格玛管理的全面发展

戴明的管理学说，其独特之处就在于将统计学与品质管理相结合，形成了戴明的全面质量管理哲学思想，并推动了六西格玛管理的全面发展。西格玛是希腊文的一个字母，在统计学上用来表示标准偏差值，西格玛值越大，缺陷或错误就越少。六个西格玛是追求质量水平的一个目标，这个质量水平意味着所有的过程和结果几乎无缺陷。六西格玛概念由美国"六西格玛之父"比尔·史密斯于 1986 年提出，此概念的出现是为了让人们在生产过程中降低产品及流程的缺陷次数，防止产品变异，提升品质。

从概念可以看出，六西格玛管理法吸收了戴明学说中的变异理论。六西格玛管理理念总结了戴明的全面质量管理的成功经验，提炼了流程管理技巧的精华和最行之有效的方法，核心是：追求零缺陷生产，降低成本，提高生产率和市场占有率、提高顾客满意度与忠诚度。它既着眼于产品及服务质量，又关注过程的改进。

此外，六西格玛管理方法还是一种高度重视数据、依据数据进行决策的管理方法，这点也正符合戴明"管理十四点"原则——把统计方法运用到质量管理中。六西格玛管理理念中有一条是：通过提高顾客满意度和降低资源成本促进组织业绩的提升，这符合戴明"管理十四点"中的原则，就是以产品质量为核心，满足客户的需求。因此，戴明提出"管理十四点"及"变异理论"等学说是六西格玛管理的理论基础，大大推动了六西格玛管理的发展。

扫码获取附赠资料

29

《管理困境》：
科层制的发展困境及化解之道

当代组织经济学的领军人物——**盖瑞·米勒**

　　盖瑞·米勒，1976 年博士毕业于得克萨斯大学奥斯汀分校，现任华盛顿大学圣路易斯分校政治经济学教授。他曾先后在加利福尼亚理工学院、密歇根州立大学任教。米勒的主要研究兴趣在于不同组织中的决策制定过程，他运用了实验的方法检验组织经济学有关群体决策的假设。米勒是当代组织经济学的代表学者和领军人物，至今仍笔耕不辍。

盖瑞·米勒

　　《管理困境：科层的政治经济学》是米勒重要的著作之一，1994 年诺贝尔经济学奖得主诺斯对这本书大加赞扬，他认为理解了这本书，就大致掌握了"新制度经济学派"的企业理论。

一、为什么要写这本书

科层制，又称官僚制，是马克斯·韦伯提出的概念。通俗来说，科层制指的是一种权力按照职能进行分工、职位按照高低有序的层级进行分层、管理遵循固定规则的一种管理方式和组织体系。

事实上我们发现，小到一个班集体，大到整个国家的管理体系，都体现着科层制的内涵和特征。可以说，科层制已经渗透到我们生活的方方面面，我们每个人都生存在一定的科层之中。那么，问题来了，为什么科层制的存在如此普遍？是什么决定了科层制成为人类最普遍的组织形式？科层制的存在会对我们的生活造成什么样的影响？我们应该如何避免科层制带来的负面影响？

《管理困境：科层的政治经济学》系统地分析和阐释了为什么人类需要科层、科层制给人类带来了什么、人类应该怎样做才能避免科层制的弊端等问题。米勒从政治经济学的分析框架出发，为我们勾勒出一个典型的科层制发展过程，并且借由这种分析为我们揭示了科层制的发展困境及化解之道。

这本书的研究起点是科层制与市场关系之间的互动。米勒从制度经济学的视角探讨了科层的存在理由，分析了科层内部的管理机制及其困境，研究了科层之中的合作、领导能力和产权等问题。当人们遭遇市场失灵的时候，就会用科层来应对，但是科层本身也会失灵，那么我们又应该如何解决科层失灵呢？更重要的是，如果市场失灵和科层失灵同时存在，人们又该如何选择、如何去做呢？这种市场失灵和科层失灵形成的困境就是这本书的题目《管理困境》的由来。

二、科层为何存在：市场失灵、协调失灵与投票失灵

科层为何存在？在回答这个问题之前，米勒先探讨了科层制的相对概念——市场。

为什么科层的相对概念是市场呢？米勒认为，科层可以被定义为某一决策者拥有非对称的权威，这种权威能够在一定范围内指挥其他人的各种活动。也就是说，决策者可以依靠科层制控制其他人的行为而不用付出任何成本，也不用关心这种控制是否符合其他人的意愿，这就与市场中的等价交换、自愿交易的原则背道而驰了。进一步的，米勒提出，科层之所以与市场完全相对，本质上就是因为科层的存在是为了解决市场中出现的问题。米勒在这里提出了市场中三种失灵导致的科层的出现，分别是市场失灵、协调失灵、投票失灵。

（一）市场失灵

所谓市场失灵，就是通过自由交易无法达成资源的最优配置，结果导致价格机制的扭曲或者不良后果的出现。米勒指出，市场失灵的主要原因在于信息不对称、垄断与外部性三个方面，科层的存在则可以解决这三方面存在的问题。

1. 信息不对称是造成市场失灵的主要原因之一

假如某一年市场上苹果的数量比较少、价格非常高，那么大

量的果农就会转而去种植苹果，等到了第二年大量的苹果上市之时，苹果的价格又会变得非常低，果农的收入也会因此降低。这就是一个典型的信息不对称导致市场失灵的例子。导致苹果产量上升、价格下降的主要原因是需求与供给之间的信息不对称，换言之，苹果的供给者果农不知道消费者能够购买多少苹果，于是一味地增加产量，结果超出了市场的交易容量，最终导致价格下跌，自身的利益也因此受到了损害。

那么科层制是如何化解这种信息不对称的呢？我们可以分别组织成立消费者协会与农业生产合作社，并不断推动这两个组织之间的信息对接。将分散的市场交易整合在一起，将明确的产量要求传递给生产方，这样就可以避免双方的信息不对称造成的市场失灵。

2. 垄断是造成市场失灵的又一主要原因

垄断我们都非常熟悉，垄断最大的问题在于单方面的不对称权力。换言之，由于市场的供应被某个机构单方面垄断，产品的价格只能由生产者决定，消费者几乎不能产生影响。

如果我们借助科层的手段，将分散的消费者组织成一个利益共同体，直接与供应商进行谈判，用大量的市场需求作为手段调整市场供应，我们就能在很大程度上避免这种只能被动接受价格的局面。

3. 外部性是造成市场失灵的另一主要原因

外部性指的是市场交易给外部环境造成了不良影响。比如某个造纸厂将污水直接排入河流，造纸厂享受了产品带来的收益，却不承担污水排入河流对环境造成的破坏责任，这就是外部性的体现。当然，我们可以借助政府的强制力或者第三方的监督管理阻止这种行为的发生，这就是借助科层的力量克服市场失灵的方法。

（二）协调失灵

所谓协调失灵，指的是市场中形成的自愿合约失去了约束能力和应有的调控作用。这种自愿合约往往指的是合同外包。比如工厂将一定数量的订单派发给工人或小型承包商，工人和承包商只要在一定时间内完成一定的数量产品即可，工厂不会干预工人具体的生产行为和生产方式，而只是关注最终的产出。在米勒看来，这种市场中的协调行为有三个固有的基本缺陷，而这些缺陷导致的问题就需要科层的出现来弥补。

1. 协调不一定真实是协调行为的基本缺陷之一

市场中的协调建立在一个基本假设之上：协调双方的意愿、能力都真实反映在协调过程中。

假如工厂与某个承包商协商，每月生产 100 双鞋，工钱 1000元钱。一般来说，每月生产的鞋的数量应该是协商双方通过彻底的交谈磋商后拟定的，应该恰好能达到承包商的生产能力与工厂的需求的平衡。事实往往并非如此，工厂可能因为对承包商的不信任而削减订单数量，也可能因为自身的市场需要而不考虑承包商的生产能力增加订单数量。承包商同样也可能因为承接别的工厂的订单而减少供货数量，或者抬升自己的供货价格来获取更多的利润。真实的协商往往瞬息万变，市场上供应的商品数量不一定能满足双方的真实意愿，结果就让协商变得无效了。假如我们改进一下订货方式，即工厂不再向承包商订货而是直接向每个工人下发任务，工人也不再通过承包商来获取利润而是通过在工厂工作获取工资，那么协商失灵的问题会不会得到缓解呢？

事实上，这种体系的建立就是企业的科层体系建立的过程。

2. 协商是无穷无尽的也是协调行为的基本缺陷之一

市场机会稍纵即逝，企业应该尽可能地调用组织有限的资源参与市场竞争。但是协商就意味着妥协、意味着谈判、意味着耗时长久的讨价还价。这种无休止的谈判和妥协或许能够达到双方最满意的结果，但是也许会极大地影响生产的效率。

米勒指出，在工业革命之后，越来越多的企业都放弃了原有的合同外包式的生产模式，转而自己控制整个生产过程。他们的基本逻辑都是集中资源、瞄准市场，在短时间内推出新产品抢占先机，而不是在漫长的协商中错失机会。实际上这种企业改制的逻辑就与科层发展的逻辑相暗合。企业将自己的管理触手深深地嵌入生产过程中，通过严密的职责分工和组织结构来深度控制生产流程，避免无穷无尽的协商与争议。

3. 协商容易被破坏是协调行为的另一基本缺陷

协商的初衷是保持工厂与小型承包商之间的合作伙伴关系。但是随着生产力的进一步发展和合作分工的不断深化，工厂下的各种订单都越来越专业化，比如生产汽车发动机。这就导致承包商的供应链也开始逐渐变得专业化。也就是说，某个承包商往往只能给工厂提供一种产品，比如生产发动机的承包商只能供应发动机，生产汽车外壳的承包商只能供应汽车外壳。这种单一的生产方式实际上破坏了协商的可能性。因为工厂只有一个小型承包商，而承包商也只能将产品提供给工厂。双方不存在讨价还价的余地，整个市场中也不存在竞争，这就导致工厂必然会选择将自己的管理链条扩张到承包商中去，将专业化的承包商纳入自己的管理体系之中，成为自己科层中的一部分。

总之，随着市场的发展，协商的生存空间变得越来越小，科层整合逐渐成为一种必然选择。

（三）投票失灵

所谓投票失灵，指的是通过民主投票的手段无法得出满足组织利益最大化的选择。米勒在这里直接引用了诺贝尔奖得主肯尼斯·阿罗的理论——阿罗不可能定律，来证明自己的观点。

阿罗不可能定律说的是一个复杂的个人偏好与社会偏好之间的函数关系。我们很难在这里用文字表述清楚，但是我们只要记住阿罗不可能定律的结论就好：不可能从个人偏好顺序推导出群体偏好顺序。这是什么意思呢？

以选举为例，依据阿罗不可能定律，选举中最后的投票结果会受每个人投票顺序的影响，不同的投票顺序会导致不同的投票结果。在市场中也一样，市场中的总需求会受到每个人不同意愿的组合方式的影响。要解决阿罗不可能定律产生的不确定性，唯一的办法就是专制。也就是建立严密的权威组织来避免不确定性对市场造成的损害，这就是典型的科层组织——政府产生的基本逻辑，也是科层解决失灵问题的又一体现。

三、科层为何失灵：纵向协调、横向协调与隐性行动

所谓科层失灵，就是指科层中存在的效率低下、行为僵化、组织保守等行为。这些失灵往往会导致组织失去竞争力，造成组

织亏损甚至破产。米勒指出，不同科层组织失灵的原因各不相同，但是他们往往有一些共性的问题，而这些问题主要集中在以下三个方面：纵向协调、横向协调与隐性行动。

（一）纵向协调

顾名思义，纵向协调就是指科层组织内部上下机关之间的协调问题。

米勒用一个例子来说明自己的观点。

某个玩具工厂中有这样一个生产环节，工厂把未上色的玩具挂在钩子上，工人从钩子上取下玩具，喷上颜料，再放回钩子上。工厂采用的是计件工资，即每个人按照自己的工作量来获得工资。同时工厂还设置了奖金，鼓励员工主动提出技术改进的意见和建议。

一般来说，计件工资往往能最大限度地激发员工的工作积极性，设置奖金也能够帮助员工更加积极地投入工作，但是出人意料的是，工厂的产量水平远远低于预期。工人们抱怨钩子链运转太快、工作环境乱、通风也不好，于是工厂的管理层派一个工头与8位工人召开了会议，工头倾听了工人的抱怨。很快，工头弄来了一台电风扇来改善通风问题，工人们很高兴，产量也提高了，也与工头建立了良好的关系。工头也因产量的提高受到管理层的支持而开展更多的工作。

工头还提出可以让工人自己控制钩子的运行速度，比如在早上的时候运行慢一点，中午的时候运行快一点。结果，工人的产量再次提升了50%，由于计件工资和奖金的存在，工人的工资已经比工厂中的某些技术人员的工资还高。

问题来了，现在工厂的管理层面对着一个诱惑，即现在管理者已经获得了足够的信息，确定了合理的产量水平。如果产量保证在现有水平，同时减少奖金或者计件工资，就能够获得更高的利润。如果你是管理者，你会怎么做呢？

案例中管理者果断取消了奖金、减少了工资，结果 8 位工人中的 6 位都辞职了，产量下降到原有水平。这就是米勒提出的纵向协调问题。尽管科层制的建立提高了管理者对生产过程的监控能力，但是由于生产过程与管理过程的分离和一定的专业壁垒，管理者无法确定完全合理的产量水平。当管理者确定了合理的产量水平之后，又会有强烈的不守承诺的动机，从而导致组织的整体利益受到损害。

（二）横向协调

所谓横向协调，就是指科层组织内部同一层级中不同单位之间的竞争、合作与博弈。米勒认为，横向协调的最大问题在于目标不同的子单元之间的冲突。这种冲突往往浪费了资源，放弃了潜在的合作机会，造成了组织的不稳定。米勒认为，积极追求子单元的目标，对整个组织来说是十分低效的。

在这里米勒用福特汽车公司衰落的故事来解释这一观点：

福特汽车公司内部有两个权力一样大的副总裁，一个是布里茨，另一个是克鲁索。布里茨精通财务知识和数字模型，非常关注公司的市场表现和利润指标。克鲁索则对数学不敏感，他是技术工人出身，他关注的是怎么造出性能更好的汽车。二者的冲突在福特事业蒸蒸日上的时候并不明显，因为增加的盈利能够满足两人的需求。

但是随着通用公司的崛起，福特汽车的销量开始下滑，营利收入开始降低。布里茨和克鲁索的冲突逐渐凸显出来。布里茨认为，摆脱危机的办法在于更加先进的财务管理与节约成本。克鲁索则不以为然，他认为福特汽车公司应该集中资金投入到研发中去，只要他们生产出性能更好、外观更华丽的汽车，消费者自然会纷至沓来。双方的目的都是为了企业的发展，但是他们有着完全不同的行动方案。福特汽车公司的高层管理者对此并不是无动于衷，反而是乐见其成，因为他们可以在二者的争斗中进一步巩固自己的权威。

于是两位副总裁在高层的控制中不断明争暗斗，短时间内克鲁索获得了胜利，研发获得了大量的预算支持，结果也使福特汽车公司暂时摆脱了竞争的压力。但是克鲁索在胜利以后得意忘形，推出了更加大胆的造车计划，结果导致预算失控，福特汽车公司不得不因此背上沉重的债务包袱。

米勒认为，这种科层内部的"帮派"对各自目标的积极追求破坏了计划的连贯性，限制了整体的效率。

（三）隐性行为

所谓隐性行为，就是指那些影响产量水平但是不能被产量水平反映出来的行为。

假设你现在是一家公司的地区经理，你手下有 100 个推销员，他们的任务就是推销吸尘器。那么问题来了，你会怎样考核他们的业绩呢？你可能会认为这是一个非常简单的问题，看他们每个人卖出多少台吸尘器就可以了。但现实往往比理论更加复杂，有时候单纯的产量指标并不能反映出员工的真实效率和努力程度。

比如，某个员工工作的街区这个月正好在修路，每天灰尘很大。于是他这个月卖出 100 台吸尘器，成绩很好。但是这个员工不一定是最努力的员工，因为他的产量受到环境的影响。又有一个员工这个月卖出了 100 台吸尘器，但是下个月顾客却因吸尘器的质量要求退掉 60 台，这时我们又应该如何衡量这一员工的产量水平呢？他可能非常努力，但是他的业绩是由产品质量等与销售无关的因素导致的，这就是隐性行为的效果。

米勒认为，由于隐性行为的存在，科层组织中始终存在着信息不透明的现象，信息不透明就可能影响上级与下级之间的关系。上级不能直接观察到下级的努力程度，而只能通过一定的指标加以衡量。下级也无法向上级汇报全部的信息，只能通过一定的指标来表达自己的行为。二者之间存在着不可化解的障碍和壁垒。

四、如何化解科层失灵：竞争、合作与领导能力

米勒认为，虽然科层也存在着失灵现象，但是我们可以通过多种手段去化解科层失灵，主要有竞争、合作、领导能力三种手段。

（一）竞争

科层的存在是为了避免市场失灵、提升组织效率，但是科层失灵就会导致组织效率低下。米勒认为，要解决科层失灵，就要借助市场的手段——竞争。任何一个科层组织都不是孤立存在的，

它们往往存在于一定的环境中，环境中的竞争能够帮助组织精准定位自己科层组织的发展效率。

比如在市场竞争中，我们如何确定某一科层组织是有效的呢？米勒提出的建议是看市场上是否存在针对该组织的收购意图。也就说，如果市场上有人想收购某一公司，那就证明这一公司现有的价值低于市场估计的价值，从而说明该组织的科层管理可能就是相对低效的，科层管理阻碍了公司的发展。而如果该公司在市场上没有被收购，那就说明该公司的价值得到了市场的认可，科层管理没有阻碍公司的发展。所以，米勒认为，市场上存在的竞争可以帮助科层组织精确定位自己的效率水平。

（二）合作

科层组织的内部合作往往指的是科层纵向和横向之间的合作。米勒认为，无论合作形式如何，科层组织内部合作的成功之道在于构建长期的信任关系，而不是进行复杂的内部激励。换言之，良好的团队氛围可能胜过薪酬奖励。

米勒在这里用了管理学中的一个经典实验——1924年的"霍桑实验"来说明自己的观点。霍桑实验说的是，一些管理学家想研究某一工厂中工人的生产效率，于是他们先后采用了各种手段来控制工人工作的方式和环境，甚至包括工作中灯光的明暗。最后他们发现，几乎所有的改变都会导致工人工作效率的提高。于是他们得出结论，不是某些改变导致工人的效率得到了提高，而是改变条件这件事本身就让工人感受到了关注，他们的工作效率也因此开始提高。米勒认为，霍桑实验证明了他的观点，即如果管理者可以通过与员工合作、关注员工的需要来获得更加和谐的内部关系，那么也许可以通过这种方式克服科层失灵的问题。

（三）领导能力

米勒认为，领导能力是科层组织内部管理者的重要能力，领导能力强调的是组织的预期营造和精神构建。米勒希望管理者可以通过领导能力的发挥帮助组织构建起一种和谐有序的组织环境。

米勒举了一个"雇员参股计划"的例子。雇员参股说的是公司里的员工可以通过工作获得一定的公司股份，分享公司的发展收益。米勒认为，这种雇员参股计划可以极大地激发员工的积极性，帮助公司构建起具有竞争氛围的组织环境。现实中很多组织内部都采用了这种激励模式，包括华为、阿里、腾讯等企业。

米勒进一步指出，科层领导不能仅依靠一套机械的激励制度去协调个人利益和团队效率，他们必须通过个人魅力、公开讲演等手段创造合适的心理预期，为员工构建一种合适的规范体系。并且，科层领导要通过演讲、团队建设、会议等手段来保证一定程度的员工激励，维护组织内部的稳定性。就像华为、阿里等企业的领导人每年都要在企业内部发表公开信件，一方面是为了构建一种积极的工作氛围，另一方面是为了强调组织的基本价值观，保证组织的稳定性。

扫码获取附赠资料

30

《变革的力量》：
从管理者到领导者的转变

领导大师第一人——约翰·科特

约翰·科特（1947—），出生于圣地亚哥。他天资聪慧，从小学习成绩优异，先后就读于麻省理工学院及哈佛大学。1972年，他开始在哈佛商学院执教。1980年，年仅33岁的科特被聘为哈佛商学院的终身教授，成为哈佛历史上最年轻的教授之一。

约翰·科特

此后，科特专心于写作与研究，其作品被翻译成了120多种语言，并在世界各地出版，总销量超过了200万册。因其在领导学方面的卓越研究，科特被誉为"领导变革之父"。2001年，他被《商业周刊》评为"领导大师第一人"，与管理学大师彼得·德鲁克并驾齐驱。

一、为什么要写这本书

约翰·科特在《变革的力量》一书中，详细论述了组织变革的来源——领导。他从领导与管理的差异出发，探讨了领导的本质、领导的结构以及领导力的形成等，为我们描绘了领导在管理者中的定位与发展路径，为后续领导学的研究构建了基础。

《变革的力量》的副标题是"领导与管理的差异"，显然，这本书是围绕领导与管理的不同而展开论述的。在书中，科特深入分析了领导与管理的区别，并在此基础上解答了"领导者应该如何推动组织的管理变革"这一问题。科特认为，管理立足于科学的重点，在于严密的秩序和深度的控制。领导立足于艺术的重点，在于卓越的战略眼光和推动变革。管理充满了理性，领导则富有感情。科特对于管理和领导的深入洞见，极大地推动了后续领导学与管理学的分流。在科特之后，领导学逐渐成为一门独立的学科，成为管理学的重要组成部分。

二、领导与管理的不同：制定议程、开发人力、执行计划与结果评估

在科特看来，管理和领导可以被理解为两种不同的行动方式，管理的行动方式比较强调严格的上下级关系、严密稳定的规章制度等。而领导的行动方式比较强调结果导向、动态的资源配置等。

进一步的，科特提出，领导方式与管理方式至少在四个方面存在着不同，分别是制定议程、开发人力、执行计划、结果评估。

（一）制定议程

科特认为，在行动议程方面，管理方式注重的是按部就班地制订计划，也就是先将计划分解成具体的行动目标，然后再确定实现目标的详细步骤和日程安排，最后再调配必需的资源来实现组织的发展计划。从这个意义上说，按照管理方式行事的人有点像《红楼梦》中的管家王熙凤，王熙凤负责的就是调配家庭内部的金钱和各种资源，以维持好贾府体面的工作。

对于按照领导方式行事的人来说，议程不再是制订具体的计划或分配各方面的资源。他们关注的不再是眼前的利益，而是未来的目标，并会围绕未来的目标制定一系列的发展战略。比如刘备就是一个典型的、着眼于未来的人，因为他没有去招兵买马，也没有和其他诸侯结成联盟，而是主动去寻找智囊——诸葛亮，因为他知道诸葛亮才是决定自己未来发展的决定性因素。

总之，科特认为，管理方式注重的是当下，而领导方式注重的是未来。

（二）开发人力

人力资源对组织的重要性不言而喻。科特认为，管理方式与领导方式的不同点就在于，管理方式注重的是组织内的人力资源，领导方式注重的是组织外的人力资源。怎么理解这种组织内和组织外的区别呢？

假如你是一个小组的管理者，上级要你们小组完成一项任务，但是这项任务需要很多员工才能完成，仅凭小组内现有的人手是不足以在规定的时间内完成任务的，那么你会怎么办呢？一般的做法是延长工作时间，比如你可以要求员工加班。科特认为，这就是一种组织内的管理方式，它注重的是对现有资源的调配和计划，在一定的程序和框架内对员工做出引导。如果按照领导方式行事，会怎么做呢？你可以寻求其他单位的帮助，也可以同上级商量延长完成的期限。领导方式的立足点在于整体目标的达成，它关注的不仅是组织内部的资源和程序，还会不断争取组织外的合作和支持，使更多的资源和组织能够为自己所用。

总之，管理方式重视的是开发组织结构内的人力，领导方式重视的是综合开发组织结构外的人力。

（三）执行计划

计划是管理方式永恒的焦点，管理者要通过一定的计划来解决组织所面临的问题。科特认为，在这种管理方式下，管理者的主要任务也包括监督计划的完成情况，如果计划有偏差就要及时调整。但领导方式不同，领导方式关注的不是计划的完成情况，因为此时的管理者不是一个高高在上的监督者，而是一个身体力行的参与者。他会在参与计划的过程中，激励人们战胜所遇到的政治、官僚、资源等方面的主要障碍，他重视的不是计划的完成情况，而是在计划完成过程中组织所发生的变革和阻碍组织变革的障碍。

换言之，领导方式的目的在于推动变革，而不是完成计划。比如苹果公司的首席执行官库克就经常深入到设计、研发、制造等部门工作计划的制订中，他的目的不是深度控制各个部门的产量和工作量，而是要将他的理念贯彻到苹果公司的方方面面。

（四）结果评估

结果评估是组织工作的一个主要方面，组织往往以此来决定自身的绩效和存续发展等关键问题。在这一方面，科特认为，组织中的管理方式和领导方式对结果的评估方法是非常不同的。

一般来说，管理方式采用的是传统的结果评估方法，即遵循成本效益法则，也就是将投入的资源和产生的结果进行对比，当投入小于产出时，意味着组织的成功；而当投入大于产出时，意味着组织的失败。但是这种评估方法忽略了组织发展中的一个重要方面——变革程度，因为变革是需要代价的，组织可能因为变革而减少了产出。比如企业为了培训员工就必然要占用员工的工作时间，这在客观上便减少了企业的产出。因此，这种变革往往作用于长期的发展，难以囊括短期的成本效益。

领导方式的成果评估方法则能够解决这一问题，因为领导方式关注的是未来，关注的是变革，这能够帮助企业识别出那些有助于长远发展的优势和产品。比如华为公司早在 4G 时代就开始储备 5G 的技术和人才了，这帮助他们在 5G 时代占领了先机，最终成为这一领域的领头羊。

三、领导发挥作用的机制：领导过程、领导结构

科特认为，领导是通过两种方式在组织中发挥作用的，分别是领导过程和领导结构。

（一）领导过程

科特认为，领导方式是不会自动与团队相结合的，必须通过一种参与性的过程来深度地与整个团队相结合。换言之，管理者必须通过一种过程性的参与，才能将领导方式贯彻到团队之中。科特认为，这种过程性的参与就是领导过程。这种过程参与包括三个环节，分别是确定企业经营目标，联合群众，激励和鼓舞。

1. 确定企业经营目标

顾名思义，领导者需要对未来进行预测，然后据此制定组织发展的远景目标，并围绕这一远景目标制定变革战略。科特认为，领导者确定的企业经营目标要经受住适合性与可行性的检验。所谓适合性，指的是企业经营目标要能够满足企业主要支持者的需要，比如顾客、股东、雇员的需要。所谓可行性，指的是企业要具有能够达到目标的合理战略，并且这一战略要考虑到竞争因素、企业组织的实力和不足，以及技术的发展趋势等。

比如2003年，美国特斯拉公司的CEO马斯克制定了特斯拉汽车的发展目标，即到2020年，特斯拉要成为世界上最大的汽车公司。在当时，这一目标可谓是天马行空，遭到了不少人的嘲笑。但是如果我们仔细分析一下，马斯克的这一目标恰好满足了适合性与可行性这两个指标。从股东角度出发，马斯克的计划无疑能够为他们带来可观的回报，因为特斯拉的股价会一路上升。同时，马斯克已经预见到了新能源汽车的崛起，因此他认为特斯拉必将弯道超车，最终超越奔驰、宝马等老牌劲旅。果然，到了2020年，虽然特斯拉的这一目标还备受争议，但是公司的估值已经达到885亿美元，而此时奔驰公司的估值仅为283亿美元。显然，马斯克制定的经营目标是有效的。

2. 联合群众

确定目标之后，接下来领导者需要关注的就是如何实现目标。科特认为，领导者需要一群彼此相关的人，对某一远景目标或整套战略达成共识，承认目标的有效性并乐意为其奋斗。简单来说，领导者需要在最大程度上联合团队成员，使其认同自己设定的目标并能够为之不断努力。领导者往往需要不厌其烦地向所有能够提供帮助的人，传达企业的经营方向和价值，并需要在传达的过程中运用简单的、有力的符号和图像进行交流。

比如许多互联网企业都有浓缩成一句话的口号，像谷歌公司的"不作恶"、苹果公司的"甘为不同"、小米公司的"为发烧而生"等。事实上，这些口号往往凝结了组织的核心价值观和发展战略。在传达、使用这种口号的过程中，领导者实际上就是在将组织的发展战略和价值观潜移默化地贯彻到企业的方方面面。

3. 鼓舞和激励

鼓舞和激励是领导过程中的独有内容。如果按照管理的基本逻辑，员工只需要严格执行上级交代的任务即可，不需要额外的精神激励。但在现实中对员工的鼓舞和激励往往是不可或缺的，因为员工对于组织的归属感、对于工作的认同感，以及在人际关系中感觉到的自尊等，都决定着员工的工作效率。科特认为，领导的鼓舞和激励应该关注那些非常基本但又常常被忽视的人类需求，比如成就感、归属感、认可、自尊、把握命运的意识、实现理想的需要等。

例如苹果公司的首席执行官库克每周会抽出一天的时间来回复员工的邮件，而这些邮件的内容并不都是对工作的汇报，也有的是对环境的抱怨、对职业发展的不满、对未来的担忧等。库克认为，他通过这种方式可以有效地影响员工对企业的认同感和参与感,从而激励他们全身心地投入到事业中去。

总之,领导往往会通过过程性的参与来发挥作用,而这种过程性的参与包括确定企业经营目标,联合群众,鼓舞和激励三个方面的内容。

(二)领导结构

所谓领导结构,就是指领导者在某种结构中发挥领导作用的过程。这种结构有两点特征。

1. 多重作用

科特认为,提到领导,许多人想到的都是一个领导者带着一群下属,由领导者发号施令,然后由下属来完成的这一场景。事实上,这种理解完全忽视了领导的多重作用。所谓多重作用,指的是领导往往会参与到组织工作的各个方面和各个环节,因为领导的职权和责任范围变化极大,有时需要关注组织的整体目标,有时也要关注组织的关键部分。

比如乔布斯虽然管理着苹果公司的整体运作和经营。但是在手机的外观设计方面,他却事必躬亲,亲自与设计师打磨外观的细节。这是因为在乔布斯看来,苹果手机的外观设计是产品成败的关键,是关系到企业发展的关键部分,必须由领导者亲自把控。这种既关注全局,又关注细节的特征,就是领导在组织中特殊地位的体现。

2. 深厚的人际关系网络

科特认为,究其本质,组织和企业的发展都离不开具体的人,因为人际关系能够对企业的发展产生重要的影响。同样,领导者也应该重视培养自己的关系网络。科特认为,深厚的人际关系网络可以成为领导者在组织中的一种有效沟通渠道和信任手段。

比如日常生活中我们能在酒局中看到大家都相互称兄道弟，显得十分亲热。从某种角度上说，这种称兄道弟的行为就是人际关系的体现，因为它拉近了上下级关系，增加了双方的信任和共识。科特指出，通过对这种人际关系的经营，领导者可以构建出一种更加包容和适应的发展过程。也就是说，领导者可以通过对这种人际关系的搭建，增加组织内部成员对组织目标和未来规划的认同和共识，从而让他们更加积极地投入到工作之中。

总之，领导结构就是领导通过多重作用和构建人际关系网络的方式来发挥其作用的过程。

四、领导力从何而来：个人品质、事业经历和企业文化

不难看出，领导力的发挥离不开卓越的领导者。那么我们不禁要问，那些卓越的领导者，他们的远见卓识是从何而来的呢？科特通过大量的调查研究得出结论：领导力来源于个人品质、事业经历和企业文化三个部分。

（一）个人品质

个人品质就是指领导者的精力、智力、心理健康、道德要求等品质，这些品质会对领导力产生重要的影响。可以说，要成为一个卓越的领导者，旺盛的精力必不可少。除此之外，智力、家庭培养等方面也会对领导力产生重要的影响。科特认为，如果一个人的童年比较不幸，那么他就更有可能形成坚忍不拔的性格。我们常说的"穷人的孩子早当家"这句话，在某种意义上也反映

出相同的道理。

需要澄清的是，个人的许多品质都与一个人的先天条件有关，但这并不意味着领导力是与生俱来的。科特认为，领导力是可以训练和培养的，良好的先天条件能够对领导力产生重要的影响，但绝不会起决定性的作用。

（二）事业经历

科特认为，丰富的事业经历能够帮助一个人逐渐成为卓越的领导者。领导力的培养并不是一蹴而就的，需要员工在不同的工作岗位中逐渐培养起来。科特认为，一个成功的领导者往往需要具有挑战性的、横向的事业经历。这里的挑战性指的是任务的目标具有一定的难度，员工的领导能力可以在完成任务的过程中得到发展，并且能够给予员工发挥领导能力的机会。而横向是指领导者需要多与不同方面的工作人员进行接触，这种接触对于领导者来说非常重要。

相比之下，那些比较专业的、接触范围比较窄的工作更需要员工具备专业的知识和技能，并不需要员工具备制定长期目标和发展战略的能力，也就不需要太多的领导力了。从这个角度来说，我们就不难理解很多人在提拔之前都要到某地挂职锻炼，这实际上就是通过横向的事业经历来提升他的领导经历。

（三）企业文化

科特认为，企业文化是一种文化氛围，它能够有效影响一个企业的价值观念和经营之道。重要的是，企业文化影响了高层会不会去挖掘并发展具有领导潜力的人才。如果一个组织的文化是选贤任能，那么具有领导才能的人更有可能脱颖而出。如果一个组织的文化是相互排挤，那么这个组织不太可能出现具有卓越领导力的人。

　　企业文化还决定了公司中的人际关系网络。如果一个公司内部的文化是"竞争第一"，大家每次都要拼个你死我活，那么领导者就不太可能在私下建立起比较亲密的人际关系网络，也就不会在人际关系层面凝聚共识。如果一个组织比较重视合作，员工之间的关系也比较和睦的话，那么领导者就更有可能建立起一个紧密的人际关系网络，从而能够更加有效地推动变革。

扫码获取附赠资料

后　记

　　本书历时一年，在学术志阅读项目团队的精心打磨下，终于和大家见面了。本书是我们的学术经典导读丛书之一，秉承"深度解读，简明传达"的宗旨，力求最大程度地还原这些学术经典的思想精髓，用最明了的语言让更多的人靠近学术大师们的智慧光芒。本次成稿过程中，我们也受到了很多专家、学者的鼎力支持，在此特别感谢：

　　骆飞、王长颖、王婧雯、阿明翰、郭艳红、罗鑫、于娴、刘彦林（排名不分先后）。

　　当然，由于能力所限，本书不足之处，在所难免，若有疏漏之处，欢迎与学术志阅读项目组联系。